曾哲◎主编

中华法系寻根

中华法学名篇选读

撰稿人（以撰写章节先后为序）

曾 哲　赵钟根　谢承浩　邓 超　于 珊
蒋雪琴　马 微　丁明珠　杨芸祺　李 菊

中国人民大学出版社

·北京·

题记： 探寻中华**法系**之根

曾　哲

只有当一个民族用自己的语言掌握了一门科学的时候，我们才能说这门科学属于这个民族了。

——黑格尔（Georg Wilhelm F. Hegel，1770—1831）
《哲学史讲演录》第四卷

2013 年夏，笔者到美国访学，在芝加哥大学法学院，曾经泛舟美丽的号称北美五大湖之首的密歇根湖，美国白人导游不断讲述着湖口之水与大海相连，大海与大洋相通，其实整个世界的海洋是平的，世界也是平的道理。身临其境，大脑不断忽闪着芝大法学院廊桥悬挂的曾经任职过芝大的法学名家与法经济学家的帧帧照片，特别是以科斯先生为代表的芝加哥制度经济学派，率先登上法经济学的顶峰。在我的理解中，制度经济实质上就是法律经济，转换载体就是法律之制度规范。英美法系影响之所以如此深远，其核心价值体系就在于此。其所拥有的自己特质的法律制度和价值规范及其核心内涵，已经成为世界不宣而明的治世准则与恒理。近十年来我一直在思考，中国是否亦存在自己本土的中华法系，难道仅仅只存在教科书一般泛说的大陆法系和英美普通法系吗？在硕士研究生阶段就知道细而分之的东方法系、印度佛教法系、阿拉伯宗教法系等；而法系是否存在高低优劣之分，其价值辨析取向如何，这些在密歇根湖水的轻轻拍打中骤然齐集心头，望着遥不可及的密歇根湖边际线，不自觉地也在感叹本人能否在西政执教的近几年，利用所带研究生人力资源和现有的图书情报资源，将中华法系问题做番透彻的梳理。但回校之后发现过去的思路还是有待调整，因为这个问题本身过于庞大，所涉之系统知识真是远比想象的难得多，加上比较繁重的教学任务，我也就向着"大乐必易，大礼必简"的路径走，在给研究生上选修课时特别选取了历史法律文牍碎片与封建帝王、臣子及士人法制思想的整体关联度这一切入点，也就是专门从历史上那些有所建树的名人名家的手笔札记与著作中寻找中华法系的些许芳踪。当然，这项工作能够如期完成，也还得益于 20 世纪 80 年代，西南政法学院高绍先教授组织编著的《中国历代法学名篇》，该书当时是供大学法学本科生之用，从某种意义上说，本人也是在高教授文本的原初启发下才有如此良谋，做点或许有益于当下法律学子读书之事。

据笔者在芝大图书馆查阅所知，对"中华法系"问题的研究，一直为西方名牌大学法学院和政治与公共管理学院看重，他们的研究视野不仅仅放在中华的未来和当下，甚至中华盛世王朝过去的林林总总之法律制度，天人合一与自然和谐的中庸之道，无一不是他们考察研究的重点，无论是耶鲁，还是哈佛，包括芝加哥大学，芝大的东方文化研究机构。在美国大学法学教授的研究视域里，看到的也许是，礼义道德和法律是维护中国传统社会自然和谐秩序的根本力量，不敢想象一个封建王朝的盛世图景源自什么力量能维系几百年的时间。灿若星汉的盛世王朝及其清明政治的善治环境的出现，特别是在新王朝临世扬威的初期，更是雨后空山，清明盎然。这绝非是"德刑并用，常典也"所能够诠释的"德刑二柄"的操作之效，而是人类社会特定历史时期深刻的政治文化与法律制度共同建构的某种文明结果，除了人治原因，更兼具法治努力的结果。我的朋友芝加哥大学法学院院长赫尔·本先生，在一次他盛情所邀的家庭晚宴中不断对我说，"中国的法律实在是太伟大，也太有技巧啦"，我估计他又有什么新的研究成果出来了，问他为什么？他神秘地微笑着说："难道你们自己不知道？"

……真的，我一直很想、很想弄清楚，中国法律的伟大之处，技巧何在？

《尚书·大禹谟》：人心惟危，道心惟微；惟精惟一，允执厥中。

意思是说：人心危则难安，安民必须明道，想要明道，则必须精心。

在古人法眼里之人心与道心，是伦理的范畴，人心即人欲，道心即天理，如果有了危机，道心就被蒙上尘弊，微昧难明。

可见，最初古代立法的根本就是人心与道心的统合。长久以来被誉为治世的十六字"心经"，便成为中华法系的法根。"法情允协，执法原情"，情充分体现了中华法系之"家族本位，伦理入法"特色，由于伦常关系深刻影响着立法，渗透于立法，因而在中华古代法典中伦理立法占有极为重要的地位。在十六字"心经"中法伦理最核心的内容是亲情义务法律化与尊卑同罪异罚，至于调整家族关系的宗族法规则为国家法律提供补充，往往表现为一民族社会文化活动的准绳，这已不是中华法系所独有的。

美国著名法学家威格莫尔（John. H. Wigmore）在其代表作《世界法系概览》（1928 年出版）一书中指出，考世界法系，本甚庞杂。其重要者，为英美法系（海洋法系）、罗马法系（大陆法系）、中华法系、印度法系、回回法系五种，英美法系与罗马法系今世仍盛行，而中华、印度、回回法系渐趋衰败，然而，即便诚如上述所言处于渐趋衰落的历史拐点，其法系思想及法制影响力仍然是不容忽视的世界一极。在世界文明旅程中，中华法系的特点及法制理路与世界文明进程的法制理路是贯通的，比如说，欧洲的宗教法学派之神权理念与中华法系之君权神授思想，还有，儒家学派礼制大同思想与欧洲早期雅典城邦的民主协商共和理念；中华法系强调"人民知理，养成道德习惯，防恶于未然"，西方强调"人民知理，始可自身具有制裁力"。依此不难看出东方礼制思想与西方法治思想的递嬗。

综论之，中华法系自古迄今，虽然命运多舛，经历了法学的萌芽期、全盛期、渐衰期、中断期、复兴期，但始终延续，自成一家，且中华子孙亦依之立国数千载，自有其不灭之精神。

末了，借用张天权先生之语："今日之时代固与以前不同，法当异于曩者，而亦不能习外律有治内国法之理，现当吾辈习法者，皆树立中华法系之重要，然非一蹴而几也，愿共图之。"①

---

① 原文载于《中华法学杂志》1945 年第 4 卷第 8 期。《中华法学杂志》始创于 1930 年 9 月，是民国后期最有影响力的法学期刊之一，在十几年的发展历程中三易其地，两次停刊，代表了当时法学研究的最高水平，中华法学杂志论者与国内外政治发展动态密切相关，折射出民国法学研究的风格和价值取向，其树立的"中华法系本位"的立场是当时法学民族主义的代表。

导　读

曾　哲

一

　　在两千多年前，鲁国曾制定过一部以民为本的法律，它规定只要国人在他国用金钱赎救沦落为奴之人，就可以向国家领取相应的补助和奖励。孔夫子的学生子贡家境殷实，他解救了沦落他国为奴之人，使之获得自由，但是子贡却为了显示自己的品格，没有向国家领取补助和奖励。孔夫子知道了，非但没有赞许子贡的行为，而且意味深长地批评了子贡，说他损坏了法律，从此以后鲁国人民就不会再去解救沦落他乡的同胞了。（事见《吕氏春秋·察微篇》："鲁国之法，鲁人为人臣妾于诸侯，有能赎之者，取其金于府。子贡赎鲁人于诸侯，来而让，不取其金。孔子曰：'赐失之矣。自今以往，鲁人不赎人矣。'取其金，则无损于行；不取其金，则不复赎人矣。"）在子贡（捞）救人一事中，孔夫子并没有评说子贡道德的高尚，而是从法律的角度给予评价，子贡的行为在破坏法律的规则时，拔高了人民对道德的要求：如果子贡没有领取补助和奖励，以后解救沦落他乡同胞的其他人是否应该向子贡一样呢？如果长此以往，一部以民为本的法律在实施过程中，其救民于水火的初衷将会被破坏殆尽。所以，在道德与法律之间，孔夫子以其高瞻远瞩的眼光看到子贡行为的短视，而鲁国这种以民为本的法律也散发出它民本历史的熠熠光辉。

　　在大约一千年前的宋朝，普通百姓若有冤屈想诉诸有司，按照当时打官司的正当程序和方式，普通百姓是不能直接到衙门正庭的，从而导致官署门房和胥吏可以从中寻租作梗，百姓在法的门前却状告无门。后开封府尹包拯一改旧制，打开府衙正门，让普通百姓可以通过正门来告状申冤，避免了门房和胥吏对百姓的为难与寻租。（事见《宋史》第316卷《包拯传》："旧制，凡讼诉不得径造庭下。拯开正门，使得至前陈曲直，吏不敢欺。"）从而保障了民众的诉权，使得诉讼路径畅通，让心有冤屈之人得以申冤，以至于平冤昭雪，而且包拯刚正不阿、明断是非，无怪乎后来的通俗文学，无论是戏曲、小说还是评书中，他都被称为"包青天"。

在一百多年前的 1913 年，首届制宪会议中，南方革命党人为限制准总统袁世凯的权力，制定了《天坛宪法草案》，架空了北洋集团的权力，惹怒了袁世凯，袁世凯在 1914 年年初即解散国会，如法炮制一部《中华民国约法》以扩大自己的授权范围和行权强力，毫不留情地剥夺了当时国民党人在民国政府中的权力。在制宪会议前夕，戊戌变法失败后的康有为按捺不住内心的激动，写出洋洋洒洒六万多字、长达 106 条的宪法草案，名曰《拟中华民国宪法草案》，他在第一部分"发凡"中就振聋发聩地写道："宪法何为而立也？敌人主专制其国而立也，为去人主私有其国而立也，为安国家而官明其职、人得其所而立也。"一言以蔽之，康有为的宪政思想是，宪法即保障"天下为公"的守护者。康有为在戊戌变法失败后周游列国，遍历他国政治环境，深谙政治制度与时势之间的关系，现代政党制度对立宪政治的强大驱动力：一个国家政治制度的稳定，需要依靠强大的政党存在。另外，在外有强大的帝国侵略、内有弱小的民族的情况下，它主要的任务是求得生存并凝聚力量实现富强。所以他的宪法草案中平衡了君权与政治精英们的关系，主张保持历史的连续性，用以旧树新的独特方式来塑造政治权威，强调连续性的政治改革思想，这不失为一种宝贵的政治思想。

无论在久远的两千多年前，还是新近的百年之间，在中华民族无数能人志士的言说里，或在他们著作纷呈的泛黄典籍中，我们可以像发现黄金屋或者颜如玉般寻找到散发着法治思想的文字，它们或者是只言片语，短小精悍，或者是长篇大论。它们寂寞地躺在那里，在泛黄的故纸堆背后，它们不仅不显眼，而且很少有人去发现它们的思想价值，它们已经被今日的人们遗忘。更有甚者，它们或许在诞生之时，就已经被居于庙堂之高的人视为异端邪说而下令焚毁，或者在流传过程中遗失，能够藏之名山、流芳百世的只是少数。从这个角度而言，我们现在所做的工作只是一个物探者或"挖掘机"的工作，寻找出故纸堆中被灰尘掩盖了的文字，轻轻拂去厚厚的灰尘，让它们又重新散发出中华法治的思想气息：我们可以从"子贡救人"的故事中理解助人为乐之后接受政府奖励是正当的，因为这样可以鼓励更多的人去救助他人；我们可以从包拯开放衙门正门的故事中理解保障诉权的问题意识和救济方式原来由来已久；我们可以从康有为的宪政思想中理解宪法理念可以被朴素地归纳为"天下为公"。大道至简，总之一本书的诞生应该有其内在的理性和理由，特别是像我们这样无丝毫支配权的贫民教授，也只有理解了上述法思想内容的博大精深，才能真正了解我及门下弟子编撰这本书的原初目的与愿景。

二

中国法制史或者中华法系研究者将研究重点都聚焦在古代的法律制度和法律典籍，所以研究对象大都是史书、律、令、敕、宣、御笔等，比如二十四史中的刑法志、唐律疏议、大明律等是主要的研究对象。诚然，记载法律的典籍，正史中关于法律制度和法律事件的记载，整理成册的案例判决，这些都是研究古代法律和中华法系的重要资料。但是，如果仔细观察我国历朝历代的文官制度，我们会发现我国文官制度中官员身份的重合性产生的一个结果是：官员们的文字或多或少都和当时的法律有关。从孔子时期开始，文人就将"士志于道"作为其理想追求，文人读书追求"达则兼济天下"，而要达到兼济天下的目的则需致力于仕途，封侯拜相实现自己少壮时设定的理想抱负，所以除了武将之外的官员大都是文人；而作为一个地方的父母官，所有事务都归他管理，他不只要负责处理行政上的事务，还必须处理当地的诉讼事件。这样，文人与官员身份重合、行政官与司法官身份重合，为中华法系的研究带来另一种研究对象的可能：作为司法官的文人，他所写下的文学作品会记载当时的法律制度和法律事件，这样的文学作品就可以成为法律史和中华法系的研究对象之一。

事实也是如此，文学与法律在我国古代已经结合得极其紧密，而在既有的研究中，也出现了一些很有价值的研究成果，比如苏力的《法律与文学：以中国传统戏剧为材料》，该书作者以传统文学中的戏剧为研究对象，比如《赵氏孤儿》、《窦娥冤》等，分析其中反映出来的法律或者法律伦理问题；又比如徐忠明的《包公故事：一个考察中国法律文化的视角》，作者收集不同版本的关于包拯的文学材料，也主要以戏剧剧本为主，从法律文化视角来解读其中的法律元素。在这些既有的研究中，研究者们已经将视角从传统的史书、律典等对象延伸到文学作品，对法律史和中华法系的研究视角已经在慢慢扩大。

我们这本书也正是以大量的文学作品为研究对象，选择其中具有代表性的文章，作出法律上的解读与赏析，分析其中的法律意味。比如复仇，我们的大文人们对此就众说纷纭，不厌其烦地为其著书立说，各抒己见，甚至针锋相对，从陈子昂到柳宗元，从韩愈到王安石，他们都乐此不疲地写下名篇，陈子昂的《复仇议状》以同州下邽人徐元庆为父报仇杀县尉赵师韫一案，论述当道德义务的要求与法律规范的禁止之间形成了两种规则上的冲突时该如何选择，陈子昂主张法律应该与道德区分，在坚持法律的原则下，去做道德上的补救。而柳宗元的《驳复仇议》用徐元庆案来反驳陈子昂的观点，柳宗元认为法与礼必须一致，明确指出陈子昂的做法是矛盾的：审判乃至杀掉值得表彰的人，这是对刑罚的严重滥用；而表彰应当杀掉的人，这是对礼制的巨大破坏。柳宗元的评价标准并不是"法"，而是"礼"，但陈子昂的做法是坚持了法律的规定。这样看来，柳宗元的做法本质上是对法律规则的蔑视，陈子昂却是一个法律愤青或者说是法的忠实信仰者；但另一方面，柳宗元的观点却又有深厚的儒家礼教思想根基，所以《新唐书·孝友传》里有很多类似案例，即复仇者最后都获得法外开恩而免于一死。韩愈的《复仇状》则在看到复仇案件自古有之的基础上，察觉到复仇作为一类杀人案件的特殊性，因而在审理程序方面提出了自己的见解，主张发生复仇案件的地区的官员将案件详细情况汇编成册上报尚书省，经尚书省研究后上奏皇帝，再根据具体情况加以处理。这是对复仇案的刑事审判程序提出的变革性意见，它坚决地否定了"同态报复说"、"同态复仇论"。王安石的《复仇解》则更多地分析了不同情形下的复仇，他认为治世可以执行稳定的法律制度，那么不应该鼓励复仇；乱世法律没有获得很好的执行，冤屈者无处申冤，则可以复仇。不论是陈子昂，还是柳宗元及王安石，他们都是作为文化思想家为国人所熟知，耳熟能详的传世之作也多是文学作品，然而在他们的论说性文章和给君王的奏章中，我们都可以寻找到一些闪烁中华古典法学思想的大好文章。只是少有闲人阅之。

如果将它们置于作者们所处的历史之页，相比于正统法律典籍，或可更真实地一窥当时的法律制度及法律实施状况，因为居庙堂之高的达官贵人们书写出来的史书、典籍不可避免地要考虑最高统治者和胥吏们的治世态度，正所谓高处不胜寒，所以其中不实之处难免，而出江湖之远的官员以文人身份写出的作品则没有太多顾忌，通过对这些法学名篇的解读，我们可以更为全面地了解当时法律的真实面貌。这或许能够为莘莘学子寻找中华法系之根洞开启另一扇门。

三

对待古代法律或者中华法系现在存在两个比较极端的态度，一种态度是认为古代的法律充满了先辈们的智慧，比如北魏孝文帝拓跋宏于公元488年下诏创设"存留养亲"制度，对于身犯死罪者，若其父母、祖父母陷入绝嗣和无人赡养状况，则让他们暂留在家对父母、祖父母养老送终后再执行死刑，这样的做法被写入了《北魏律·名例》，最终以国家律典的形式得以确立。有的学者对此赞扬有加，认为"存留养亲"的做法体现了人道主义的终极关怀，但是这样的规定在另一方面是中国古代法律家族化、伦常化的具体体现,带有强烈的儒家礼教色彩,很有可能会陷入道德法律化的悖论。另一种态度是与之相反,全面否定古代法律的优点,无所不用其极地批评,他们只看到古代法律中的人治、天人合一、枉法裁判、礼教色彩等,认为法典都是"诸法合体"的法典,而没有实事求是地认真研究当时社会背景下的法律。

一个事物的存在必然有其理由与合理性,以一味赞扬或者相反地以一味否定的态度对待古代法律或中华法系中不成熟的一面都是不对的。在研究中华法系的过程中,我们应该将研究对象置其所处的社会环境中去理解:研究制度的同时,应该去关注制度产生的背景;研究立法时,应该考虑社会对法律的需要;研究案例时,应该去探究法律的实践效果。我国古代法律不仅仅是书本上的法律,更应该是活在历史深处的生动史实。

《宋书·列传第四十五》记载谢庄在公元 457 年向皇帝上《奏改定刑狱》的奏折,建言"明慎用刑",死刑等案件应交由中央复核。如果只读其文,我们只能知道谢庄文章的表面意思,但是深究可知,谢庄是死刑复核制度的开拓者和实践者。在秦汉时期,只有疑难案件才需逐级上报复审,称为"奏谳",但到了隋朝,则形成了死刑复核、奏报制度,至唐朝则已经臻于完备。自秦汉至隋唐这中间相当一段时间内,则是此制度发生形成的时期。死刑奏报制度始于南北朝,谢庄正是处于这个时期,并且在《奏改定刑狱》的奏折中他提出死刑由中央复核的思想,在了解到这样的历史背景后,我们才可以理解谢庄的伟大。另外,在前述多篇关于复仇的文章中,我们也看到很多复仇案由皇帝来决断,也许有人会批评人治对法治的破坏,但是从另一方面讲,这也是死刑收归中央最高权威管辖的体现,由最高司法者掌握国民生杀之大权,这难道不是一种进步?

自沈家本清末修律,我们国家的法律开始了"与国际接轨"的进程,中华法系的元素已经开始萎缩消亡。在法律体系上,我们认为自己是大陆法系,在很大程度上,我们已经很难证成自己是中华法系了;在部门法上,我们有了刑法、民法、行政法等部门法,和大陆法系国家并无二致。我们在法律现代化的路上大踏步前进时,在对待清朝及以前历代的法律上,则态度显得过于激烈了,在很长一段时间内,我们将清朝以前的时期视为落后的封建社会,所以将与之相应的法律制度也视如糟粕丢弃、否定、贬低。近来,随着法制史研究的多项成果问世,许许多多的法治思想及其光辉,犹如暗室一炬。再加上中国学者日趋理性的做派,对古代法律和中华法系言说的姿态发生了可喜变化——民族法律思想和本土意识极大地增强。我们希望阅读这本书的读者们抛弃以往之偏见，以客观理性的态度展阅之，或可发现历史的诡谲，它和今天似乎存在某种不可割裂的联系，如"罪疑从轻，功疑从重"的处罚原则，较之欧洲不知要早多少年。

我们在这本书中只是对前人文章作出一种法意识解读，尽量还原当时的社会背景，让读者可以从枯燥的古文中发现法律的真谛与原初之意义，或者从当时法律规定中解读出立法者的法益考量，或者从法律实践中读出封建王朝当时的法律运行轨迹与状况。让艰涩难懂的古代文字变得生动鲜活，让法律变得富有生命力。而我们希望读者轻轻翻阅这本书，摩挲书页的声音是苍老岁月发出的历史法音，我们可以聆听到中国古代先贤与士大夫精英们的封存久远的法律思想和智慧嚆矢，也许这些思想在当下看来不合时宜，也许你并不赞成他们的观点，但是这又何妨呢？我们希望读者带着批判的态度对待这些文章，但我们更希望读者带着宽容的态度来审视这些文章。

四

孔子在《论语·泰伯》里说"学如不及，犹恐失之"，其言做学问之时，好像是在追赶什么，既怕赶不上，赶上了却还生怕又丢掉。朱熹看到这句话，说"警学者当如是也"。学者做学问就是这样的，怕做不好，作出一点成绩却又担心，得失好坏之间，心中总存有一份忧虑。写书也是这样，有时踌躇满志，有时担心害怕，快乐中带着苦涩，欢愉中夹着忧虑，只有努力将一本书写好，这样才能缓解不安获得慰藉。

记得两三年前，作为研究生导师给名下弟子说出自己要写这本书的想法时，几位参与者翻阅无数古籍史书，好像寻找沧海之一叶扁舟，偶有发现，也会为之欣喜。在后来的写作中，慢慢从枯燥的古文字句背后发现作者们所处时代、写作的政治环境、历史背景和写作的功利意图时，我的心中油然生出一种同情，我仿佛看到谢庄在战乱与动荡的南北朝用士子之心关怀天下苍生，写下《奏改定刑狱》的奏折；唐太宗或许是看到死刑对他的民众过于残酷而锐意革新，所以下达《谨死刑诏》的诏书；才高八斗的苏轼也许是在他参加进士考试时意气风发地写下《刑赏忠厚之至论》。这些奏折、诏书、策论和散文等在写作者们书写完成后，或名重一时导致洛阳纸贵，或寂寂无闻而躺在故纸堆，但经过历朝历代，她们都一直静静地躺在历史深处，直到现在出现在我的眼前，我看着这些文字，想象着几百年前甚至千年前，她的原作者经过原初思考写下她的时候，好像时空交错下的一种相识。正是在这样一种对世道的体验下，我等写下了对这些法学名篇的解析文字，好让再看到这些文章的人们可以理解她们，理解她们的作者，也理解她们的悠悠历史。

　　我一直认为前人的文字是一种智慧，而智慧不应该被遗忘。我们深知前人的智慧是无穷的，这也是习近平总书记在论及依法治国问题时所说的，要向古人借鉴治国理政的智慧。我不能去穷尽前人的智慧，此所谓"吾生也有涯，而知也无涯"，这是人短暂一生的无奈。我们在寻找文章来解读时，深知这些文章只是古人写作的无数文章中的一部分，在某本书中的某个角落里，还有许多关于法学的文章，我们只能尽我们所能寻找到我们认为好的文章予以解析，而更多的法学名篇则留待后来者们去发现、去解析。如果读者们有兴趣，也可以去寻找她们，当你翻开一本古籍，轻轻拭去尘埃，也许会像发现金子一样发现原来她们就躺在那里。

2015 年 5 月 21 日于西政寓所

目 录
CONTENTS

1

三、刑法（案例篇）

四、诉讼法篇

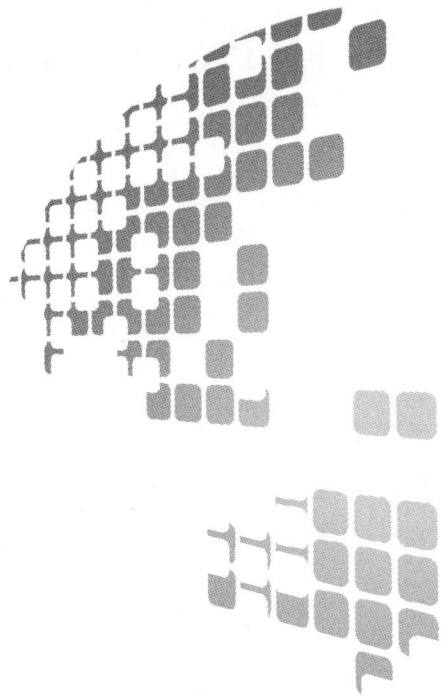

一、法理篇

天论（上）

（唐）刘禹锡

世之言天者二道焉。拘于昭昭者，则曰："天与人实影响：祸必以罪降，福必以善来，穷厄而呼必可闻，隐痛而祈必可答，如有物的然以宰者。"故阴骘之说胜焉。泥于冥冥者则曰："天与人实相异：霆震于畜木，未尝在罪，春滋乎菫荼①，未尝择善；跖、蹻焉而遂②，孔、颜焉而厄，是茫乎无有宰者。"故自然之说胜焉。余友河东解人柳子厚，作《天说》以折韩退之之言③，文信美矣，盖有激而云，非所以尽天人之际。故余作《天论》，以极其辩云。

刘禹锡（772—842），
文学家，哲学家

大凡入形器者，皆有能有不能。天，有形之大者也；人，动物之尤者也。天之能，人固不能也；人之能，天亦有所不能也。故余

---

① 菫：毒草名。荼：苦菜名。
② 跖：柳下跖，春秋末期人。蹻：庄蹻，战国时人，楚庄王之后。二人均被统治者视为大盗。
③ 《天说》：柳宗元就天意和韩愈论辩的文章。韩愈立论以天人感应为基础，肯定天有意志；柳宗元认为天没有意志，人类社会"功者自功，祸者自祸"。

3

曰：天与人交相胜耳。其说曰，天之道在生植，其用在强弱；人之道在法制，其用在是非。阳而阜生，阴而肃杀；水火伤物，木坚金利；壮而武健，老而耗眊，气雄相君，力雄相长：天之能也。阳而艺树，阴而挚敛①；防害用濡，禁焚用光；斩材斸坚②，液矿硎铓③；义制强讦，礼分长幼；右贤尚功，建极闲邪：人之能也。

人能胜乎天者，法也。法大行，则是为公是，非为公非。天下之人蹈道必赏，违之必罚。当其赏，虽三旌之贵④，万钟之禄⑤，处之咸曰宜。何也？为善而然也。当其罚，虽族属之夷，刀锯之惨⑥，处之咸曰宜。何也？为恶而然也。故其人曰："天何预乃事耶？唯告虔报本，肆类授时之礼⑦，曰天而已矣。福兮可以善取，祸兮可以恶召，奚预乎天邪？"法小弛，则是非驳，赏不必尽善，罚不必尽恶。或贤而尊显，时以不肖参焉；或过而僇辱，时以不辜参焉。故其人曰："彼宜然而信然，理也；彼不当然而固然，岂理邪？天也。福或可以诈取，而祸亦可以苟免。"人道驳，故天命之说亦驳焉。法大弛，则是非易位，赏恒在佞而罚恒在直，义不足以制其强，刑不足以胜其非，人之能胜天之实尽丧矣。夫实已丧而名徒存，彼昧者方挈挈然提无实之名⑧，欲抗乎言天者，斯数穷矣。故曰：天之所能者，生万物也；人之所能者，治万物也。法大行，则其人曰："天何预人邪？我蹈道而已。"法大弛，则其人曰："道竟何为邪？任人而已。"法小弛，则天人之论驳焉。今以一己之穷通，而欲质天之有无，惑矣。

余曰：天恒执其所能以临乎下，非有预乎治乱云尔；人恒执其所能以仰乎天，非有预乎寒暑云尔。生乎治者人道明，咸知其所自，故德与怨不归乎天；生乎乱者人道昧，不可知，故由人者举归乎天，非天预乎人尔。

---

① 挚：聚集。
② 斸：中空。
③ 硎：磨刀石。铓：刃端。
④ 三旌：指三公。周代以太师、太傅、太保为三公。西汉以司马、司徒、司空为三公。东汉以太尉、司徒、司空为三公。
⑤ 万钟：优厚的俸禄。钟：古量器，六斛四斗为一钟。
⑥ 刀锯：古代施行肉刑的刑具，劓刑用刀，刖刑用锯。
⑦ 肆类：国君登基时祭天之礼。授时：敬记天时以授人。
⑧ 挈挈：悬持，提起。

【解析】

　　刘禹锡为后人所熟知且津津乐道的是他作为文学家和诗人所写的那些脍炙人口的文学作品，但是刘禹锡同时也是一名哲学家，在中国古代，刘禹锡的哲学思想就带有朴素唯物主义的色彩。在此，我们对其所著《天论（上）》作鉴赏分析，不是基于其文学家的身份，而正是基于刘禹锡哲学家的身份。在刘禹锡所处的中唐，有件事情对其仕途以及人生轨迹有转折意义，那就是唐顺宗时期进行的"永贞革新"。这次革新本意是改变玄宗时期以来的宦官专政和藩镇割据现象，锐意革新，但是没多久此次革新就失败了，力主改革的王叔文被贬后赐死，王伾外贬后不久病死，柳宗元、刘禹锡、韩泰、陈谏、韩晔、凌准、程异及韦执谊八人均被贬为外州司马，史称"二王八司马"。正是在这个时期，韩愈和柳宗元之间发生有关天人关系的辩论，柳宗元作《天说》一文反驳韩愈的天道观，《天说》收入在其《河东先生集》里，从中我们可以一窥大概。刘禹锡是赞成柳宗元的观点的，所以他在看了柳宗元的文章后认为"文信美矣，盖有激而云，非所以尽天人之际。故余作《天论》，以极其辩云"。这里刘禹锡交代了他写这篇文章的缘由，并且刘禹锡写了《天论》三篇，此处选读的是其中的第一篇。柳宗元看了刘禹锡的这三篇文章后，又写下《答刘禹锡〈天论〉书》一文，说道"凡子之论，乃吾《天说》传疏耳，无异道焉"，说明《天论》和《天说》的思想是一致的。

　　刘禹锡作《天论》的本意不在讨论法律，而是以朴素唯物主义思想反驳韩愈"阴骘之说"的唯心主义思想，故通说认为柳宗元的《天说》和刘禹锡的《天论》是我国中唐时期闪烁着唯物主义思想光辉的姊妹篇，二者都是在中国哲学史上留下了深远影响的哲学文章，而不是阐述法律思想的法学文章。但是在这篇《天论（上）》中，刘禹锡用"人能胜乎天者，法也"的观点来论述其所持有的"天与人交相胜"的天人观，并大量论述法律之道与国家的治乱关系，认为"法大行，则是为公是，非为公非"，"法大弛，则是非易位"，可见在这篇文章中其实也透露着一种朴素的法律思想。唐朝经历了"安史之乱"后，内有宦官专政，外有藩镇割据，社会环境已经不是盛唐时期那样安定的盛世了，所以法律能否切实有效地施行存有疑问。生活在当时的刘禹锡应该深有体会，所以他在这篇文章中才有"法大行"和"法大弛"之正反两方面的论述，这也并非空穴来风。从"安史之乱"后的中唐逐步走向衰落的历史来看，刘禹锡的"法大驰"的论说应该是当时社会的一种真实写照，而这也构成刘禹锡写这篇文章的一个大的社会背景。正是基于此种考虑，我们选取本篇文章并对其进行法律上的赏析。

韩愈认为天是有意志的，他的"阴骘之说"应该是出自《尚书》中的"惟天阴骘下民"语，意在劝告人们默默积德行善，就会获得上天庇佑。柳宗元则认为天没有意志，"天地，大果蓏也；元气，大痈痔也；阴阳，大草木也，其乌能赏功而罚祸乎？功者自功，祸者自祸，欲望其赏罚者大谬"，功祸赏罚和天没有多大的关联，柳宗元否认了天的意志，但是刘禹锡则在柳宗元的基础上更进了一步，他没有否认柳宗元的观点，也没有否认天的意志，在这篇《天论（上）》中刘禹锡明确提出"天与人交相胜"的观点，这就类似用发展和运动的观点看待天与人之间的关系，天与人之间的关系并非不变和绝对的。为了说明自己的观点，刘禹锡在此所用的说理对象就是人类社会的法律制度，认为人能够胜天的关键在于人类制定的法律。刘禹锡认为：天的作用在于生万物，人的作用在于治理万物，治理则需要依靠法律制度，制定的法律能够得到遵守执行，人们则认为遵守正道可以获得正义公平，而这一切和天没有关系。但是如果法律典章制度松弛，是非公正不能从法律中获得，那么人们会对正道失去信念，在心灰意冷之际转而认为只有听天由命了，这就好像生病中的人会感慨生命无常和容易相信鬼神一般。在此，刘禹锡所用的说理方法其实是很浅显易懂的，他用一种朴素的法律思想来说明他的朴素的唯物主义哲学观。

"无规矩不成方圆"是我国古代的一句俗语，规矩的作用就在于使得方者为方，圆者为圆，各得其所，不至于乱套。人类社会的维持和发展必须依靠一定的规范，在规范之下的社会才会获得安定。道德、宗教习俗、宗法乡约和国家法律等都是社会中的规范，而法律作为一种规范和其他规范所不同的一个方面是，法律具有强制性，它以国家强权作为后盾，所以法律在社会生活中扮演着至关重要的角色。法律和统治者的一般政策也是相区别的，政策可能会朝令夕改，随着统治者的意志变化而不断地变化，法律有一个显著的特征就是它具有稳定性，法律的稳定性一般包括：实证性、实用性和不变性三要素。法律的稳定性可以给人们以指导和指引，使人们认识什么行为会受到法律的制裁，什么行为是安全合法的且不会受到法律的制裁。这也就是刘禹锡在这篇文章中所讲的"法大行，则是为公是，非为公非，天下之人蹈道必赏，违之必罚。当其赏，虽三旌之贵，万钟之禄，处之咸曰宜。何也？为善而然也。当其罚，虽族属之夷，刀锯之惨，处之咸曰宜。何也？为恶而然也。"在法律规范作用之下，遵守法律的人会获得奖赏，且人们认为奖赏是应该的；而违反法律的人将会受到惩罚，且人们对其惩罚也认为是应该的。显然，刘禹锡的认识正是法律稳定性的作用。但是刘禹锡的认识不仅仅及于此，若只是这样的话他的观点则和柳宗元的"功者自功，祸者自祸"别无二致。刘禹锡的认识比柳宗元的认识更进一步在于，他还看到了法律典章松弛的情况下，是非颠倒，赏罚不明，此时的人们不能在规范制度之下获得公平正义，转而怀疑人道而相信天道，或说"谋事在人，成事在天"，或者干脆"听天由命"了，这是一种无奈的选择。所以刘禹锡感慨"生乎乱者人道昧，不可知，故由人者举归乎天，非天预乎人尔"。生逢乱世，民不聊生，只有呼天喊地聊以解慰，但这绝非天在干预我们人事。刘禹锡好像用一种清醒而冷峻的口吻在解释着他的天人思想。

法律的弛废于国于民都是有害的，国家会因为法律制度的缺失而走向衰败和没落，专制或者强权横行，这将带来政治的黑暗，民众生活也会因法度弛废陷入一种很不安定的状态，朝不保夕，民不聊生。这里我们很容易想到的一个例子是元朝关汉卿所写的戏曲《窦娥冤》，这是刘禹锡观点最为有力的例证。窦娥是蔡家的童养媳，寄居蔡家的张驴儿父子起了歹意，张驴儿本想毒死蔡婆婆却不料毒死了自己的父亲，因而引起这场人命官司，张驴儿恶人先告状，因此窦娥被判死刑，临刑前她发下三桩毒誓（或说诅咒）：血不沾地，全飞到丈二白练上；三伏天，天降三尺瑞雪遮盖窦娥尸首；楚州亢旱三年。窦娥死后，她的三桩毒誓一一应验：血溅白练，三伏降瑞雪，楚州亢旱三年。作者以此说明窦娥是被冤死的。如果是在法治社会，依照法律理应获得公正的判决，即刘禹锡所说的"法大行，则是为公是，非为公非，天下之人蹈道必赏，违之必罚"，窦娥没有犯罪行为，那么其理应获得无罪的判决。但是，偏偏事与愿违，当时的楚州太守桃杌作为本案件的审判法官，没能够明察秋毫，查清案件事实，没能够依法作出公正的判决，而是昏庸无为，颠倒是非，使得无罪的窦娥含冤而死，有罪的张驴儿却逍遥法外！在这样一个社会之中，人们将争讼诉诸法律、对簿公堂而不能获得公正判决，法律给不了人们以稳定性保障，人们如何能相信法律呢？所谓"礼失而求诸野"，那么法失而求诸何呢？所以，窦娥在临死之前应该是绝望而无奈的，她说"官吏每无心正法，使百姓有口难言"，她只有诉诸天道（好比人在绝望和悲恸之时本能地喊出"天啊！"），发下这样看似荒诞却又一一应验的誓言来证明自己的清白：三伏天本来是绝无下雪可能的，但是在窦娥死后却真的下雪了，这本来就是一种超自然的现象；而楚州大旱三年，这依旧是自然现象。关汉卿在这里使用自然或者超自然的"天道"现象来证明"人道"之中的黑白不分、是非不明，如果窦娥的案件可以在法律之下获得公正的审判，她还会在刑场上悲愤而绝望地呼唤苍天吗？一个依法而治的社会应该努力做到是非分明，应该善者赏而恶者罚。但是，如果一个社会已经到了人们对法律都失去信任的地步，只有逼迫百姓诉诸天道，那么这个社会定是病入膏肓了。显然刘禹锡正是看到这点，认为柳宗元的《天说》还没有"所以尽天人之际"，而韩愈所持的观点则是彻底错误的，所以刘禹锡要写下这篇充满唯物主义哲学色彩的文章。

要注意的是，刘禹锡认为即使在法度废弛的情况下，产生是非不辨、赏罚不分等不公正现象的原因依旧是人们将此归于天，而不是天的作用在干预人事。刘禹锡认为，"人者举归乎天，非天预乎人尔"，意思是天根本不能干预人事，这依旧是唯物主义的观点，所以，刘禹锡所说的"天与人交相胜"的观点是唯物的。另外，儒家对我国政治制度的发展是有深刻影响的，"天人感应"等学说都曾经作用于一时并影响后世。在法律制度中也深深镌刻有天人关系的影响，典型的是"秋冬行刑"制度，在汉朝除那些罪大恶极的犯罪要立即处死之外，死刑均要等到立秋之后冬至以前执行。因为儒家学者和统治者们认为"王者生杀，宜顺时气"，刑为阴气，而阴又始于秋天，要顺应天时来诛杀犯罪之人，所以确立了秋冬行刑制度。这种制度对后世有着较为深远的影响，唐律中就规定"立春后不决死刑"，明清时期的"朝审"、"秋审"制度也是发源于此。应该说，若是从刑事法律中的"秋冬行刑"来驳斥天人关系的学说将更加具有说服力，但是刘禹锡没有立足于此，而是宏观地行文论说，因为总的来说刘禹锡写作此文的目的和手法不是基于法律或者阐述法律，而是立足哲学观点之间的交锋，出发点也是哲学思辨的角度。

请行周典

（唐）皮日休

《周礼》载师之职曰："宅不毛者有里布①，田不耕者出屋粟②，凡民无职事者出夫家之征③。"日休曰：征税者，非以率民而奉君，亦将以励民而成其业也。今之宅，树花卉犹恐不奇，减征赋惟恐不至。苟树桑者，必门嗤户笑，有能以不毛而税者哉？如曰，必也，居不树桑，虽势家亦出里布，则途无裸丐之民矣。今之田，贫者不足于耕褥，转而输于富者，富者利广占，不利广耕。如曰，必

皮日休（约838—883），
文学家，诗人

也，田不耕者，虽势家亦出屋粟，则途无馁毙之民矣。今之民，善者少，不肖者多，苟无世守之业，必斗鸡走狗，格簺击鞠④，以取餐

---

① 载师：周朝根据土地肥瘠等实际情况规定交纳赋税的官吏。《周礼·地言·载师》："载师掌任土之法。"里布：相当于后世的地税。周制，不种桑麻，使出一里二十五家之布。
② 屋粟：周制，凡有田不耕者，罚三家的税粟。
③ 夫家之征：雇力役之钱。
④ 格簺：即格五，古代的一种博戏。鞠：古代一种用草编之球。

9

于游闲。太史公曰："刺绣文不如倚市门①。"是也。如曰，必也，凡民无职事者出夫家之征，则世无游惰之民矣。此三者，民之最急者也。有国有家者，可不务乎？周公圣人也，周典圣人之制也。未有依圣制而天下不治者，执事者以为何如？

【解析】

皮日休，唐代人，襄阳之竟陵（今属湖北天门）人，常居鹿门山，故自号"鹿门子"，又号"间气布衣"、"醉吟先生"。于唐懿宗咸通七年（公元866年），入京应进士试不第，退居寿州（今安徽寿县），自编所作诗文集《皮子文薮》。咸通八年（公元867年）再赴京应进士试，以榜末及第。曾在苏州刺史崔璞幕下担任郡从事，后入京任著作佐郎、太常博士。唐僖宗乾符二年（公元875年）出任毗陵（今江苏常州）副使。皮日休为晚唐著名诗人、散文家，与陆龟蒙并称"皮陆"，有唱和集《松陵集》。他和陆龟蒙、罗隐的小品文被鲁迅先生在《小品文的危机》中誉为唐末"一塌糊涂的泥塘里的光彩和锋镝"。

皮日休的诗文多为抨击时弊、同情人民疾苦之作。除了在文学创作上有杰出的贡献外，其也有大量的法律理念流传于世，本文就是其众多法律名篇中的一篇。从中国的政治思想史来看，皮日休所处的晚唐至五代，正值唐宋更替之时，唐代如火如荼的古文运动已经消歇，宋代的理学思想尚未兴起，再加上黑暗纷乱的中央统治、动荡割据的地方政权，这一系列的社会现实都表明了唐代统治阶级大力推行儒学的失败，进而导致佛教、道教在五代时期的盛行，理学在宋代的兴起。虽然大部分知识分子对于儒学失去了信心，然而在当时的一部分人心里，却仍认为周孔之道才是真正的"治世良策"。这是因为在中国封建时代，学者们一直秉承着一种"崇古"的文化心态。儒家创始人孔子以为，历史的发展是退化的，由大同到小康，社会反而在退步，在《礼记·礼运篇》的"大同"一节中最为明白无误地表现出来。另外，在《礼记·曲礼上》中的论述也强烈地表达了这种文化心理："毋剿说，毋雷同，必则古昔，称先王。"而身为儒家"亚圣"的孟子，则第一个明确提出了"法先

---

① 语出《史记·货殖列传》。

王"。他继承孔子颂扬上古，赞美先王的习尚，"言必称尧舜"①，宣称"非尧舜之道，不敢以陈"②，假尧舜之名来宣传自己的主张。在他看来，先王之道是人们的行为准则。他把施政者的一切过失都归咎于"不行先王之道"，甚至说："遵先王之法而过者，未之有也。"③ 他所主张的仁政说、性善说等，无不以先王之道为依傍。道家的创始人老子则以原始时期的"小国寡民"为其理想社会，老子思想的继承人庄子则认为原生的自然状态下的社会最好，而强烈地反对社会的改变。在上述这些大家们看来，古代比他们所处的时期要好，虽然他们各自所认为的理想的古代社会状态所包含的内容不尽相同，但是他们却异口同声地对上古社会表达了由衷的赞美和一往情深的憧憬。与这种历史退化观相应的，就是"圣人"均为古代人，尧、舜、禹、汤、文、武、周公等等尊崇圣人的思想与在宗法制度影响之下的重权威、敬祖先的传统思想相结合，更是大大地加强了崇古、尚古的文化传统。皮日休作为一名自小便接受儒家传统教育的学者，恪守"传道统为己任"④，认为推行周朝时的各种制度才是拯救当时日渐崩溃的唐王朝的方法。这一思想在这一篇《请行周典》中完整地体现出来。

皮日休在本篇文章的题目中，便一针见血地提出了自己的观点，即施行周朝的典章制度。周朝（前 11 世纪～前 771 年），是中国历史上"礼治"的巅峰时代，也是最后一个完全"礼治"的时代。西周初年，在周公姬旦的主持下，以周族原有的习惯法为基础，结合现实状况，制定了一套完备而严谨的典章制度和礼节仪式，即后世所称的"周公制礼"。其礼法制度包括了一系列的民事、刑罚制度。孔子的儒家学派，把孔子的

周公，生卒年不详，姓姬名旦，"礼治"创始人

---

① 《孟子·滕文公上》。
② 《孟子·公孙丑下》。
③ 《孟子·离娄上》。
④ 赵荣蔚：《论皮日休尊儒重道思想的时代内涵》，载《南京师大学报》，2000（2）。

人格典范作为最高典范，把周初的仁政作为最高的政治理想，而推行周公的礼乐制度则成为孔子终生的倡导。皮日休以周朝的这一系列制度为蓝本，针对所处的五代时期所出现的三类不利于国家发展的社会现象，建议统治者采取强制手段，对"宅不毛者"、"田不耕者"、"民无职事者"三类人作出处罚，遏制这些不良趋势，意图缓和阶级矛盾，维护社会稳定。

第一类，"今之宅，树花卉犹恐不奇，减征赋惟恐不至。苟树桑者，必门嗤户笑"的现象。在皮日休看来，现在的民众，纷纷在住宅周围栽种花卉，并以栽种奇异的花卉为荣，嗤笑那些在住宅周围栽种桑和麻的人家，这样的社会风尚是错误的。种植桑树可以采集桑叶来喂养蚕，而蚕吐出来的丝是制作衣物的必要材料。种植麻可以取其植物纤维，编制麻纺的衣物。两者均为古代农业基础性的经济活动，其产物是民众日常生活所必不可少的原料。《管子·牧民》曰："藏于不竭之府者，养桑麻、育六畜也"，可见其重要性。并且不栽种桑麻，民众就无法交出赋税。而现在的现实是，民众纷纷以攀比花卉的名贵、装裱门面的绚丽为荣，为了满足自己的虚荣心，不再栽种桑麻，这样下去必然导致桑麻的产量逐渐减少，形成短缺。针对这样的现象，皮日休建议仿照《周礼·地官·载师》中的规定，"必也，居不树桑，虽势家亦出里布"，对那些种植花卉而不种植桑麻的民众，哪怕是有权势的人家，也要施以交出规定数目的地税的处罚。通过这样的强制手段来修正社会风气，保障国家这两种重要的经济作物即桑、麻的供应，实现"途无裸丐之民矣"的理想社会状态。

第二类，"今之田，贫者不足于耕褥，转而输于富者，富者利广占，不利广耕"的现象。唐代继"安史之乱"以后，土地兼并愈演愈烈，地主田庄的面积日益扩大，农民加速丧失土地，土地问题日趋严重，到皮日休所在的唐朝末年，面积庞大的地主田庄随处都有，如长葛（今河南长葛县）县令严郜，于唐懿宗时被罢职，即在当地设置田庄，有良田万顷。仅仅一个罢职县令便如此，可以想见土地兼并、官吏腐败现象之严重。唐懿宗（860年~873年在位）时期，据《旧唐书·懿宗纪》记载，宰相们的上书中尖锐地指出："富者有连阡之田，贫者无立锥之地"，由此可见一斑。由于土地兼并涉及多方利益，且是通过合法的手段进行交易，所以要求阻断这样的市场行为尚未可行，只可以在土地的利用效率上采取措施。大多数地主、官吏只关心尽可能地进行土地兼并，而不关心土地是否得到了有效的耕作，真正关心土地耕作的农民，却由于没有土地而生活艰难，这种本末倒置的情况，导致整个国家耕地的利用率十分低下。而古代的中国，正是以农业作为国家富强的根本、社会稳定的基石。反观周朝时期，对于土地耕作有严苛的法律规定，《礼记·月令》中规定了"失农时罪"，即"仲秋之月，乃劝种麦，毋或失时，其有失时者，行罪无赦"，更不必说抛荒土地的行为了。正是在这样的背景及理论依据下，皮日休提出"必也，田不耕者，虽势家亦出屋粟"。即要求凡是土地不用于耕作的，即使是富豪也必须罚交田赋，从而保障耕地的利用率，使遭到荒弃的土地得到有效的耕种。

第三类，"今之民，善者少，不肖者多，苟无世守之业，必斗鸡走狗，格簺击鞠，以取餐于游闲"的现象。《孟子·滕文公上》曰："民事不可缓也。《诗》云：'昼尔于茅，宵尔索绹。亟其乘屋，其始播百谷。'民之为道也，有恒产者有恒心，无恒产者无恒心。苟无恒心，放辟邪侈，无不为已。及陷乎罪，然后从而刑之，是罔民也。焉有仁人在位，罔民而可为也？是故贤君必恭俭、礼下，取于民有制。阳虎曰：'为富不仁矣，为仁不富矣。'"可以发现，社会的平稳运行有一个客观的规律：有稳定而且相对充足的财产收入的人，内心才可能会有高尚的道德观念和行为准则，没有稳定而且相对充足的财产收入的人，内心则很难有高尚的道德观念和行为准则。假若人的内心都没有高尚的道德观念和行为准则，任凭外部的法律如何严苛、周密，都不会达到很好的效果。这说明一个人的日常收入与其内心道德有密切的联系，也是俗话所说的"穷凶极恶"的道理。在认识到这样的客观规律后，皮日休建议对这样不从事工作，整日游手好闲的人施以税收，利用经济手段使他们寻求正当的职业，安定他们的生活，以免他们"斗鸡走狗，格簺击鞠"，进而发生违法乱纪的行为。

在皮日休的三项建议中，都提到了对于违反这三种规定的行为，虽然"势家"依然要进行处罚。对于"势家"的专门强调可以看出皮日休对于法律面前人人平等这一理念的认同。贵族、官僚在封建社会中享有法律特权由来已久，西汉创"上请"之制，曹魏创"八议"之制，晋、陈立"官当"之制，隋朝又创"例减"之制，并将赎刑制度化。皮日休所处的唐代在继承隋代制度基础上，进一步发展了特权制度，使得贵族和官僚在经济、政治、文化上所享有的特权日益扩展，国人被分为特权者、良人、贱民三类，特权者包括皇帝、贵族、官僚及其家属，享有多种特权。而良人人数众多，承担了国家的赋税徭役，既无特权，也不受歧视。贱民分为两类，即官贱民和私贱民，其中官贱民地位十分低下，唐律称："奴婢贱人，律比畜产"，其在法律地位上等同于财产，主人可进行任意买卖。为了保证这三类人群的稳定，除了部曲、太常音声人、客女外，唐律禁止良贱通婚，否则构成"违律为婚"，不仅强制离婚，还处以徒刑一年半。[1] 唐懿宗时有个翰林学士刘允章，在其《直谏书》中痛陈了藩镇割据、宦官当权、豪强横行的现象，列举了官有"八入"、国有"九破"、民有"八苦"、人有"五走"的社会乱象。其中节度使手握重兵、飞扬跋扈更是特权阶级鱼肉百姓的例证。[2] 皮日休生逢日趋没落的晚唐社会，目睹社会动荡，特权阶级骄奢淫逸，而民众却为生活苦苦挣扎，他特别强调对于"势家"也要严格对待，是对这一种人与人之间的不平等所作出的一种抗议。

在这篇文章中，皮日休对于税收的理解也值得当代的我们所钦佩，"征税者，非以率民而奉君，亦将以励民而成其业也"。税收是一种历史悠久的国家权力表现形式，在我国古代的第一个奴隶制国家夏朝，就出现了税收的雏形，一种特殊的税收征收方式——"贡"，即臣属将物品进献给君王。当时，虽然臣属必须履行这一义务，但由于贡的数量、时间尚不确定，所以"贡"只是一种偶然性的机制，仅具备税的内涵。西周时期，税收制度进一步发展，形成了较为固定的税收模式，其在内容上分为两类：征收军事物资称"赋"；征收土产物资称"税"。春秋后期，赋的规模日益扩大，与税统一按照田亩进行征收。在春秋之前，"赋"专指军赋，即君主向臣属征集的军役和军用品。春秋后期之后，国家征集的收入不再限

---

[1] 参见曾代伟：《中国法制史》，129 页，北京，法律出版社，2012。
[2] 《全唐文》卷804。

于军赋，还包括用于国家其他方面支出的产品。此外，国家对关口、集市、山地、水面等征集的收入也称"赋"。所以，"赋"已不仅指国家征集的军用品，而且具有了"税"的内涵。有历史典籍可查的对土地产物的直接征税，始于公元前594年的鲁国，其实行了"初税亩"，按平均产量对土地征税。后来，"赋"和"税"往往并用，统称赋税。秦汉时，分别征收土地税、壮丁税和户口税。明朝摊丁入地，按土地征税。清末，租税成为多种捐税的统称。农民向地主交纳实物曰租，向国家交纳货币曰税。

然而，在"皇权至上"的封建专制社会，民众大多认为税收是对皇帝的一种"天然而无偿"的付出，皇帝作为上天的儿子统领万民，民众有当然的义务为其缴纳捐税。而征收税赋是对民众财产权的一种无条件的剥夺，对于民众无利，对于皇帝有利，所以民众从经济动机上有排斥的倾向。在这篇文章中，皮日休提出了一种新颖的观点，征税不仅仅在于无偿征收民众的财产，其更多的功能在于通过对不利于社会经济活动的行为施以重税，对于有利于国家经济生活的行为施以轻税乃至免税，从而引导整个社会的经济活动走向，激励民众按照国家方针从事生产，实现国家经济生活的健康发展。

皮日休出身寒微，参加过黄巢农民起义，在农民政权下任翰林学士。尽管其现存著作都完成于参加农民起义之前，但由于进入政坛时间晚，他更加了解社会现实和民众苦难，故而其作品具有十分鲜明的人文主义色彩。他讽刺黑暗的晚唐时政，曾自述："赋者，古诗之流也。伤前王太佚，作《忧赋》；虑民道难济，作《河桥赋》；念下情不达，作《霍山赋》；怜寒士道壅，作《桃花赋》。"他在鹿门隐居时作《隐书》六十篇，用"古"与"今"对比的形式揭示出晚唐藩镇割据、农民起义下民众的艰苦，说："古之杀人也怒，今之杀人也笑；古之用贤也为国，今之用贤也为家；古之酤也为酒，今之酤也为人；古之置吏也将以逐盗，今之置吏也将以为盗。"他指出："后世之君，怪者不在于妖祥，而在于政教也。"甚至敢于说："金玉石，王者之用也"，由于王者贵金重玉，才使大家视金玉为宝，其实，真正珍贵的并不是金玉，而是粟与帛，"一民之饥须粟以饱之，一民之寒须帛以暖之，未闻黄金能疗饥，白玉能免寒也"。可见其悲天悯人的"救世"情怀和对普通民众的殷切关怀，而"行周礼，施周典"是其为晚唐社会所开出的一剂良方，虽未得以完整的实现，但从中国历史一直断断续续的"尚孔儒，尚周礼"之风中，其看到了合理的地方，不可不谓之高明。

以刑糾人惡，故人知勸懼；以禮導人情，故人知恥格；以道率人性，故人反淳和；三者之用，不可廢也。

刑礼道

（唐） 白居易

　　问：圣王之致理也，以刑纠人恶，故人知劝惧；以礼导人情，故人知耻格；以道率人性，故人反淳和；三者之用，不可废也。意者：将偏举而用耶？将并建而用耶？从其宜，先后有次耶？成其功，优劣有殊耶？然则相今日之所宜，酌今日之所急，将欲致理，三者奚先？

　　臣闻人之性情者，君之土田也，其荒也，则薙之以刑①；其辟也，则莳之以礼②；其植也，则获之以道。故刑行而后礼立，礼立而后道生。始则失道而后礼，中则失礼而后刑，终则修刑以复礼，修礼以复道。故曰：刑者，礼之门；礼者，道之根。知其门，守其根，则王化成矣。然则王化之有三者，犹天之有两曜，岁之有四时，废一不可也，并用亦不可也；在乎举之有次，措之有伦而已。何者？夫刑者，可以禁人之恶，不

白居易（772—846），字乐天

① 薙：除草。
② 莳：移栽。

能防人之情；礼者，可以防人之情，不能率人之性；道者，可以率人之性，又不能禁人之恶。循环表里，迭相为用。故王者观理乱之深浅，顺刑礼之后先。当其惩恶抑淫，致人于劝惧，莫先于刑；铲邪窒欲，致人于耻格，莫尚于礼；反和复朴，致人于敦厚，莫大于道。是以衰乱之代，则弛礼而张刑；平定之时，则省刑而弘礼；清净之日，则杀礼而任道。亦如祁寒之节，则疏水而附火；徂暑之候，则远火而狎水。顺岁候者，适水火之用；达时变者，得刑礼之宜。适其用，达其宜，则天下之理毕矣，王者之化成矣。将欲较其短长，原其始终，顺其变而先后殊，备其用而优劣等。离而言之则异致，合而理之则同功。其要者，在乎举有次，措有伦，适其用，达其理而已。

方今华夷有截，内外无虞，人思休和，俗已平泰，是则国家杀刑罚之日，崇礼乐之时。所以文易化成，道易驯致者，由得其时也。今其时矣，伏惟陛下惜而不失焉。

【解析】

白居易，字乐天，号香山居士、醉吟先生，生于唐代宗大历七年（772 年），德宗贞元十六年（800 年）考取进士，贞元十八年（802 年）登书判拔萃科，历任校书郎、翰林学士、左拾遗，宪宗元和十年（815 年）被贬为江州司马，以后又任刺史、太子少傅等职。白居易出身书香门第，自幼聪明绝顶，十六岁时就已经写出《赋得古原草送别》等绝妙好诗，风格自然明丽，辞藻引人入胜。白居易出生以后，社会持续动荡，百姓流离失所，他本人也曾少小离家避难，备尝生活艰辛，因此能够理解民间疾苦，渴求改变社会现状，这也为后来他独特的法律思想的形成奠定了基础。① 他是唐代著名的文学家、负有盛名的现实主义诗人，同时又是一名敢言直谏的政治家、法学家，也是有深邃之见的思想家。只是由于文名太盛，人们对于后者不怎么注意罢了。自 29 岁中进士之后，白居易一直为官从政，累官至刑部尚书，真可谓是位高权重。在"安史之乱"后，白居易见朝纲不振，以其敏锐的政治眼光指陈时弊，力主改革政治，谴责统治者的专横贪暴，强调为政要宽简清廉。他不仅精通儒学，

---

① 参见李宁卿：《白居易法学思想探源》，载《兰台世界》，2012 年 10 月下旬刊。

而且对道、法诸家思想颇有研究，形成了特色鲜明的以儒家为主、兼采道法的政治思想的法律思想体系，尤其是他的"刑、礼、道迭相为用"的观点最为独到。①

白居易

在本文中，白居易对"刑、礼、道"三者的关系有了进一步的阐述与论证。他认为："圣王之致理也，以刑纠人恶，故人知劝惧；以礼导人情，故人知耻格；以道率人性，故人反淳和；三者之用，不可废也。"说的是，圣王治理天下要达到太平盛世，其措施就是：用刑罚来惩治人的恶行，人们因而知道相互劝勉而不敢作乱；用礼义来引导人的情理，人们因此懂得廉洁羞耻而心悦诚服；用道德来顺导人的本性，人们因此返璞归真，恢复淳和。在说明了三者的重要性之后，白氏得出"三者之用，不可废也"的结论。

在说明了刑、礼、道三者的重要性后，白公又提出了三者之间的关系问题。在其《刑礼道》一文中，他指出："意者：将偏举而用耶？将并建而用耶？从其宜，先后有次耶？成其功，优劣有殊耶？然则相今日之所宜，酌今日之所急，将欲致理，三者奚先？"也就是说，圣王运用刑、礼、道时是偏重其一呢？还是同时倡导？三者的运用是否有先后之分呢？还是没有先后之分？再从取得的实际功效看，三者是否又有优劣之分呢？正是带着这样的问题，白公通过严密的论述得出了以下结论。

首先，刑、礼、道三者适用的情况是有区别的，并且是依次递进的，最终形成一个统一连贯的整体。白居易在文中这样写道："人之性情者，君之土田也，其荒也，则薙之以刑；其辟也，则莳之以礼；其植也，则获之以道。故刑行而后礼立，礼立而后道生。始则失道而后礼，中则失礼而后刑，终则修刑以复礼，修礼以复道。故

---

① 参见何宁生：《刑礼道迭相为用——白居易政治观浅议》，载《光明日报》（理论周刊），2006－09－18。

曰：刑者，礼之门；礼者，道之根。知其门，守其根，则王化成矣。"说的是，人的本性就像君主的土地，在人心迷乱恣情如同田土荒芜、杂草丛生时，应该用刑罚来革除；当迷乱恣情得以排除似田土开垦时，则用礼义来疏导；当礼义像种子一样根植于人的心田时，再用道德来培养以期收获。所以说，刑罚实行后建立礼义，礼义建立后就产生了道德，刑罚是礼义的门户，礼义是道德的根本。知道刑罚这个门，固守礼义这个根，那么君主的教化就成功了。刑的作用，虽然是在丧失了道和礼的情况下才显示出来的，但是只要修其刑，即刑罚的制定和运用得乎其当，便可以达到恢复礼和道的目的。正如其在《策林》中这样写道："刑者，礼之门；礼者，道之根。知其门，守其根，则王化成矣。"这也从另一个侧面反映出，三者的适用情况是有区别的，也是有顺序的。

其次，白居易进一步深入探究刑、礼、道三者的关系，认为："然则王化之有三者，犹天之有两曜，岁之有四时，废一不可也，并用亦不可也；在乎举之有次，措之有伦而已。"说的就是刑、礼、道三条，废一不可，并用也是不行的。关键就在于：三者的运用要分次序，搁置要有条理。为了说明这种举措的次序，白居易进一步指出了这三者之间的不同作用。他说："夫刑者，可以禁人之恶，不能防人之情；礼者，可以防人之情，不能率人之性；道者，可以率人之性，又不能禁人之恶。循环表里，迭相为用。"刑罚可以禁止人们作恶，但不能防范人的情欲；礼义可以防范人的情欲，但不能顺导人的本性；道德可以顺导人的本性，却无法制止人们犯罪。刑、礼、道必须内外循环、交替使用。在他看来，正是由于刑、礼、道三者有各自的功能和作用，而社会情势也是此一时期和彼一时期的变化，因而才会发生根据需要采取相应对策的问题。具体地说，就是："故王者观理乱之深浅，顺刑礼之后先。当其惩恶抑淫，致人于劝惧，莫先于刑；铲邪窒欲，致人于耻格，莫尚于礼；反和复朴，致人于敦厚，莫大于道。是以衰乱之代，则弛礼而张刑；平定之时，则省刑而弘礼；清净之日，则杀礼而任道。"即是说，君王要根据社会治乱的程度，安排刑罚、礼义使用的先后次序。社会动乱道德衰败的时代，君王要松缓礼义的运用而加重刑罚；社会稳定人心思安的时期，君王就要减轻刑罚而重视礼义教化；天下太平相安的阶段，君王就要减少礼义教化而提倡道德。总之，也就是"将欲较其短长，原其始终，顺其变而先后殊，备其用而优劣等。离而言之则异致，合而理之则同功。其要者，在乎举有次，措有伦，适其用，达其理而已"。刑、礼、道各有其用，而结合运用，三者则异曲同工。关键在于施用要有先后顺序，搁置要有理有据。这是白居易对于刑、礼、道三者关系最精辟的阐述，也是最值得我们研读的地方。

最后，通过上述所论及的刑、礼、道思想，再结合当时的社会背景，白公认为当时："方今华夷有截，内外无虞，人思休和，俗已平泰，是则国家杀刑罚之日，崇礼乐之时。"正是基于这样的社会背景，他向当时的统治者提出了："所以文易化成，道易驯致者，由得其时也。今其时矣，伏惟陛下惜而不失焉。"建议统治者珍惜时势，不失时机地实行礼义道德教化，从而巩固李唐王朝的封建统治。但其实，白居易生活的时代，仍然是一个政治昏暗的时代。他在发表上述主张的时候，正当宪宗李纯刚刚上台。宪宗比之前的皇帝虽然略有振作和改革的魄力，比较可以接受谏言，并且多多少少改革了一些恶政，但究其阶级本质和阶级地位，他还是当时腐朽势力的代表者。因此，白居易上述主张的提出，与其说是基于他对形势的估计，倒不如说是基于他遵循黄老尚宽简、务清净的观点，反对"猛政"、"严刑"，要求做到恩威并济的中庸的法律思想的反映。同时，传统的理论都是讲"出礼则入刑"，礼教与刑罚虽各司其职，但也是"先礼而后刑"。但是白居易却反其道而行之，认为像法律这样的所谓"丑话"应该说在前头，因为法律是一种社会规范，是具有强制力的，进而强调刑罚对于推行教化的作用，刑罚被当作施行教化的重要手段。礼教沦丧要靠刑罚来拨乱反正，而礼教的复归也要靠刑罚来推动。[①] 从这一点可以看出，白居易具有朴素的法律思维。这样强调"法治"的言论竟然是由一个饱受儒家学说熏陶的诗人提出的，这在两千多年的历史长河中独树一帜，这也是白居易法律思想的独到之处。

由此可见，白公主张"刑礼道迭相为用"，倡导"以儒为主"，

---

① 参见何宁生：《刑礼道迭相为用——白居易政治观浅议》，载《光明日报》（理论周刊），2006－09－18。

调和"儒法关联",其有关刑、礼、道关系的统一论含有某些辩证的道理。他与前人不同的就在于对待礼法关系问题,不搞绝对化,强调因时而异。事实证明,所谓"德主刑辅"的理论,只不过是标榜所谓"德治"、"仁政"的口号,对于封建司法实践来讲,很少有实际意义和作用。而"刑礼道迭相为用"的主张,比较符合剥削阶级统治者惯用的两手策略,更接近地主阶级的统治实际。历代封建王朝兴衰的经验表明,单纯强调某一个方面,都是有害无益的,惟有刑、礼、道迭相为用,方可求得长治久安。①

通过研读白居易的诗,我们可以看出白居易是一位现实主义诗人,他关注广大平民百姓,切身体会民众痛苦,力主革新,努力替国分忧,他的所作所为,无不是为天下苍生着想,替天下苍生祈福。智慧要求白居易飞升,而生存、发展所依附的社会状况却一次次地将他拉回现实,这可能就是苏轼在《水调歌头》中所说的"起舞弄清影,何似在人间"所要体现和描绘的意境吧。正是心系天下百姓、报效国家的伟大情怀,成就了白居易独特的法律思想,这种思想源于白公对现实的关注,同时它也超脱于诗人的固有情怀,形成白居易独特的法律思想体系,成就了千秋的诗情佳话,更造就了一个伟大的法学家。

总之,白居易的"刑礼道迭相为用"说,突破了此前儒家代表人物主张的"德主刑辅"、"以礼为治国之根本"的成论,提出了根据刑、礼、道不同的治世用途,因事制宜,因时制宜,因势制宜,循环表里,迭相为用的主张。这种不墨守成规、敢于兼采诸家之长的治理观念,对我们今天推进"依法治国"与构建社会主义和谐社会,从而实现社会的综合治理,不无参考价值。

---

① 参见刘富起:《白居易的法律思想评价》,载《吉林大学社会科学学报》,1981(5)。

夫法者，天子之法也。

法明禁之，而人明犯之，

是不有天子之法也，

哀世之事也。

申法

（宋）苏洵

古之法简，今之法繁，简者不便于今，而繁者不便于古。非今之法不若古之法，而今之时不若古之时也。先王之作法也，莫不欲服民之心。服民之心，必得其情，情然耶而罪亦然，则固入吾法矣。而民之情又不皆如其罪

苏洵（1009—1066），字明允

之轻重大小，是以先王悯其皋而哀其无辜，故法举其略，而吏制其详。杀人者死，伤人者刑，则以著于法，使民知天子之不欲我杀人伤人耳。若其轻重出入，求其情而服其心者，则以属吏。任吏而不任法，故其法简。今则不然。吏奸矣，不若古之良；民媮矣①，不若古之淳。吏奸，则以喜怒制其轻重而出入之，或至于诬执。民媮，则吏虽以情出入，而彼得执其罪之大小以为辞。故今之法纤悉委备，不执于一，左右前后，四顾而不可逃。是以轻重其罪，出入其情，皆可以求之法。吏不奉法，则以举劾。任法而不任吏，故其法繁。

---

① 媮：鄙薄。

古之法若方书，论其大槩①，而增损剂量，则以属医者，使之视人之疾而参以己意。今之法若鬻履，既为其大者，又为其次者，又为其小者，以求合天下之足。故其繁简则殊，而求民之情以服其心，则一也。

然则今之法不劣于古矣，而用法者尚不能无弊。何则？律令之所禁，画一明备，虽妇人孺子，皆知畏避，而其间有习于犯禁而遂不改者，举天下皆知之而未尝怪也。

先王欲杜天下之欺也，为之度，以一天下之长短；为之量，以齐天下之多寡；为之权衡，以信天下之轻重。故度、量、权衡，法必资之官，资之官而后天下同。今也，庶民之家刻木比竹②，绳丝缒石以为之。富商豪贾内以大③，出以小，齐人适楚，不知其孰为斗，孰为斛④。持东家之尺而校之西邻，则若十指然。此举天下皆知之而未尝怪者，一也。先王恶奇货之荡民，且哀夫微物之不能遂其生也，故禁民采珠贝；恶夫物之伪而假真，且重费也，故禁民麋金以为涂饰⑤。今也，采珠贝之民，溢于海滨；麋金之工，肩摩于列肆。此又举天下皆知之而未尝怪者，二也。先王患贱之凌贵而下之僭上也，故冠服器皿，皆以爵列为等差，长短大小，莫不有制。今也，工商之家，曳纨锦⑥，服珠玉，一人之身，循其首以至足，而犯法者十九。此又举天下皆知之而未尝怪，三也。先王惧天下之吏，负县官之势，以侵劫齐民也，故使市之巫贾，视时百物之贵贱而录之，旬辄以上。百以百闻，千以千闻，以待官吏之私价。十则损三，三则损一以闻，以备县官之公籴。今也，吏之私价而从县官公籴之法，民曰："公家之取于民也固如是"。是吏与县官敛怨于下。此又举天下皆知之而未尝怪者，四也。先王不欲人之擅天下之利也，故仕则不商，商则有罚；不仕而商，商则有征。是民之商不免征，而吏之商又加以罚。今也，吏之商既幸而不罚，又从而不征，资之以县官公籴之法，负之以县官之徒，载之以县官之舟，关防不讥，津梁不

---

① 槩：同"概"。
② 比：通"疕"，修治。
③ 内：通"纳"。
④ 斗、斛：皆为量器名。古代十斗为一斛。
⑤ 麋：碎。
⑥ 曳纨锦：《汉书·食货志》："贾人不得衣丝乘车，重税租以困辱之。"

呵。然则为吏而商，诚可乐也，民将安所措手？此又举天下皆知之而未尝怪者，五也。若此之类，不可悉数。天下之人，耳习目熟，以为当然。宪官法吏，目击其事，亦恬而不问。

夫法者，天子之法也。法明禁之，而人明犯之，是不有天子之法也，衰世之事也。而议者皆以为今之弊，不过吏胥猷法以为奸①，而吾以为吏胥之奸，由此五者始。今有盗白昼持挺入室②，而主人不知之禁，则逾垣穿穴之徒，必且相告而恣行于其家。其必先治此五者，而后诘吏胥之奸可也。

【解析】

苏洵是北宋文学家，唐宋八大家之一。他是苏轼和苏辙的父亲，父子三人被称为"三苏"，有《嘉祐集》传世。苏洵是个有政治抱负的人，他的散文对历代政治、经济、军事和用人等方面进行了广泛、全面的论述，具有纵横雄辩之风。他说他做文的主要目的是"言当世之要"，是为了"施之于今"。在《衡论》和《上皇帝书》等重要论文中，他提出了一整套政治革新的主张。他认为要治理好国家，必须"审势"、"定尚"、"尚威"，加强吏治，破苟且之心和急惰之气，激发天下人的进取心，使宋王朝振兴。由于苏洵比较了解社会实际，又善于总结历史的经验教训，以史为鉴，因而，他的政论文中尽管不免有迂阔偏颇之论，但不少观点还是切中时弊的。

此篇《申法》取自苏洵《衡论下·申法》，体现了他在法制方面的见解，可以分为两大部分，在文章的前半部分他提出了近似"治政非只一道、利国不必法古"的法律思想，文章中的意思是：古代的法令制度比较简略，现代的法令制度则比较繁多。简略的古法对于现代不便利，繁多的今日法令制度也肯定对于古代不便利。不是现代的法令制度不如古代的法令制度，而是今天的时代与古代不一样了。他认为古代的人民淳厚朴实，官吏清正廉洁，先王只需制定法度的基本纲要，由官吏根据情况具体实施。这是依靠官吏而不完全依靠法度，所以古代的法令简约。但是当今就不同，现在的官

---

① 吏胥：官署中办理簿书案牍的下级官吏。猷：枉曲。
② 挺：通"梃"，木棍。

吏奸邪不正，百姓狡黠顽滑，官吏会凭着自己的喜恶来裁定人们罪行的轻重，从而任意重惩或轻罚，百姓可以利用法律的宽疏为自己辩解开脱，所以当今的法令细致详尽，周密完善，不偏重一面，大小巨细全都包括。苏洵在论证中用了十分形象的比喻，他说古代的法律好比医学理论，只谈论医药病理的概要，而根据病情的轻重对症下药，则是医生的工作，这样就使医生诊断病情时能以自己的医术和经验作为参考。当今的法律如同卖鞋，大、中、小号齐备，力求天下所有人都穿着合适。所以，法令的繁琐与简约虽然不同，但通过探究人们的犯罪事实来定罪量刑使人信服的目的是一致的。文章的后半部分则提出一个问题：当今的法令并不比古代的法令差，但执法者却不能使社会没有弊病，这是为什么呢？苏洵认为这是因为社会上常有违反禁令而又始终未得到惩治的现象存在，因此天下人都习以为常。表现为五个方面：市场上的欺诈行为；奇珍异宝诱惑、败坏民心，使得百姓不能平静生活；低贱凌辱高贵，卑微冒犯尊长；官吏倚仗官府的势力欺压平民百姓；官吏加入行商利用职权牟取利润。正是如此现象加上御史法官目击这些违法乱纪之事也全然不予追究，才造成诸多社会弊病。最后苏洵指出：法律是天子制定的最高行为准则，如果有人明知故犯就是无视天子的权威，是衰亡之世的社会状况。他认为只有整治了这五种不正常的现象，然后再追究法办奸诈邪恶的官吏，才能维护天子的法律。

一直以来在法制问题上，苏洵的基本观点是："法不足以制天下。以法而制天下，法之所不及，天下斯欺之矣。"（《上皇帝书》）法必有所不及，它不可能事无巨细都作规定。仅仅依靠法制天下，百姓就会钻法律的空子。苏洵主张法只能存其大略，主要应靠吏治，靠教化。苏洵的这篇《申法》就阐述了这样的思想，他认为法制的发展在历史上经历了三个阶段：夏、商、周三代重教化，虽有法律而不用，这是最理想的政治。汉唐则以法治为主，但令行禁止，仍能使民勉强为仁义。宋代的法律主要沿袭汉唐，如果"比阎小吏，奉之以公"，还是能治理好国家的。但是，宋代却"狱讼常病多，盗贼常病众"，原因就在于吏治腐败，"法之公而吏之私"（卷六《议法》），官吏徇私枉法。

针对宋代法制存在的上述问题，以及他自身的游历见解，苏洵的法律主张可以总结如下：

第一，法令不宜过繁过密。宋王朝防范大臣有如防贼，如禁止两府（中书省、枢密院）两制（中书舍人、翰林学士）互相往来，"以杜其告谒之私"；派遣小吏记录外交使者的言行等。苏洵说："臣今观两制以上非无贤俊之士，然皆奉法供职，无过而已。莫肯于绳墨之外，为陛下深思远虑，有所建明。何者？陛下待之于绳墨之内也。"像这样防范大臣，大臣就只能以奉法守职，坐等升迁为满足，不可能充分发挥作用。"法令太密"对外交更不利，"使小吏执简记其旁，一摇足辄随而书之，虽有奇才辩士，亦安所效用？"（《上皇帝书》）

第二，律法必须有效执行。苏洵说："律令之所禁，画一明备，虽妇人孺子，皆知畏避，而其间有习于犯禁而遂不改者，举天下皆知之而未尝怪也。"例如上文中所提到的，为杜塞天下之欺，制定了度量衡，但富商大贾以大进，以小出，以致斗、斛（十斗）都难以区别。先王禁止官吏侵夺百姓，今之官吏却"敛怨于下"。先王规定"仕则不商，商则有罚；不仕而商，商则有征"，今之官吏却既仕且商，既不受罚，也不征税。苏洵说："若此之类，不可悉数。天下之人，耳习目熟，以为当然。宪官法吏，目击其事，亦恬而不问。夫法者，天子之法也。法明禁之，而人明犯之，是不有天子之法也"。

第三，弊法应该得到修改。当时为了"优异"大官僚、大贵族及其子弟，他们犯了法可用金钱赎罪，而赎金又很少。苏洵说："今也大辟之诛，输一石之金而能免。贵人近戚之家，一石之金不可胜数。"因此，这种赎罪法是"恣其杀人"，是"启奸"。苏洵主张改为重赎，"彼虽号为富强，苟数犯法，而数重困于赎金之间，则不能不敛手畏法。"（《议法》）当时还实行郊赦，即国家有祭祀活动就实行大赦。结果是"当郊之岁，盗贼公行，罪人满狱"。这样的郊赦，苏洵也主张修改，改为"今而后，赦不于郊之岁，以为常制"（《上皇帝书》）。苏洵和王安石均主张改革，但二人具体的改革主张不同。苏洵偏重于改革吏治，认为"政之失，非法之罪也"（《议法》），"法不足以制天下"（《上皇帝书》）。苏洵上书的同年，王安石在《上仁宗皇帝言事书》中虽然也讲到革新吏治之重要，但却认为形势危急的原因是"不知法度",因此提出了"变革天下之弊法"的口号。①

苏洵出生在一个"三世皆不仕"的书香之家,早年曾多次云游天下,"少年喜游迹,落拓鞍马间。纵目视天下,爱此宇宙宽"(卷二十《忆山送人》)。他早年的"游荡不学",对书本知识来说固然是"不学";但对社会实际,却是一种更好的学习。他所交游的人虽然不少是岩穴之士,但往往都是一些有忧天下之心的人。例如,苏洵曾与"西蜀隐君子"张俞游居崛山自云溪。西夏犯边,张俞曾上书陈攻取十策,引起朝廷重视。这样的交游对形成苏洵那一整套革新主张,显然起了有益的作用。在苏洵折节读书后,不满足于章句、名数、声律之学,而是"以古今成败得失为议论之要"(苏辙《历代论引》)。由于他既了解社会实际,又善于以古为鉴,因而他的《衡论》不仅比王安石的万言书早,而且在内容上也完全可以与之媲美。

苏洵的一套法制观点放到现代也是具有积极的借鉴意义的,我们当下也提出了社会主义法制建设的基本方针:"有法可依、有法必依、执法必严、违法必究",它要求国家社会生活的各方面、各领域都要纳入法律的约束范畴,都要有法可依,有章可循。执法机关和执法人员要严格、严肃执法,要正确行使人民赋予的执法权力,尽职尽责地坚决打击和制裁一切违法犯罪行为。这些都和苏洵的观点相吻合。可见苏洵当时法制思想立意深远。

当然,受到封建社会王权思想的制约,他的一些法制主张并没有很好地进谏给统治者,十分明显的一点就是苏洵承认北宋法制存在缺陷,即执法不力、法律无权威、恩赦太滥以至于多数权贵漠视法律,他主张:"一赏罚,一号令,一举动,无不一出于威,严用刑法而不赦有罪,力行果断而不牵于众人之是非"(《嘉祐集笺注》)。如果政府能够有效执行,那么一定会让政治现状大有改观。但是在他真正有机会向皇帝上书进言之时,他却说:"臣闻法不足以制天下,以法制天下,法之所不及,天下斯欺之矣。且法必有所不及也。"从而奉劝统治者要"济之以诚",这又回到用道德说教的方式感化民众的路子上了。古人论政,十分看重德治,"为政以德,譬如北辰,居其所而众星共之"

---

① 参见曾枣庄:《试论苏洵的革新主张》,载《西南师范学院学报》,1981(4)。

（《论语》），孔子的这句话被许多思想家尊为改良政治的良方。德治固然重要，社会也需要用道德来维持，但正如梁启超所说："仁政者，只能使其当如是，而无术使其必如是。"若有人不服从德治，甚至漠视德治，那么对这些人，许多力倡德治的思想家只能是束手无策了，正因为如此，所以才需要用法律来治理社会。

以君子長者之道待天下，使天下相率而歸于君子長者之道。故曰：忠厚之至也。

刑赏忠厚之至论

（宋）苏轼

苏轼（1037—1101），字子瞻，自号东坡居士

尧、舜、禹、汤、文、武、成、康之际，何其爱民之深，忧民之切，而待天下以君子长者之道也！有一善，从而赏之，又从而咏歌嗟叹之，所以乐其始而勉其终。有一不善，从而罚之，又从而哀矜惩创之，所以弃其旧而开其新。故其吁俞之声①，欢休惨戚，见于虞、夏、商、周之书。

成康既没，穆王立而周道始衰，然犹命其臣吕侯，而告之以祥刑。其言忧而不伤，威而不怒，慈爱而能断，恻然有哀怜无辜之心，故孔子犹有取焉。传曰："赏疑从与②，所以广恩也；罚疑从去，所以慎刑也。"当尧之时，皋陶为士。将杀人，皋陶曰"杀之"三，尧曰

---

① 吁俞之声：表示疑怪或者肯定的声音。
② 从：宁愿。

"宥之"三。故天下畏皋陶执法之坚,而乐尧用刑之宽。四岳曰①:"鲧②可用。"尧曰:"不可。鲧方命圮族。"③既而曰:"试之"。何尧之不听皋陶之杀人,而从四岳之用鲧也?然则圣人之意,盖亦可见矣。《书》曰:"罪疑惟轻,功疑惟重,与其杀不辜,宁失不经。"④呜呼,尽之矣。

可以赏,可以无赏,赏之过乎仁;可以罚,可以无罚,罚之过乎义。过乎仁,不失为君子;过乎义,则流而入于忍人。故仁可过也,义不可过也。古者赏不以爵禄,刑不以刀锯。赏之以爵禄,是赏之道行于爵禄之所加,而不行于爵禄之所不加也。刑之以刀锯,是刑之威施于刀锯之所及,而不施于刀锯之所不及也。先王知天下之善不胜赏,而爵禄不足以劝也;知天下之恶不胜刑,而刀锯不足以裁也。是故疑则举而归之于仁,以君子长者之道待天下,使天下相率而归于君子长者之道。故曰:忠厚之至也。

《诗》曰:"君子如祉⑤,乱庶遄已⑥;君子如怒,乱庶遄沮。"⑦夫君子之已乱,岂有异术哉?时其喜怒,而无失乎仁而已矣。《春秋》之义⑧,立法贵严,而责人贵宽。因其褒贬之义,以制赏罚,亦忠厚之至也。

【解析】

苏轼是北宋文学家,与父苏洵、弟苏辙合称"三苏"。他是中国文化史上不可多得的全才,其诗、词、书、画、文章均为一时之冠。散文方面,苏轼是"唐宋八大家"之一,其文在北宋与欧阳修同居首列;诗歌方面,与黄庭坚并称"苏黄",实黄不及苏;北宋词家,苏居前列,与南宋辛弃疾合称"苏辛",同为豪放派两大家;苏东坡的书法为北宋"苏黄米蔡"四家之首;绘画方面,"苏米"同列,

---

① 四岳:传说中尧舜时四方部落的首领。
② 鲧:传说中原始部落的首领,曾奉尧的命令治水,以筑堤防洪,结果九年不治,被尧杀死在羽山。
③ 方命:违命。方,通"放"。圮:毁。
④ 引文见《尚书·大禹谟》。
⑤ 祉:福,喜庆。
⑥ 庶:庶几。遄:速,快。
⑦ 引文出自《诗经·小雅·巧言》。
⑧ 《春秋》:相传孔子依据鲁国史官所编《春秋》修订而成的一部史书。

而米芾奉苏轼为师。苏东坡不仅在中国历史上是罕见的天才，在人类文化史上，也是名列前茅。

此篇《刑赏忠厚之至论》，为宋嘉祐二年（1057年）苏轼21岁考进士答卷。宋人曾作为逸话流传，说欧阳修主持嘉祐二年的礼部考试，请诗人梅圣俞阅卷，梅阅此文后以为有"孟苟之风"，荐于欧阳修。此时欧阳修门下士曾巩也在同试，他俩认为此文优异，可能是曾巩作的，欧阳修为了避嫌不敢定为第一，遂降为第二。

策论其实是一种政论性文体，宋代王安石执政后，立即对取士制度进行改革，废止了考诗赋，而改用经义，以发表政治见解的时务策作为考试的主要内容，以便选拔一些通经致用的人才，为变法服务。策论大多要求考生就一些问题展开论述，即论证某项国家政策或对策的可行性与合理性，侧重于考查考生解决问题的能力。《刑赏忠厚之至论》就是宋嘉祐二年礼部进士考试策论的题目，翻译成白话文就是：请您论述古代君王在奖惩赏罚方面都是本着宽大为怀的原则。这篇策论的题目只是规定文章的内容，并不强求赞成或者否定，仅仅是要求对此问题发表高见。此问题不是一般的问题，而是关于国家制度的问题，题目出自《尚书·大禹谟》孔安国的注文："刑疑付轻，赏疑从重，忠厚之至"。为了扣题，其立论不过是儒家的施仁政，行王道，推崇尧舜周孔，这属于当时的滥调。但是苏轼在扣紧题目布局谋篇，引用圣经贤传与论据紧密结合等方面的技巧是很高的。文笔酣畅，说理透辟。用这些手段来引起考官的注意，是很成功的①，主考官欧阳修认为它脱尽五代宋初以来的浮靡艰涩之风，十分赏识，曾说"读轼书不觉汗出，快哉！老夫当避此人，放出一头地"。

统观苏轼的《刑赏忠厚之至论》，共分四段，"首段论冒，次段援古，三段发论，末段收结"②。此文初步阐明了苏轼平生遵循的仁政思想，却发端于"刑赏"，立言"仁可过也，义不可过也"。开篇称道先王以忠厚之道待天下；之后，阐释尧、舜、禹、汤、文、武、成、康助善罚恶的用心良苦；再举穆王告诫吕侯祥刑的例子，以表

① 参见《唐宋八大家文·卷二十》，543～544页，长沙，岳麓书社，1995。
② 高嵋、高海夫：《唐宋八大家文钞校注集评》（东坡文钞·下册），西安，三秦出版社，1998。

明昌扬仁爱的宗旨。次段，以"疑"字带出"广恩"、"慎刑"的要义；再引"尧不听皋陶之杀人，而从四岳之用鲧"的事例，从"疑"体现圣人用心忠厚宽仁。三段，引用《尚书》名句，继以深层论析。权衡赏罚后得出"仁可过"、"义不可过"的论断，再提"古者赏不以爵禄，刑不以刀锯"的说法，最终归拢到惟有以道德力量风化天下，才能使天下"相率而归于君子长者之道"。至此，题旨已发挥殆尽，文气业已完足。末段，再举《诗经》之旨、《春秋》之义，虽为"余波"，却有力加强了题旨的权威性。整篇文章六百余字，段段契合、说理顺畅，从"审慎用刑"的角度出发，权衡刑赏，倡导"仁可过"、"义不可过"的观点，终而点题"以君子长者之道待天下，使天下相率而归于君子长者之道。故曰：忠厚之至也"。全文论刑赏，却饱含作者厚德仁义之心，仁政思想尽显其中。而在写作布局上，文章分为两个部分：先援引史实说明，虽周公、孔子这样的圣贤也会有困厄不遇之时，而孔子身处逆境却能知足常乐；先是怀古，后转而叙今，似乎各有侧重，实际上前半篇是伏笔，后半篇则是实写，这正是本文写作上的独特之处。苏轼的这篇策论，至今令人激动的依然是它自由思想的魅力。此文曾经引发一个著名的典故，在文中，东坡写道："当尧之时，皋陶为士。将杀人，皋陶曰'杀之'三，尧曰'宥之'三。"主考官欧阳修曾就此事出处问苏轼，苏轼答云："何须出处。"这种回答很令人想到当年陈寅恪先生"不尊奉"。尤其是，欧阳修时代"载道"、"言必有出处"乃是风气，苏轼公然杜撰了一个典故来为他的论点辩护，实际所引事例出于《礼记·文王世子》，源于周公的典故。苏轼临考时误记为尧的事了。好事者因不知出处，遂加以增饰，造作出这段佳话来。[①]但从这佳话中也反映出古代应试文字的情况。对于这类文字不应过于执著，认为真的表达了作者的见解，其实这不过是为了被取中而故作姿态。苏轼在其《答李之仪书》中曾说自己年轻时"读书作文，专为应举而已"，又因应举制策课，就写了些"妄论利害，谗说得失"的文章，"此正制科人习气"。这句客气话，虽含有遁词成分，但也道出

---

① 参见于坚：《读苏轼策论有感》，见 http：//news. sina. com. cn/0/2005 − 09 − 09/10406902475s. shtml。

其中几分真情。这是后世中国那些言必称"某某说"的战战兢兢的知识分子根本无法相比的。由此也充分体现了苏轼的豪迈放纵、气势磅礴、雄健的风格。

和苏轼同一时间参加考试并以《刑赏忠厚之至论》为题的还有曾巩和苏辙，后来人评说：曾巩宣扬治道，深具儒者气象，以教育为先务，最为切实可行。苏辙申明君道，不知天高地厚，表现杂家思想，充满理想主义的色彩。苏轼"待天下之以君子长者之道"，乃仁道的最高境界，唯识者不多，如果不是因为有主考官欧阳修慧眼识珠，则或因为失之浮夸，或因为据典不实，而落榜了。因此，三文以载道论，则以曾巩为第一；以文采论，则以苏轼为首；苏辙少年之气，英发俊朗，在二家之外，别具动人的情韵。三家分别写出对文化建设的不同理念，早就展示了终身的发展方向，而作家的才性也超越了环境的支配，塑成自我的风格。其实文章之道，各有会心，苏轼灵巧善辩，点出至理，自然更是高出二家之上了。① 苏氏父子三人在宋仁宗朝内自家乡进京，正像名角登场，一掀帘就赢得满场注目。他们一到汴梁，就立刻引起当时政治精英的注意。苏轼与弟弟子由（苏辙）在科考中一举成名，当时的主考官欧阳修为取中二苏，兴奋不已；而当时的仁宗皇帝退朝回到内宫，很欣喜地告诉皇后："我为子孙找到了两个好宰相！"当时苏轼并不以写诗闻名，而是以才华策略著称，是一个能臣、干臣。苏轼入仕之初，结识了不少一时之俊杰。这些人之中，欧阳修、司马光、王安石、范纯仁（范仲淹之子），都是有学问、有气节、有见识、有抱负的人物。不幸，这么多优秀人才，却把毕生精力耗费在政治斗争上，而北宋的政治风暴的起点正是王安石发起的变法运动。王安石的变法，不仅在当时有许多反对者，甚至到现在史学家还没有定评。王安石得到神宗的信任，坚决在政治经济各方面推动全面改革。这位有名的"拗相公"性格固执，自负甚深。他的政策可能在用意上不恶，但在执行时，不免有偏差。他的政敌以司马光为首，全面反对新政。神宗与王安石君臣二人，则全力压制批评，对他们贬的贬、免的免，

① 参见黄坤尧：《曾巩、苏轼、苏辙同题作品"刑赏忠厚之至论"的高下比较》，载《第四届宋代文学国际研讨会论文集》，390 页。

大批受害者之中，就有当时已在中央政府任职的苏轼。平心而论，苏轼的批评其实相当理性，他经常针对新法中的青苗法，指责其执行过当的缺失。他并没有像司马光一样不管青红皂白，反对一切新政。苏轼本身怀济世之才，却因为卷入了这一场风暴之中，屡逢厄运，终生陷于其中。新旧党争不只限于王安石当政之时，新党曾经二度失势，旧党两度回朝。在几次回朝的短暂岁月中，他也能在国家大事上，有可行的献策。凡此都显示出他多方面的才能，如果有机会，他无疑能在政治上有所作为。苏轼的思想主要是尊崇儒学，追慕韩琦、范仲淹、富郑、欧阳修等政治与文坛元老，有入仕之志。他关心国计民生，揭露时弊，曾提出巩固中央、改革官制、解除边患等一系列政治改革主张，他在冀州领导军民防洪救城，在杭州疏浚西湖，筑堤引水，开设瘿坊，抗策减税。直到远贬惠州，仍"疾苦者畀之药，殒毙者纳之窆。皋率众靮桥以济病涉者"（苏轼《墓志铭》）。苏轼一生积极入仕，是封建时代仁政爱民的清廉官吏。但苏轼早年也受过道家思想的影响，喜看《庄子》。入仕后，由于政治上不断受挫折，佛、道思想影响加深，成为他寻求解脱政治苦闷的工具。他任杭州通判时，经常出入佛寺，拜访名僧。黄州五年间，他的佛老思想急剧发展。但是直到远贬惠、儋时期，他仍然有入仕之心。以儒为主，融合佛老，进退行藏，禾施不可，这就是苏轼一生的思想状态。这种思想境界表现在文学作品上，既有对现实的批判，又有人生如梦的感喟，也有潇洒自适的抒情。苏轼作品内容的复杂性，正是他复杂思想的表现。苏轼在儒学体系的基础上濡染佛老，他把儒、佛、老三家哲学结合起来，各家思想对他几乎都有吸引力。他早年具有儒家辅君治国、经世济民的政治理想，有志改革北宋的萎靡的积习。佛老思想一方面帮助他观察问题比较通达，在一种超然物外的旷达态度背后，仍然坚持着对人生、对美好事物的追求；另一方面，"齐生死、等是非"的虚无主义又有严重的逃避现实的消极作用。这种人生思想和生活态度，在他的创作中都有明显的反映。

噩梦

（明）王夫之

王夫之（1619—1692），
字而农，号姜斋，又号夕堂

问刑官故出入人罪①，律以概论。然考之宋制，故出罚轻而故入罚重，此王政也。故出、故入，有受赃、不受赃之别，亦但当于故出项下分受赃、不受赃，而不受赃者从轻。其故入，则虽不受赃，自应与受赃者等。故出，则勿论已决遣未决遣②，一例行罚。盖虽已决遣，而覆核果当从重，不难补决，自不致逸元恶之诛。若故入，已决遣与未决遣者固应殊科。盖故入决遣，死者不可复生，刑者不可复完，徒流已配者不可追偿其已受劳辱③，已决遣之罚自应加重。其致死者，倍宜加等。即不抵罪，而终身禁锢，与大计贪官同处，不得朦胧起废，及以边材等项目滥与荐举。则问刑之吏尚知所惩，而酷风衰止，贪亦无以济矣。

赃以满贯抵重罪，刻法绳人，此所谓一切之法也。抑贪劝廉，

---

① 故出：法官故意重罪轻判或判有罪为无罪。故入：故意轻罪重判或判无罪为有罪。
② 决遣：判案发落。
③ 徒：徒刑。流：流刑，流放。

唯在进人于有耻，画一以严劾之，则吏之不犯者鲜，更无廉耻之可恤，而唯思巧为规避，上吏亦且重以锚铢陷人于重罚而曲为揜盖①。上愈严而下愈匿，情与势之必然也。且凡所受于下吏、部民者，乃至鸡鬼、扇帕、纸墨、油炭，皆坐价抵赃，绳人于交际之涂，且必开其掠夺之大焉。有出身事主而可如于陵仲子争名于一鹅半李之间者乎②？既不枉法矣，则何谓之赃？其枉法也，则所枉之大小与受赃之多少，孰为重轻？假令一兵部官滥授一武职，以致激变丧师，或为情面嘱托，实所受贿仅得五十贯；令一吏部官滥授一仓巡河泊③，其人无大过犯，而得贿二百贯；又令一问刑官受一诬告者之贿而故人一人于死，仅得五十贯；其一受诬告者之贿而故人人于杖，得二百贯；岂可以贯之多少定罪之重轻乎？则无如不论贯而但论其枉不枉，于枉法之中又分所枉之轻重，但除因公科敛，因所剥削之多少，分等定罪。其他非黄白狼藉，累至盈千者，苟非枉法，但付吏部记过，全士大夫之名节于竿牍饮食之中，而重之于箕敛渔猎之条。唯宽也，乃能行其严，恶用此一切之法为？

【解析】

王夫之，学者称之为船山先生，他学问渊博，尤其对经学、史学、文学等无所不精。其一生主张经世致用的思想，主张"尽天地之间，无不是气，即无不是理也"。认为"气"是物质实体，而"理"则为客观规律。他在借鉴程朱理学的基础上提出了"行可兼知，而知不可兼行"的重要理论。王夫之的思想对后世产生过很大影响。谭嗣同对其作过高度评价，认为他是"万物招苏天地曙，要凭南岳一声雷"④，是五百年来真正通天人之故者。章太炎也称道"当清之季，卓然能兴起顽懦，以成光复之绩者，独赖而农一家而已"。王夫之生活的年代正值中国封建社会末期、资本主义经济萌芽之际。民族矛盾和阶级矛盾突出，社会动荡不安。为了谋求民族复

---

① 揜：通"掩"。
② 于陵仲子争名于一鹅半李之间：陈仲子之兄戴，食邑禄万钟，仲子以为不义之禄，耻于居食，隐居于陵，"三日未食，耳无闻目无见也，井上有李，螬食实者过半矣，匍匐往，将食之，三咽，然后耳有闻，目有见"。后归，时人送兄一鹅，仲子非之。后其母杀鹅给他吃，兄告诉他正是人送的鹅，仲子将鹅肉吐出。事见《孟子·滕文公下》。
③ 仓：清仓户部仓场衙门的官吏。有京仓、通仓等，掌管仓库兼管运河北段的运务。
④ 参见（清）谭嗣同：《论六艺绝句》。

兴之路，改革司法制度，惩治贪官污吏，防范司法官滥用职权制造冤假错案造成司法不公，他不断地建言献策。

《噩梦》主要涉及的问题是官员徇私枉法，贪污受贿。文章的第一句"问刑官故出入人罪，律以概论"，就道出本文争论的焦点。即根据法律规定，对于法官故意重罪轻判、轻罪重判，判有罪为无罪或判无罪为有罪等情形，不加以区分，同等处罚。王夫之认为，这样不利于打击贪赃枉法，达到勉励奉公之目的。法律对贪赃枉法的惩罚有必要作出进一步的细化规定，以弥补法律的缺陷。根据宋朝的法律规定，对法官故意重罪轻判、判有罪为无罪的行为处罚应较轻；对法官故意无罪判为有罪、轻罪重判的行为处罚较重。王夫之认为，对枉法裁判罪的处罚，不仅需要参考宋朝关于此制度的立法规定，还需要考虑法官枉法裁判时，有无收受财物。我们不得不为王夫之能提出这种思想而感到惊叹，其不是一味地、僵化地执行法律，而是将枉法裁判罪的定罪量刑区分了不同的情形，分别予以具体规定。在官员故意重罪轻判、判有罪为无罪，且有收受他人财物的情形时，法律应该从重处罚；反之，则予以从轻处罚。但在官员故意将无罪判为有罪、轻罪重判的情形时，并不区分有无收受财物，都将视为法官收受了财物，予以从重处罚。这是由于官员枉法裁判，往往是为了收受他人贿赂的财物，为他人谋取利益。官员枉法裁判，故意重罪轻判、判有罪为无罪，被发现这是一起错案后，我们仍可以采取补救措施，重新予以加重处罚即可。但对官员故意将无罪判为有罪、轻罪重判的，因犯人被执行刑罚后，会给犯人造成不可弥补之损害，当然需要对官员给予更加严厉的处罚，使之不敢故意将无罪判为有罪、轻罪重判。官员在枉法裁判时，为了避免别人看出裁判中有违法行为，往往会采取刑讯逼供、暴力取证、滥用职权等方式取得有关人证、物证，以使得案件的处理看起来是人证、物证俱全，不存在任何的漏洞。官员办成的是铁案，严重侵犯犯人的利益，造成司法的腐败。对于官员故意将无罪之人判决死刑，并予以执行的，对其惩罚更应加重一等，且不能以任何形式抵挡罪过，应该终身禁锢，且不得出仕为官。官员在裁判时知道枉法裁判要承受处罚，仍然使用严刑逼供、贪赃枉法的作风，将会得到有效的遏制。

仅依据法官贪赃受贿的数额大小，没有考虑其他情形，对其一律作出严惩，这是不适当的。应打击贪赃枉法，勉励官员清正、廉洁、奉公。若只是一味地对法官稍有贪赃受贿就加大惩罚力度，久而久之官员也会相应地加强防范意识，巧妙地躲过惩罚。上级越是予以严厉处罚，下级越会隐匿罪行。越是加大惩罚力度，越不能防范贪赃枉法的事件发生，似乎进入了一个恶性循环。此种情形就越不利于勉励官员，构建清正廉洁的政治风气。更何况官员贪赃枉法所造成的社会影响，并不能仅凭官员贪赃受贿数额的大小来判定。就如文章所言：假如兵部某官员滥用职权或出于受人之托，授予他人武官。官员虽没有受贿或者受贿数额非常之小，却造成极其恶劣的影响，影响到了军队的稳定。这时我们不能以官员贪赃数额作为判定罪行轻重的依据。对于贪赃枉法官员的处罚，还需考虑其枉法的程度。如果官员没有枉法，其所收财物只要上交国家，并对其作出相应的儆戒即可。对其在日常交往活动中所收受的财物没有必要予以严加追查，但对于贪官污吏则需给予严厉的处罚。只有实行宽严相济的刑事政策，才能更好地打击贪赃枉法，勉励官员清正、廉洁、奉公。

反观我国现行《刑法》第399条第1款的规定："司法工作人员徇私枉法、徇情枉法，对明知是无罪的人而使他受追诉、对明知是有罪的人而故意包庇不使他受追诉，或者在刑事审判活动中故意违背事实和法律作枉法裁判的，处五年以下有期徒刑或者拘役；情节严重的，处五年以上十年以下有期徒刑；情节特别严重的，处十年以上有期徒刑。"现行关于枉法裁判罪的刑事立法规定，并没有细化法官是故意重罪轻判、判有罪为无罪或者故意将无罪判为有罪、轻罪重判如何加以处罚的规定。上述两种不同的情形，对当事人造成的影响也会有所不同，因此，加以区分，对保护当事人的权益，防范官员贪赃枉法造成司法不公，遏制司法腐败，具有重要的意义。又根据《刑法》第399条第4款规定："司法工作人员收受贿赂，有前三款行为的，同时又构成本法第三百八十五条规定之罪的，依照处罚较重的规定定罪处罚。"官员因受贿而枉法裁判，同时其贪赃的数额又构成受贿罪的，应当根据受贿的数额和情节确定应当处刑的幅度，如果按受贿罪判处的刑罚高于本罪判处的刑罚，则应当按照受贿罪的规定处罚；反之，则应当按照本罪处罚。该条表明对官员贪赃枉法行为的处罚，不仅需要考虑官员受贿的数额，还需要考虑其枉法的程度，对社会造成了什么影响，综合各种情况作出评断。

官员的徇私贪污之风由来已久，韩非曾经非常精辟地说过："为奸利以弊人主，行财货以事贵重之臣者，身尊家富，父子被其泽。"大官大贪，小官小贪。汉人贡禹曾说："乡部私求，不可胜供。"地方官员凭借山高皇帝远的优势，虽然作为父母官，却疯狂搜刮民脂民膏。目前我国的腐败现象也呈高发态势，尤其是涉及职务犯罪的嫌疑人的职务级别越来越高，涉案数额越来越大，十分令人担忧。法律界权威人士和人大代表不断呼吁制定反贪法，1989年我国开始起草《反贪污贿赂法》，但到现在为止，有关的法律草案仍未出台，而是将有关内容写进修改后的刑法第八章，虽然在实体法上对贪污腐败进行了严厉的打击，但却缺少有关的程序法保障，尤其是缺乏一套完备的证据规则。依据口供定罪已成为处理这类案件的通用方法，一旦案犯翻供，检察机关往往束手无策，造成审案效率十分低下。因此，我国急需出台一套完整的惩贪肃贿法案。王夫之的这篇文章中对官员贪赃枉法的量刑所提出的建议，对我们今后防范、打击贪赃枉法，勉励官员清正、廉洁、奉公，营造良好的政治风气，以及完善惩治枉法裁判的相关制度，具有重要的参考意义。目前，我国正在努力实现共建和谐社会的伟大构想，为了这个伟大目标的实现，我们必须以史为鉴，并吸取他国的成功经验，大力开展廉政文化建设，树立廉政意识，加大执法监督力度，积极鼓励和支持公众参与反腐倡廉，群策群力，消除腐败。

论律

（明）敖英

曰："至矣哉！我朝之律可谓情与法并行而不悖者也。"如：十恶不原①，法也，八议末减②，情也。千名犯义者③，法也；得相容隐者④，情也。自首免罪者，情也；犹追赃证者，法也。罪有加者，法也；有减者，情也；有从重者，法也；有免科者，情也。凡法之所在而不姑息者，义之尽也；凡情之所在而必体悉之者，仁之至也。此我朝所以忠厚垂统而社稷灵长，终必赖之。

敖英，字子发，江西人

【解析】

敖英曾授南京工部主事，历陕西、河南提学副使，官至江西右

① 十恶：指谋反、谋大逆、谋叛、恶逆、不道、大不敬、不孝、不睦、不义、内乱等十种最严重的罪行。
② 八议：对皇亲国戚、君主故交、贤德之臣、才能出众之人、功勋卓著之人、勤劳效忠之人、先朝后裔、贵显官爵等八种人在审判上给予特殊照顾的刑事政策。
③ 千名犯义：指卑幼控告尊长的行为。
④ 得相容隐：古代法律允许亲属相互包容隐瞒所犯一般罪行的规定。

部正使。工于诗，著有《心远堂稿》、《慎言集训》、《绿雪亭杂言》、《东谷赘言》等。他的诗路独辟蹊径，很有特点，流传于世的为《绿雪亭杂言》。

本篇文章题目中的"法"字在古代主要指刑罚、惩处的意思，"刑"缘"兵"而产生，"法"以"刑"为核心，这便是中国古代法律发展的特殊路径与形态，然而"法"作为统治者治国的暴力手段在两千多年的封建社会里不是唯一的治国方略，因为从封建国家产生伊始，法便与"血缘"、"宗族伦理"有着密不可分的关系，"国"与"家"合而为一，"政"与"教"相得益彰，因此可以说作为统治者治国手段的"法"与"情"，二者的关系与其说是此消彼长，毋宁说是因势利导、共荣共存。

"'……我朝之律可谓情与法并行而不悖者也。'如：十恶不原，法也；八议末减，情也。千名犯义者，法也；得相容隐者，情也。"这句话大意为：明朝的法律算得上是情与法同时进行，互不相碍的典范。比如十恶大罪不予赦免，这是法强制力的体现；对八种特权人物给予照顾，从轻论罪，这蕴含着情理。卑幼控告尊长，判处杖刑，这体现了法的精神；亲属相互包容隐瞒罪行，不予定刑，这表

明了情理所在。上述内容充分体现了明朝刑罚的立法思想和指导原则。明朝建立之初，政权更迭，一方面是长期战乱后的经济生产凋敝、社会秩序混乱，百废待兴，另一方面是统治阶级对新政权的分配而产生的矛盾，边疆不稳定，元朝旧部的残余势力不断进行反明斗争。面对复杂棘手的经济政治形势，作为一国之君的朱元璋深感根基的夯实亟须一套严厉而有效的法律来保障；同时，朱元璋个人也看到了"元政松极弛，豪杰并起，皆不修法度以明军政"，这也最终导致了元朝的覆灭。① 因此，朱元璋非常重视法律的制定，他亲自着手制定《大明律》，这部法律作为中国封建社会后期的代表性法典，具有鲜明的时代特色，以其"轻其轻罪，重其重罪"的原则通行于明代的经济、军事、行政、诉讼等各领域。

---

① 参见谷应泰：《明史纪事本末》卷14，189页，北京，中华书局，1977。

　　"明刑弼教、重典治国"是明朝前期乃至中期的法律思想的指导原则，主要体现在治官、治民上。在很多罪行的处罚上较前朝严厉得多，比如十恶中的谋反和谋大逆罪。《唐律》规定，凡谋反及大逆者，不分首从皆斩，父及子年十六以上皆绞，子年十五以下和祖、孙、兄弟、伯叔父、兄弟之子及笃疾废疾者，可免死而处以别的刑罚。《明律》的刑罚规定显然要比唐律严厉得多，凡谋反及大逆者，不仅本人要被处以凌迟刑，株连的亲属包括祖父、父、子、孙、兄弟，甚至是伯叔父、兄弟，其不论笃疾废疾，凡是年龄超过十六岁的，一律处以斩刑。不仅株连的范围扩大了，相应的刑罚也加重了，足见明朝刑罚之重。又如强盗罪，《明律》规定："凡强盗已行而不得财者，皆杖责一百，流千里，但得财者，不分首从，皆斩。"① 实行严刑是为了巩固皇权，也是基于当时吏治腐败的现实。除了《大明律》之外，朱元璋根据"刑乱国用重典"的思想还亲自编订《大诰》四编，《大诰》主要是关于惩处官民犯罪的峻令和训诫的律令。

　　随着政治的逐渐稳定和社会秩序的有序发展，《大明律》中有些严刑酷法已经不再适应明中期以后的发展。如果再不顾百姓的疾苦必将导致"水覆船舟"之祸。观史以为鉴：商鞅入秦国推行变法，改法为律，实行一系列的改革使秦国强大起来，最终灭六国，实现大一统。统一后的秦朝以法家重刑主义为根本进行了大量的变法修律，加强了中央集权。然而秦不过二世而亡，这是因为秦朝不该依重法治国，还是因为大一统的法律不再适应大一统的社会？恰恰相反，秦朝重视法律本身没有错，错就错在秦朝的法律都是严刑峻法，从始至终都贯彻轻罪重罚，从而失去了民心，最终灭亡。明朝的统治者在长期的治国实践中深深意识到"情法适中"思想的重要性。缘人情入法并不是明朝的先创之举，事实上，封建社会历朝历代的法律都一直处于一种礼法并行的状态。礼为法的实质，法为礼的表征，法为巩固礼而制，礼为遵守法而行，相辅相成，相得益彰。嘉靖二十七年（1548 年），刑部尚书喻茂坚上奏修订《问刑条例》，孝宗认为："法司问囚，近来条例太多，人难遵守。中间有可行者，三

---

① 《大明律·刑律·盗贼》。

法司查议停当，条陈定夺，其余冗杂难行者，悉皆革去。"① 刑部尚书白昂奉诏审看历年条例，于弘治十三年（1500 年）整理出《问刑条例》。《问刑条例》根据当时社会政治、经济的新变化对《大明律》进行修补以适应变化了的形势，从而进一步巩固政权。《问刑条例》扩大了赎刑的范围，从侧面减轻了刑罚的力度，缓解了阶级矛盾。条例规定："凡军民诸色人役，及舍余审有力者，与文武官吏、监生、生员、冠带官、知印、承差、阴阳生、医生、老人、舍人，不分笞杖徒流杂犯死罪，俱令运炭、运灰、运砖、纳科、纳米等项赎罪。"② 这是量刑减轻的体现。《明律》规定："凡八议者犯罪，实封奏闻取旨，不许擅自勾问。若奉旨推问者，开具所犯及应议之状，先奏请议，议定奏请，取自上裁"③，对八种特殊人物给予照顾，从轻处罚。八议者是指亲、故、功、贤、能、勤、贵、宾八种特殊身份的人。对于"八议"之人犯罪，法司不得直接审判，只能开具所犯及应议之状，先奏请议。然后议定奏请，取自上裁。在这样的集议之后，皇帝一般会下旨减轻处罚。这种对特权阶级的赦免维护了统治的持久性、皇权的稳定性，充分发挥了法律调和利益冲突的最大功用。

封建社会特权法律现象的存在有其历史必然性。整个封建社会都是沿着加强中央集权的方向发展的，法律从维护等级制度出发，赋予官僚贵族各种特权。所谓"礼不下庶人，刑不上大夫"，《周礼》创设"八辟"，《魏律》又发展为"八议"，到了唐代，又有"议"、"请"、"减"、"赎"、"官当"等按品级减免罪行的法律制度。贵族、大夫是皇帝的股肱之臣，体现天子和国家的尊严，不得如外族、庶民一样具有刑人的身份，因此必须对他们的犯罪作变通处罚。这种法律现象是封建等级特权存在的结果，其产生和发展又是中国封建社会固有的文化所决定。

《明律》中对亲属相隐不予定刑，而对卑幼控告尊长处以杖刑，这一规定又蕴含着情理。《大明律》适用了一百多年后，一些法律在实践中与现实不相符，存在着轻重失衡的地方。一些条例罪情不一、

---

① 《明孝宗实录》卷145。
② 《问刑条例》第一条。
③ 《大明律·名例律》"应议者犯罪"第四条。

畸轻畸重，严重威胁着封建统治的基础。有鉴于此，《问刑条例》特别强调人伦纲常的规则。情理，就是人伦、血缘，就是尊卑等级、父父子子，这源于中国古代的家族主义传统。古代的家族是一个尊卑贵贱分明的社会单位，其中年长的男性尊亲为一家之长，具有决定家族内部重大事务的权力。因此，只能是家长对卑幼尽心管教、施行处罚，而不允许以下犯上，如果地位较低的家族成员侵犯了家长的尊严和地位即为大逆不道，按法应处以重罚。如果是亲属犯罪相互隐瞒则不应受到处罚，以保护传统的伦理秩序。这一刑罚原则来源于孔子的"父为子隐，子为父隐，直在其中矣"①的阐述。到汉宣帝时下诏："自今子首匿父母，妻匿夫，孙匿大父母，皆毋坐"②，这一诏令首次从亲情出发确立容隐制度。唐律也对容隐制度作了详细的规定："诸同居，若大功以上亲，及外祖父母、外孙、若孙之妇、夫之兄弟及兄弟妻，有罪相为隐，部曲、奴婢为主隐，皆勿论……其小功以下相隐，减凡人三等。若犯谋叛以上者，不用此律。"③到了明朝，容隐的范围进一步扩大。

《大明律》规定：凡同居，若大功以上亲，及外祖父母、外孙、妻之父母、女婿、孙之妇、夫之兄弟、兄弟妻，有罪相为容隐，奴婢、雇工人为家长隐，皆勿论。若漏泄其事者，及通报消息，致令罪人隐匿逃避者，亦不坐。其小功以下相容隐，及漏泄其事，减凡人三等，无服之亲减一等。

亲亲相隐制度充分体现了对人性的呵护与关怀，有着深刻的人性基础。刑罚追求的价值不外乎满足人们的需求。"人之所以区别于动物，之所以制定法律来规范人们的行为，归根到底是为了满足人类本性的需要，也即刑法的追求——公平、效益、自由、安全等等。"④每个人都有自己的私欲，这是一个无法磨灭的事实，法律作为一种对人性的客观反映理应尊重这一恒理，即应该尊重人们爱护亲属的心理。诚如清末沈家本先生所言："法根据情理而定，法律不

---

① 《论语·子路》。
② 《汉书》卷8《宣帝纪》。
③ 《唐律·名例律》。
④ 陈鑫：《刑罚价值视野下的"亲亲相隐"》，见中国法院网：http：//old. chinacourt. org/html/article/200706/08/250631. shtml。

能在情理之外另外作出设置。"① "大凡事理必有当然之极，苟用其极，则古今中西无二致。"② 滋贺秀三先生也认为"情理"为中国法文化的核心思想，认为中国的法律传统是和西洋法完全不同的另外一种类型。

　　不管是严法治国，还是严法中渗透着情理，法律终究不过是加强皇权和巩固封建统治的工具而已。在整个明朝的皇权专制统治之下，法律的作用也不外乎维护国家政权。但就礼法并行而言，又有其积极的一面，这也是现代立法及司法需要借鉴的地方。尤其是在吸收借鉴西方法律的同时，更应该关注本民族所特有的人情和法理，尊重历史、了解民族心理，从本国实际出发，才能制定出合乎国情的法律。

---

① （清）沈家本：《历代刑法考》，第四册，2238 页，北京，中华书局，1985。
② 霍存福：《中国传统法文化的文化性状和文化追寻——情理法的发生、发展及其命运》，载《法制与社会发展》，2001（3）。

一贯忠恕说

（明）袁宗道

昔者曾子取忠恕，明一贯，而紫阳氏以为是借言之也。自紫阳氏有借言之说，而挽世俗儒愈起分别，而增葛藤。愚窃谓忠恕之外别无一忠恕，通天下之外别无贯。悟者见其一，其而未悟者见其二焉尔。今夫人不忠则伪，不恕则私。私伪柴其中，是不一也。于是与物为搆，日以心斗。隔形骸与一膜，起藩篱与我闳。相刃相劘以行，而天下遂与我涣然不相通，是不贯也。是不忠恕即不一，不一则不贯也。忠者无伪，恕者无私。

袁宗道（1560—1600），文学家，诗人

无伪无私，则在我尽撤其障隘，以通于天下；天下亦洞洞属属，尽见我太虚同然，共得共适。而薄海含灵，尽归我膜，归我闳，而无丝毫之扞格而弗通。是忠恕即一，一则贯也；而奈何云借言之乎！

或曰一贯即忠恕，则一贯庸行尔。孔子胡不公语洙泗群弟子，而独掣之以秘传曾氏者何哉？则紫阳之云借言岂谬耶？曰："凡借言者，是本不可名，假托之以明若二物。"然而道亘今古弗异，宁有二

也。即无论孔氏，虽尧、舜以来所称精一，宁外忠恕，特圣人安之，
则名一贯；学者勉之，则名忠恕。故愚尝窃论有圣人之忠恕，有学
者之忠恕，吾亦欲无加诸人者，所谓圣人之忠恕非乎？而勿施于人，
则学者之忠恕是矣。反身而诚者，所谓圣人之忠恕非乎？而强恕而
行，则学者之忠恕是矣。立人达人者，所谓圣人之忠恕非乎？而能
近取譬，则学者之忠恕是矣。老安少怀者，所谓圣人之忠恕非乎？
而车裘共敝，善劳无伐，则学者之忠恕是矣。

善乎！程伯子之训忠恕曰："维天之命，于穆不已；乾道变化，
各正性命"。又曰："此与违道不远，异者动以天。"夫忠恕动以天，
而同乎天，岂与一贯之理丝毫隔阂哉！故曰圣人安之则一贯，学人
勉之则忠恕。曾子功力将纯，故传其安者；而弟子境界尚隔，故仅
闻其勉者。异者造，不异者道。则紫阳之称借言也，其毋乃太分别
与？虽然，一者浑浑沦沦，不可得而名。曾氏恐学者难之而道迷，
故直发之曰忠恕；紫阳恐学者易之而道亦迷，故又解之曰借言。而
均一明道觉人之心，有所不得已者矣。吾又闻紫阳有晚年定论，深
悔其传注未当，有误来学。兹解也，或犹有未定之论，未可知也。

【解析】

袁宗道（1560—1600），字伯修，号玉蟠，又号石浦。明代文学
家，明湖广公安（今属湖北公安县）人。万历十四年（1586 年）会
试第一，选庶吉士，授编修，官至右庶子，"公安派"的发起者和领
袖之一，与弟宏道、中道并称"三袁"。袁宗道很早就推崇白居易和
苏轼，他把自己的书斋命名为"白苏"，其意就是提倡通俗的、接近
口语的文字，做到所写文章浅显易懂。他把他所写文章的合集取名
为《白苏斋集》，亦是对白居易和苏轼推崇的表现，这篇《一贯忠
恕说》即选自该文集。作为公安学派的代表人物，袁宗道的文章中，
散文大多情运笔端，真切感人；而论说文章则浅显通达，以士大夫
的闲情逸兴、说理谈禅为主要内容，故而从另一方面说文章的社会
意义和哲学意味被削弱了。这篇《一贯忠恕说》是袁宗道读《论
语》，对孔子和儒家经典思想"忠恕"理论所发的感想。"忠恕"理
论不仅仅是儒家关于人与人之间交往的理论，往更深处讲，"忠恕"
关乎儒家"仁"道的重要思想，孔子在论语里并没有细致地阐述该

言论，后世儒生对此都有较多的阐述和发展，故而此处选取袁宗道关于"忠恕"的论说文章来解读。

在袁宗道生活的明朝，作为治理手段的法律在延续前朝法律特色的基础上，也带有自己的特质。比如，朱元璋掌政之后，推行严刑重典，其威严统治在对待开朝功臣上体现得淋漓尽致。在法律制度上，则反映出专制主义的政治和文化政策内容，明朝法律在继承前朝法律体系的基础上，加大了刑法的惩罚力度，将专制色彩体现得为彻底。应该说，我国古代的法律都是从前朝继承发展而来，有一脉相承的性质。我国古代的法律多为纵向的继承，而没有横向的吸纳，所以从汉到唐宋、从唐宋到元明，我国的法律制度都是一种内生的制度，没有多少外来因素被吸纳其中。但是这样的法律制度的发展却在很大程度上受到国家的控制，确切地说是受到统治君主的控制，带有很强的圣贤个人英雄主义色彩。另外，我国古代的法律很大一部分都和道德有关，忠孝礼义在法律体系中时有体现，法律和道德的界限并非十分的明确。并且，在礼法问题上，传统法律也一直在传承着仁义礼智信等内涵。袁宗道所言的"忠"、"恕"是儒家礼治中重要的内容，不论是在儒家经典著作还是作为统治手段的法律中，都有其身影，在法律的变迁和继承中代代延续。

孔子的"忠恕"思想在《论语·里仁》篇中有抽象的阐述，该篇记载孔子对曾参说"吾道一以贯之"，孔子说完此语离开之后，门人问曾参孔夫子这话的意思，曾参回答："夫子之道，忠恕而已矣。"后来的学者即以此认为孔子的思想主旨就是"忠恕"，且孔子一生都在贯彻忠恕的思想，也即称之为"一贯忠恕"理论，这也成为儒家为人处世的伦理道德。那么孔子的"忠恕"是何意呢？在《论语》里也有相关记载。所谓"恕"在《论语·卫灵公》里有记载，子贡问曰："有一言而可以终身行之者乎？"子曰："其恕乎！己所不欲，勿施于人。"在此，孔子很明确地表达，如果要用一个词来概括可以贯彻一生的行为准则的话，那么就是"己所不欲，勿施于人"的"恕"道了。所以，"恕"的意思即"己所不欲，勿施于人"。又根据杨柏峻的《论语译注》，"恕道"即《礼记·大学篇》中的"絜矩之道"，强调对待君臣上下、父母老幼的品德，一言一行要有示范作用，儒家以"絜矩"来象征道德上的规范，所以，品德高尚的人总是实行以身作则，推己及人的"絜矩之道"，这也是"恕"道。"忠"则在《论语·雍也》里被阐释为"己欲立而立人，己欲达而达人"，这和后世贤达所谓"达则兼济天下"的抱负类似，孔子的"忠道"更在于不仅自己"立"和"达"，而且使他人"立"和"达"，即自己获益或者通达了，也要使得他人获益或者通达，这也是一种"独乐乐不如众乐乐"的博爱思想。所以宋代理学大家朱熹在其著作《论语集注》中说："尽己之谓忠，推己之谓恕。"并且他引用程颐的话说："以己及物，仁也；推己及物，恕也。"那么，"忠恕"之道即在于"尽己"和"推己"，故而，一个符合儒家伦理道德的贤达之人，必然有一以贯之的基本道德伦常，而这就是奉行忠恕之道，做到尽己和推己。这和西方的基督教在《圣经》中体现的"爱人如己"的"金律"有相似之处。

程朱理学是宋明理学的一派，有时会被简称为理学，是指中国宋朝以后由程颢、程颐、朱熹等人发展出来的儒家流派。该流派认为将善赋予人便成为本性，将善赋予社会便成为"礼"，而人在世界万物纷扰交错中，很容易迷失自己的本性，社会便失去"礼"。所以如果无法收敛扩张的私欲，则偏离了天道，不但无法成为圣人，还可能会迷失于世间，所以要修养、归返，并伸展上天赋予的本性（存天理），以达致"仁"的最高境界，此时完全进入了理，即"天人合一"，然后就可以"从心所欲而不逾矩"，"不逾矩"中之"矩"即是"忠恕"。在对待"一贯忠恕"的道理上，应该说朱熹将孔子"一贯"和"忠恕"之间的关系理清楚了，朱熹认为"一贯"和"忠恕"是相统一的，但是在袁宗道看来，朱熹（即袁氏文章所称之"紫阳氏"）的注解只是"借言"，并且对"忠恕"的解释是因为担心孔子化难为易的阐释可能会使得学者感到困惑，故而"借言"以解"忠恕"的道理。故而袁宗道写下这篇文章，意欲阐述自己对"忠恕"的看法。在袁氏看来，"忠恕"是有分别的，即有圣人和学者的"忠恕"之别，圣人之"忠恕"为"一贯"，即袁氏所谓的"圣人安之则一贯，学人勉之则忠恕"。在袁宗道那里，"忠恕"和"一贯"乃相同事物的不同称呼，实质没多大区别。袁氏的论说是在朱熹的"尽己谓之忠，推己谓之恕"的基础上的延伸，并没有创新之处，依旧是在孔子所说的"己所不欲，勿施于人"和"己欲立而立人，己欲达而达人"两方面的内容上来阐述的。从"忠恕"说的发展来看，"一贯"之"一"和"忠恕"之间是有矛盾的，孔子既然说一以贯之的是"恕"，那么"忠"该如何呢？对此孔子并没有在其著作中明说，后世学者中将此问题很好地解决的正是朱熹，他辩证地看待了"忠恕"，从此以后"忠恕"成为一个词语，而不是被分开来讨论。袁氏的论说也正是继承朱熹的观点，在"忠恕"和"一贯"合一的情形下来论说。

人类的许多宗教和伦理传统都具有并一直维系着孔子所说的"忠恕"原则：己所不欲，勿施于人。或者换用肯定的修辞，即：你希望人怎样对待你，你也要怎样对待人。这和西方圣经里所说的"你们愿意人怎样待你们，你们也要怎样待人"是一个道理，所以忠恕之道应当在所有的生活领域中成为不可代替的和无条件执行的规则。从法学角度剖析，孔子的"忠恕"观中包含着一种朴素的权利义务观，我们是权利主体，那么就相应地存在义务主体；我们享有了权利，那么我们也必然承担与之相应的义务。没有无权利的义务，也没有无义务的权利，二者有一定的相互依存关系，故而需要我们做到"己所不欲，勿施于人"。另外，忠恕之道也被解释为"絜矩之道"，"矩"和程朱理学观点中的"从心所欲而不逾矩"之"矩"意思一致，本意指画直角或方形用的尺子，但更多地被引申为法度、规则，因而象征着道德上的规范。不论是人伦常理的道德还是社会制度中的法律，都属于人类社会中的规范，道德属于人心和伦理范畴，法律更多则通过国家强制来规范人与人、人与国家以及人与社会等之间的关系。忠恕之道关乎"尽己"和"推己"两个方面，"尽己"重点在于强调自己行为的规范，侧重于义务方面的范畴；"推己"重点在于强调自己受益之时对他人也该带来利益，侧重于权利的最大化。

虽然忠恕之道要求"尽己"和"推己"，属于对自己的要求，只要自己做到即可达到忠恕之道，但是正是因为这样，很少有人真正做到尽己和推己，所以袁氏在其文章中认为忠恕之道有圣人之忠恕和学者之忠恕的区别。其如此区分正是看到了忠恕之道对人要求的严格，以及只有区分不同的忠恕，才能有更多的人达到忠恕的境界，袁氏可谓用心良苦。诚然，个人之修养要达到忠恕的境界，做到完全的尽己和推己，爱人如己，立人达人，非一般之人所能做到。所以在儒家经典中将"修身齐家治国平天下"组合起来，而这也可看作是从忠恕之道中推导衍生出来的。但是在现实社会生活中，鲜有人可以真的达到忠恕之道的要求，不论是居庙堂之高的贤达，抑或处江湖之远的一般民众：为官者享有为官的权力时，也将承担其为官所应负担的义务，然而有的为官者将目光聚焦在所享有的权力，而忘却了其该承担的义务，没有做到尽己，更没有做到推己；江湖之人，在没有实现"达则兼济天下"的"推己"抱负时，则心灰意冷地抱着"穷则独善其身"的狭隘理想，故而连"尽己"也没有达到。

"忠恕之道"不仅仅强调人的道德修养，而且是作为一种社会规范，对人的行为作出要求。在权利与义务相统一的问题上，孔子忠恕之道的思想曾为西方的近现代文化作出过贡献。在 18 世纪的法国，启蒙思想家伏尔泰十分推崇孔子的"己所不欲，勿施于人"的"恕"道思想，认为每一个人都应该以它为座右铭；他还针对西方教会中各派势力的相互斗争残害，特别强调中国的"宽容"精神。据说，法国《人权宣言》的第 4 条就是因伏尔泰推崇孔子的"己所不欲，勿施于人"思想，而使罗伯斯庇尔受其影响，将其写入其中的。现在我们再来思考孔子的忠恕思想，在经济、社会、文化快速发展和人民道德失范相矛盾的历史环境下，更应该强调忠恕的思想。一个发达的国家应该是一个包容的国家，一个法治的国家应该是一个和谐的国家，在国家正式法律制度和人民道德伦常之间、在公民所享有的权利和承担的义务之间、在公民社会和政治国家之间……都应有和谐的秩序和平衡的关系。法律应该善待道德，同时道德不该过度干预法律；享有权利者应该承担自己的义务，而义务的承担者也该被赋予权利；公民社会应该被允许健康发展，而政治国家也应该能够良好地构建起来。若能如此，个人、社会和国家都可以做到"尽己"和"推己"。

论性

（明）袁中道

性善之说，千古未明。以性善而习不善者，非也，今孺子生而怒啼则多嗔，见彩色喜而多贪，等皆不善类也，何待习？以性之善不可见，而情之善可见，谓善本性者，亦非也，孺子虽知爱父母，亦能捽父母，长虽知敬兄长，亦能凌兄长，见食则争，见色则妒，其善从第一念出，其恶亦从第一念出也，情亦何尝善？有谓义理之性善，而气质之性不善者，亦非也，天下无二性，苟性中有气质之性，则善亦不得谓之善也矣。然则性善之说，尚纷纷无定论也，乃子则断之曰：论性者，必以夫子之言，合佛氏之言，而后其说始明。吾求其明而已，即天下万世我罪亦不惜也。

袁中道（1575—1630），文学家，"公安派"领袖人物之一

盖人性之初，未有不善者，而习则有善，有不善。吾所谓习，非一生之习也，乃多生之习也。多生习于善，则善，如多生习仁，故生而慈祥，多生习义，则生而正直等是也。多生习恶，则恶，如

多生习不仁，故生而刻薄，多生习不义，故生而邪曲等是也。习之重者，不可移，善重而值恶习，恶重而值善习，亦不能迁也，上知下愚是也。习之轻者，可移，善轻而习于恶则恶，恶轻而习于善则善，无不可迁也，中人是也。是善与恶皆习也，即易善易恶，亦习也，于性何與？性如太虚，至善者也，善恶俱不得有。善如庆云，恶如彤云，皆生灭于天体之中耳。

然则，以何者为性？曰性不可言也。姑言之，言其大，则山河世界，皆性中物也，而指为一身之内者，非也。性如海也，形色如沤也。性之大海，既结为形色之一沤，则一沤之中，而全海隐隐具焉。但去沤之所以凝结者，而海体可复矣。去其填塞此海者而虚，去其障蔽此海者而灵。虚灵之性圆，而全潮在我矣。曰悟，所以觉之也；曰修，所以纯之也。皆所以复此无善无恶之体者也。无善无恶者，千万世不化之性；而有善有恶者，千万世相沿之习。奈何以习之善，为性之善哉？

【解析】

袁中道（1575—1630），汉族，湖广公安（今属湖北）人，字小修，一作少修。万历四十四年（1616年）中进士，授徽州府教授，后升国子监博士，止于吏部郎中。袁中道是明朝中期著名的文学家，作为"公安派"领袖人物之一，其反对"七子"的复古模拟，主张创新，因强调性灵而称誉文坛。其倡导文学的独创精神，在当时掀起了一个反对复古主义运动的新高潮，而其文学作品体现的人性论的价值取向，表明了其对明朝时期刑与道德教化和以天理为依归的理学和法学思想的认识。其以性灵为中心兼重格调的思想多散见于《珂雪斋集》二十卷、《袁小修日记》二十卷等文本之中，而《珂雪斋集》的"论性"篇章中则集中体现了其自然人性论的思想倾向。在该文集中其对法学理论基础之一的人性论进行了较为透彻的分析，反映了其对宋朝时期王阳明的心学和明朝朱熹理学的理解和发展，同时也表现了宋明理学单一道德价值的人性二元论对明朝法律思想的重要影响。

"法是人创造的，一切科学对于人性总是或多或少地有些联系，任何学科不论似乎与人性离得多远，它们总是通过这样或那样的途径回到人性。"休谟在其《人性论》中如是表达了其对于法与人性之间关系的看法。法是由国家制定和认可的，并由国家强制力保障实施的，调整人们之间利害关系的规范，从中可以看出法律的核心是规范，规范的基础在于人性，而法学实质上是关乎人性善恶的学问，无论是西方还是中国古代，对于法学的思考不可回避地都是对于人性善恶的前提预设论证。袁中道的思想特点体现的正是对于法学基础前提的人性论的关切，因此其思想中蕴含着的自然人性论和开放的心态，也体现了明朝"明刑弼教"和以"三纲五常"为核心内容的以刑辅教的德主刑辅的法律思想。

袁中道作为"公安学派"的代表人物，具有较高的文学造诣，其独抒性灵、不受禁锢、张扬个性的特点表现了他对于人性的关怀和对于自由权利的向往。

这篇文章的第一段体现了，袁中道从佛教禅宗的角度对人性进行的思考。袁中道对"以性善而习不善者"、"以性之善不可见，而情之善可见，谓善本性者"、"谓义理之性善，而气质之性不善者"所代表的三种关于人性的理论予以了否定，其主张的是，只有"以夫子之言"，加上"合佛氏之言"，才能够清楚地认识人性论，孔子对人性的认识就在于"性相近也，习相远也"。孔子认为人的天性是相近的，但是后天的习惯和性情是相差很远的。虽然孔子对于人性的论证很合理，但是袁中道认为仅有这些还不足以深刻认识人性，为此他引进了佛教禅宗理论中关于"业报说"来说明"习相远"的道理。其注重用佛教的"性海说"来说明"性相近"。袁中道在这篇文章中的阐释实际上表现了其与孔子主张的人性理论的完全不同之处，同时也表明了他所主张的人性论，即自然人性论的主观倾向（参见这篇文章第二段）。

在孔子看来，人们的品行和习性的差别是很大的，这主要是由于后天环境和教育等客观因素所造成的，然而，袁中道却从佛教的"业报说"出发，以此为论证依据，认为人们的习性之所以各异，主要是因为前世的影响，是经过了多个前世积累下来的结果，即前世的善恶决定了今世的善恶，袁中道从禅宗的"业报说"展开其对于人性之所以"习相远"的理解。此外，袁中道认为人性相近在于每个人的形体都似太虚，是"善恶俱不得有"的"至善"，无论善恶区别，自然都不在天体中产生和消灭，而人就应该保有这一份自然人性。袁中道为了进一步阐释其"性如太虚"的人性观，从禅宗中"性海说"中汲取了理论养分。他认为关于人性的看法不是仅仅局限于一身之内所能道得明白的，因为人性就像大海一样，其表现的形式就是一个水泡，但是水泡也是来源于大海的，所以其必然体现大海的形状。因此，如果想要填满此"海"让其展现海的"虚"的一面特性，我们必须先做"去蔽"的工作，即去除遮蔽此海的东西进而显现出"虚"的特点，而人性就如禅宗说所的"性海"一样，"悟"就是领悟自然虚灵的特性，最根本的就是恢复人们的最为纯真的自然本性。

在"性如太虚"的自然人性论的思想中所阐发的是对于人性自觉的信赖，在真诚无所遮蔽虚伪的社会中，人性自觉将会成为常态，外在的礼乐、刑政就自然成为虚器，而说教自然不会有太大的用武之地。袁中道深受王阳明心学和禅宗思想的影响，注重自我主观精神的自由洒脱，表现的是彻底发挥运用潇洒的主观自由的价值取向。在人性善与恶的对立争论之中，中国传统对于人性的看法从来就是不同的，基于不同的立场，衍生出的法律思想也迥然不同。儒家孔子所提出的性善论强调的是"礼"的教化和道德感化作用，以此来构建古代中国社会的社会秩序；而法家韩非子所提倡的性恶论则强调了刑法严苛对维护社会秩序的作用。直到宋明理学的出现才结束了对于人性论善恶之分的纷争局面，明朝的理学家朱熹在中国古代人性论的基础上发展出人性本体论的思想，其认为"人性本于天理，是人对天理的'禀赋'；'宇宙之间，一理而已。天得之以为天，地得之以为地，而凡生于天地之间者，又各得之以为性。其张之为三纲，纪之为五常'"。宋明理学将善与恶根植于人性之中，强化了道德主体自身的紧张关系，其试图消除人性善恶的决然对立，主张单一道德价值的二元化人性论。袁中道就是从中悟出了"性如太虚"的自然人性真谛，并通过其寄情山水的文学笔端表达出来。

法与自然天道的协调就是关于如何处理好对于人的终极关怀问题，人性的原初需求与价值一起是一个统一体，而这也是法的灵魂所在，其根源于人的内在和外在超越的本性。法因人的创造而生，法的主体是人，而人性的善恶与否直接决定法的价值取向。袁中道所主张的自然人性论是对于道德价值二元人性论的体现，注重的是德性主义和内在修养的自觉性，以朱熹的客观唯心主义理学为基础，强调的是对于人性恶与善的折中取向，法律在国家中的地位应是教化与威权并重。在明朝"乱世用重刑"的法治思想之下，特别是在明朝中后期农民起义频发的时代背景下，其贯彻的是"德刑并用、宽猛相济"的法律思想。德礼和刑政是两个不同的统治之术，而自然人性论主张的是自然随性的态度，不再将道德教化和刑法法治相对立，二者在法律的价值上是不可偏废的，二者应当相辅相成，共同成为人性规范的依据。刑法与道德教化都需要以人性的自然属性为依归，并体现三纲五常的"治道之本"，而这也契合了明朝"明刑弼教"的立国法治思想。

对于人性的不同解读和立场，往往会影响一段时期的法律文化思想和刑事政策，中国古代的人性论对于传统法律文化的影响是巨大的。人性的善恶本就是中国传统哲学的核心问题，其也深刻地影响着统治者刑事政策的取向。孔孟的儒家所提倡的"性善论"在中国古代社会曾长期占据统治地位，并成为社会一切规范的本源，由此刑事法律的终极目的在于道德建设，而刑法的制定就以一般预防为主，兼顾特殊预防；而荀子和韩非子等"性恶论"的倡导者否认礼教的教化作用，主张严刑峻法和法制的严明性以及刑事镇压政策，荀子就认为"人之性恶"，这是导致人们犯罪的内在根源，所以预防和控制犯罪必须以"化性起伪"为最终目的，即治性为本，而这也是制定刑事法律的指导思想所在。及至宋明理学消解了二者的决然对立的局面。明朝的"明刑弼教"的法制思想的衍生正是对于人性二元论的坚守，袁中道在其文学作品中所暗含的就是其自然人性论在法律思想价值层面的选择，其基于对传统哲学核心论题——人性的解读，形成了自己独具特色的自然人性论的思想，并表达了他有关明朝理学教条和律例对立的认识。而其文学作品中蕴含的法律思想则成为明朝中后期混乱的政治社会中的一声惊雷，唤醒了人们对宋明理学的再认识。而其思想中的自然人性论体现的是对明朝法律思想的价值的态度，即尊重人性的自然选择，崇尚道德教化和刑事法律政策的共同作用，以维持良好的社会法律秩序，实现个体的自由发展。

法律

（明）何乔新

三代而上，以仁义而行法律；三代而下，以法律而行仁义。盖仁义者，化民之本。法律者，防民之具也。古者教化有木，故民务为仁义，以求免于刑罚。后世教化无本，故民慎法律之及其身，亦相勉于仁义也。请详陈之。

有虞之世，象以典刑①，自五刑而至于金赎②，法之经也。生眚灾而至于怙终③，法之权一也。厥后夏作禹刑。商作汤刑。至周其法益备：大司寇④掌三典诘四方。一曰刑新国用轻典，二曰刑平国用中典，三曰刑乱国用重典。以五刑纠万民：一曰野刑，上功纠力；二曰军刑，上命纠守；三曰乡刑，上德纠孝；四曰宫刑，上能纠职；五曰国刑，上愿纠暴⑤。司刺，掌三刺、三宥、三赦之法。所谓三刺者，岂非讯群臣、群史、万民之谓乎。所谓三宥者，岂非宥不识、

---

① 象以典刑：尧舜时崇尚德治，常用改穿戴不同于一般人的衣服、冠饰的办法代替各种刑罚，以示耻辱。

② 五刑：指墨、劓、剕、宫、大辟五种刑罚。金赎：用金钱赎所受刑的全部或一部分。

③ 眚灾：过失犯罪。怙终：始终不肯悔改。

④ 大司寇：西周司法官，六卿之一，总掌全国狱讼刑罚。

⑤ 暴：是"恭"的误写。

过失、遗忘之谓乎。所谓三赦者，又非赦幼弱、老旄、蠢愚之谓乎。其政令详明，教条严整，使人知畏惧而已。穆王命吕侯训夏赎刑①，五刑之属至于三千，而大辟之属止于二百，重刑之条目减于前，而轻刑之条目增于旧也。

世道愈下，法律愈繁。李悝②制律书六篇，有盗、贼、囚、捕、杂、具之法。萧何③作律令九章，而增户婚、擅兴、厩库之篇。叔孙通④又益律之所不及者十八篇，惠帝除妖言、挟书之律⑤，孝文去收孥相坐之法⑥，马、郑⑦作律令章句，陈思⑧作决事比例，曹魏作《新律》十八篇⑨，晋贾充⑩增损汉魏为二十篇，隋令高颎⑪更定律令，分笞、杖、徒、流、死为五刑，凡十二篇：一曰名例、二曰卫禁、三曰职制、四曰户婚、五曰厩库、六曰擅兴、七曰盗贼、八曰斗讼、九曰诈伪、十曰杂律、十一曰捕亡、十二曰断狱。唐之刑书有四，曰律、令、格、式。令为国家之制度，格为有司之常行，式为常守之法，凡政事必从事于此三者，其有所违而入于罪者，一断以律。律之为书，因隋之旧，而长孙无忌⑫等作为疏义焉。宋太宗时则有《太平编敕》⑬，真宗时则有《咸平编敕》⑭，仁宗时则有《嘉

---

① 穆王：名满，周昭王之子，公元前976～前921年在位。吕侯：周穆王的司寇。
② 李悝：战国魏文侯相，汇集当时各国法律编成《法经》六篇。
③ 萧何：汉初丞相，曾参照秦律撰《九章律》。
④ 叔孙通：汉初任博士、太常、太子太傅等职。汉朝庙典礼多由他制定。汉惠帝时撰《傍章律》十八篇，后散佚。
⑤ 惠帝：名盈，刘邦之子，公元前194～前188年在位。妖言：秦有妖言令，将人们过误之言看作妖言，予以治罪。汉高后元年除妖言令，广开言路，让臣民直言极谏。挟书律：秦始皇颁布的藏书禁令。汉惠帝四年（前192年）废除此律。
⑥ 孝文：汉文帝，名恒，刘邦之子，公元前179～前157年在位。收孥：秦律规定，一人犯罪，其妻子儿女受株连，削籍入官府充当奴婢。汉文帝废除此律。
⑦ 马、郑：后汉经学家马融与郑玄的并称，此二人用儒家学说解释法律的章句。
⑧ 陈思：三国魏武帝之子曹植，封陈王，卒谥思，故称为"陈思王"。
⑨ 《新律》：刘劭等人撰。较《九章律》，增劫掠、诈伪、毁亡、告劾、系讯、断狱、请赇、惊事、九篇，并改"具律"为"刑名"，冠于篇首。今全文散佚。
⑩ 贾充：西晋大臣，官至尚书令。主持修订《晋律》20篇，即分《新律》刑名为刑名、法例二篇，去掉劫掠、惊事、偿赃、囚律四篇，增加卫宫、水火、关市、违制、诸侯五篇。
⑪ 高颎：字昭元，隋文帝时被任命为尚书左仆射，炀帝时拜太常。
⑫ 长孙无忌：唐代著名律学家，曾参与制定《贞观律》、《永徽律》，并撰成《唐律疏议》。
⑬ 宋太宗：即赵炅，太祖弟，公元976～997年在位。有《太平兴国编敕》15卷。
⑭ 宋真宗：即赵恒，公元997～1022年在位。有《咸平编敕》12卷。

祐编敕》①，神宗命有司编修敕令②，凡旧载之于敕者，多移之于令，盖违敕之罪重而违令之罪轻也。他如傅霖作《律统赋》③，而稳括律意，无复余蕴。窦仪上《刑统》④也，而文义简古，可亚六经⑤。

我朝颁降律令，分吏、户、礼、兵、刑、工为六篇，凡三十卷，四百六十条。以八字为例：曰以，曰准，曰皆，曰各，曰其，曰及，曰即，曰若。以八议论刑⑥：曰议亲，曰议故，曰议贤，曰议能，曰议功，曰议贵，曰议勤，曰议宾。轻重适宜，用舍各当，著昭代之盛典，为万世之常经，盖与虞周之制同一揆也。

【解析】

何乔新是何文渊的第三子，明代中期文学家、诗人。何乔新从小勤读，学贯古今，学识渊博，对哲学、文学、史学皆有研究，藏书多达三万多卷，皆手自校勘。辞官后杜门著述，著有《椒丘文集》44集、《周礼集注》7卷、《策府群玉》3卷。何乔新生性秉直，为人刚正不阿。长江两岸芦洲良田尽为宦官侵占，农民缺田，生活困苦，他不避风险，上疏奏言："民之无食，国将危卵，宜将芦洲良田尽还于民，以利生息。"⑦帝准其奏，命其全权办理。何乔新将洲田按农户丁口发还，并对劣迹昭著的宦官按律治罪，深得百姓拥护。

《法律》这篇文章中主要阐述了"法贵简明"的思想。"法贵简严"是明太祖朱元璋的立法思想之一。"简"是指法律应当简明易懂，条文要精简。"严"是指法律处罚应当严厉，强调法律的威慑作用，使百姓产生敬畏之心从而遵守法律。朱元璋在建国初期，对议律官发布圣谕："法贵简当，使人易晓。若条绪繁多，或一事两端，可轻可重，吏得因缘为奸，非法意也。夫网密而水无大鱼，法密而国无全民。卿等悉心参究，日具刑名条目以上，吾亲酌议焉。"⑧朱

---

① 仁宗：即赵祯，真宗之子，公元1022～1063年在位。有《嘉祐编敕》18卷。
② 神宗：即赵顼，公元1067～1085年在位。以敕、令、格、式作为法规的四种主要形式，并明确规定："禁于已然之谓敕，禁于未然之谓令"。
③ 傅霖：宋代律学博士。《宋刑统》颁布后，为便于记忆背诵，其用韵文写成《律统赋》，并作注解说韵文含义。
④ 窦仪：宋太祖时，任工部尚书、判大理寺事，奉诏撰《宋刑统》，共30卷502条。
⑤ 六经：指《诗》、《书》、《礼》、《易》、《乐》、《春秋》等儒家经典。
⑥ 八议：旧时对八种权贵人物在审判上给予特殊照顾的制度。
⑦ 《明史》列传第十七。
⑧ 《明史·刑法志一》。

元璋认为法律应当简明，使普通百姓知晓。百姓只有在知晓法律规定的基础上才会遵守法律。而另一方面法律简明并具有执行力，也使得司法官员能更好地执行法律。朱元璋在《颁行大明令敕》中再次阐述了立法简明的思想，即"古者律、令至简，后世渐以繁多，甚至有不能通其义者，何以使人知法益而不犯哉？人既难知，是启吏之奸而陷民于法。朕甚悯之。今所定律、令，芟繁就简，使之归一，直言其事，庶几人人易知而难犯。《书》曰：刑期于无刑。天下果能遵令而不蹈於律，刑措之效，亦不难致。兹命颁行四方，惟尔臣庶，体予至意"①。朱元璋认为百姓遵守律令的前提是法律简明，法律繁多只会使百姓不知律令之义，奸吏也会以此而愚弄百姓。朱元璋之后制定《大明律》以及《大诰》都遵循了这一立法思想，同时他在《大明律》的原稿上写道：所有朝廷官吏若对此法擅自更改、变乱成法、枉生异议、挟诈欺公，一律处斩。他在诏书中还下令子孙后代不可将此祖制变乱。

朱元璋立法从简思想的具体要求主要表现在三个方面：一是芟繁就简，即去掉法律繁杂的部分，使条例趋于简明。朱元璋在编纂《大明律》时很好地贯彻了这一立法思想。与《唐律》502 条相比，《大明律》的条文减至 460 条，篇目则从 12 篇减至只有 7 篇。法律史学家杨鸿烈评价《大明律》："洪武三十年更定的《大明律》，比较唐代的《永徽律》更为复杂，又新设许多篇目，虽说条数减少，而内容体裁俱极精密，很有科学的律学的楷模。后来的《大清律》也都是大部分沿袭这部更定的《大明律》。可以见得，这书实在算得中国法系最成熟时期的难得产物。"二是使之归一，即使相近的律令归为一条。《大明律》根据犯罪范围不同，将律令条文分为：吏令、户令、兵令、刑令、工令五种，每一种又根据犯罪的性质分门别类地进行划分。内藤乾吉在《大明令解说》中说道："未有一例是将明令条文原封不动地入律。仅改一二字的虽有二三例，但多数是加以详密，或使法的内容多少变更，而且文法句式也显齐整。将数条令包含于一条律之中，当是出于文所述的合并条文之因，一条令仅占一条律中一部分的条文甚多。"② 这种分法使得律令更加清晰，也

---

① 《太祖令·序》。
② ［日］内藤乾吉：《大明令解说》，载《日本学者研究中国史论著选译》，第八卷，394页，北京，中华书局，1992。

利于律令的执行。三是直言其事，就是说律令的规定应当直言理明，通俗易懂。朱元璋认为直言其事包括两个方面，首先是律令应当制定得通俗，使普通百姓也能知其义。朱元璋在《大明律》颁布之后，曾下令编写《律令直解》，将《大明律》中有关普通百姓应当遵守的内容分门别类地编成一册，用通俗易懂的语言来解释律令的内容，在每个郡县都张贴使百姓家喻户晓。他认为："前代所行通制条格之书，非不繁密，但资官吏弄法，民间知者绝少，是聋瞽天下之民，使之不觉犯法也。今吾以《律令直解》遍行，人人通晓，则犯法自少矣！"① 其次是在执法的过程中，针对不同的人要使用不同的语句，也要注重法制宣传。朱元璋颁布《律令直解》，使之"颁之郡县"，且使"小民周知"。除此之外，他还下令将《大诰》三编作为国子监学和科举考试的内容，在乡里则由塾师教授《大诰》，每到乡村节日聚会之时，便派专人讲授《大诰》。通过一系列的律令宣传，百姓熟知相关的律令。这样的法制宣传，一方面，教化了百姓，使百姓更好地遵守法律；另一方面，也可使官员在适用法律时受到监督，避免滥用法律。在朝廷，朱元璋针对不同的官员，圣谕的内容也不尽相同。例如在给文化水平不高的武臣写的《武臣大诰》中，他写道："这文书又不是官吏话，又不是秀才文，怕不省得呵。我这般直直地说着，大的小的都要知道，贤的愚的都要省得。"② 这种类似于现代白话文的语言，在古代的诏书、圣谕中，乃至文章中都是非常罕见的，这也在一定程度上反映了朱元璋"法贵简明"的思想。朱元璋确定"立法简明"这一立法指导思想有两个目的。一是为了使百姓通晓法律，知法守法。他说："律令之设，所以使人不犯法。"如果人人对法律都有一定的了解，对法律产生畏惧之心，那么犯罪自然会减少。二是为了使法律得到严格执行。如果法律规定繁杂，规定不具体，那么就会给司法官员极大的自由裁量权，这可能导致奸吏利用法律，造成误判、错判等情形。

在文章中何乔新介绍了从虞舜时代、夏商周时期到唐宋时期的法律。周朝大司寇掌管三大法规督察天下，用五种法规矫正万民，

---

① 《明太祖实录》卷28。
② 《武臣大诰·序》。

司刺掌理三刺、三宥、三赦。周朝政策法令详细明确，劝谕性文告谨严完备，让民众产生畏惧之心。而三国时期的《新律》18篇，西晋时期的《晋律》20篇，隋朝时期的《刑律》12篇，以及唐宋时期的律令都过于繁琐，民众不通晓律令，也就无法遵守律令。明朝的律令，分为吏、户、礼、兵、刑、工六篇，用"以、准、皆、各、其、及、即、若"八字作为仿照的准则。轻其轻罪，重其重罪，法律简明，易于通晓，成为显赫一时的法律制度。作者介绍这些法律制度是想证明：世道愈下，法律愈繁。要想成为"万世之常经，昭代之盛典"，就应"轻重适宜，用舍各当"。

何乔新认为法律愈是繁密，社会就愈是治乱。其实法律疏密与社会治乱的争论暗含了一个定律：法律繁简即是法律与道德的此消彼长。法律越是繁密，那么道德的空间就越小；法律越是简明，道德就能发挥更大的作用。现代法治的发展需要建立完备的法律体系，法律应当涵盖生活的各个方面，且系统化的法律体系也是构建法治社会的前提，只有有法可依，才能进一步实现执法必严和违法必究。而西方制定法律的出发点是人性本恶，强调对于权力的控制。法律规定得具体明确，给执法者很小的裁量空间，道德只是调控社会的一种辅助手段。但是我们从另一个角度来看何乔新提出的"法律愈是繁密，社会就愈是治乱"的观点，与如今的主流观点似乎不符。何乔新强调法律繁简与社会治乱的关系，也是中国传统儒家仁礼思想对其法律思想影响的结果。何乔新强调法律简明，也就是强调道德规范社会的重要。美国社会学家布莱克提出了这样一个公式：法律的变化与其他社会控制成反比，也就是说，如果其他因素不变，一个社会中法律的数量增多，其他社会控制，如风俗、礼义、伦理等的数量就会减少；反之，其他社会控制的数量增多，法律的数量就减少。孟德斯鸠在《论法的精神》中也提到："当一个民族有良好风俗时，法律就是简单的。"[①] 富勒主张道德和法律不能分离，法律应当具有内在道德，法律的权威和公信力必须以道德为支撑。法律秩序的建立必须基于道德，法律的权威在于法律本身是一个良法，具有公信力，使得人民信仰法律。而民众对法律的道德性的肯定也

---

① ［法］孟德斯鸠：《论法的精神》，260页，北京，商务印书馆，2012。

是他们信仰法律的原因。我们应当肯定道德对于自由人的约束，道德是对法律调控手段的一种补充。另外，立法者在制定法律时，也应提升法律的内在道德性。从这个层面来看，何乔新的主张也具有一定的进步意义。

对于作者的观点我们应当辩证地对待。作者从法律的繁简与社会治乱的关系出发，分析了各个朝代的律令，认为明朝的律令"轻重适宜"、"用舍各当"，是"万世之常经"。律令规定越繁琐，其社会越动乱，这个观点似乎与现代法治不符，但他强调道德对于调控民众行为的作用，这种补充性作用之于法律的调控作用来说是必不可少的，从这一点而言，何乔新的观点仍有可取之处。

法制禁令，王者之所不廢，而非所以爲治也，其本在正人心，厚風俗而已。

法制

（清）顾炎武

法制禁令，王者之所不废，而非所以为治也，其本在正人心，厚风俗而已。故曰"居敬而行简，以临其民"①。周公作《立政》②之书曰："文王罔攸兼于庶言，庶狱庶慎。"又曰："庶狱庶慎，文王罔敢知于兹。"其丁宁后人之意，可谓至矣。秦始皇之治，"天下之事无大小，皆决于上，上至于衡石量书③，日夜有呈④，不中呈，不得休息"⑤，而秦遂以亡。太史公曰："昔天下之网尝密矣，然奸伪萌起，其极也，上下相遁，至于不

顾炎武（1613—1682），字宁人

---

① 引文见《论语·雍也》。原文为："仲弓曰：'居敬而行简，以临其民，不亦可乎？'"
② 《立政》：《尚书·周书》篇名。相传为周公所著。
③ 衡石量书：指批阅文书的分量很重。衡：秤。石：古代重量单位，"三十斤为钧，四钧为石"。（《汉书·律历志上》）
④ 呈：通"程"，定额。
⑤ 引文见《史记·秦始皇本纪》。

振"，然则法禁之多，乃所以为趣①亡之具，而愚暗之君犹以为未至也。杜子美诗曰："舜举十六相②，身尊道何高；秦时任商鞅，法令如牛毛。"③ 又曰："君看灯烛张，转使飞蛾密。"④ 其切中近朝之事乎？汉文帝诏置三老、孝弟、力田常员⑤，令各率其意以道民焉。夫三老之卑，而使之得率其意，此文景之治⑥所以至于移风易俗，黎民淳厚，而上拟于成康之盛也⑦。诸葛孔明开诚心，布公道，而上下之交，人无间言，以蕞尔之蜀，犹得小康。魏操吴权，任法术以御其臣，而篡逆相仍，略无宁岁。天下之事，固非法之所能防也。

叔向与子产书曰："国将亡，必多制。"⑧ 夫法制繁，则巧猾之徒，皆得以法为市，而虽有贤者，不能自用，此国事之所以日非也。善乎杜元凯⑨之解左氏曰："法行则人从法，法败则法从人。"⑩

前人立法之初，不得详究事势，豫为变通之地，后人承其弊，拘于旧章，不得更革，而复立一法以救之，于是法愈繁而弊愈多。天下之事，日至于丛脞⑪，其究也眊⑫而不行。上下相蒙，以为无失

① 趣：通"促"，催促。
② 十六相：传说舜有"八恺"、"八元"诸贤，天下同心，拥戴舜为天子。《左传·文公十八年》："是以尧崩而天下如一，同心戴舜，以为天子，以其举十六相，去四凶也。"
③ 引诗见杜甫《述古三首》。
④ 引诗见杜甫《写怀二首》。
⑤ 三老：秦汉时在乡里掌管教化的乡官。《汉书·高帝纪》："举民年五十以上，有修行，能帅众为善，置以为三老，乡一人。择乡三老一人为县三老。"孝悌（弟）、力田：汉代掌管教民务农的乡官。《汉书·高后纪》元年诏："初置孝弟力田二千石者一人。"《汉书·文帝纪》十二年诏："孝悌，天下之大顺也。力田，为生之本也。三老，众民之师也……而以户口率置三老、孝悌、力田常员，令各率其意以道民焉。"常员：定员。
⑥ 文景之治：西汉文帝、景帝统治时期（前179～前140年），执政者采取"与民休息"、"轻徭薄赋"，的政策，使生产逐渐得到恢复和发展，国家资财增多，出现了多年未有的富裕景象，史家誉之为"文景之治"。
⑦ 成康之盛：西周成王、康王统治时期，当权者推行"明德慎刑"政策，缓和了阶级矛盾，使社会安定。史家夸称："成、康之际，天下安宁，刑错四十余年不用"，这就是所谓"成康之盛"。
⑧ 引文见《左传·昭公六年》。
⑨ 杜元凯：杜预，晋杜陵（今陕西长安县）人，撰有《春秋左氏经传集解》，是影响较大的《左传》注本之一。
⑩ 引文见《春秋左氏经传集解》宣公十二年杜预注。
⑪ 丛脞：烦琐细碎。
⑫ 眊：眼睛失神，看不清楚。

祖制而已。此莫甚于有明之世，如勾军、行钞二事①，立法以救法，而终不善者也。

宋叶适②言：“国家因唐代之极弊，收敛藩镇之权③，尽归于上，一兵之籍，一财之源，一地之守，皆人主自为之也。欲专大利，而无受其大害，遂废人而用法，废官而用吏④，禁防纤悉，特与古异，而威柄最为不分，虽然，岂有是哉？故人才衰乏，外削中弱，以天下之大而畏人，是一代之法度，又有以使之矣。”又曰：“今内外上下，一事之小，一罪之微，皆先有法以待之，极一世之人志虑之所周浃，忽得一智，自以为甚奇，而法固已备矣，是法之密也。然而人之才不获尽，人之志不获伸，昏然俯首。一听于法度，而事功日堕，风俗日坏，贫民愈无告，奸人愈得志，此天下之所同患，而臣不教诬也。”又曰：“万里之远，颦呻动息，上皆知之。虽然，无所寄任，天下泛泛焉而已，百年之忧，一朝之患，皆上所独当，而群臣不与也。夫万里之远，皆上所制命，则上诚利矣。百年之忧，一朝之患，皆上所独当，而其害如之何？此外寇所以凭陵而莫御，仇耻所以最甚而莫报也。”陈亮《上孝宗书》曰⑤：“五代之际，兵财

---

① 勾军：明代户口，有军户、民户之分。军户世代为军，父死子继，或兄亡弟补。如有逃亡缺伍或丁尽户绝的，必须设法补足。补额办法为到原籍捉拿本人或其亲属，称为“勾军”。由于军士逃亡者众，军籍弊政甚多，扰民日甚。《明史·兵志》：“宣宗立，军弊益兹，黠者往往匿其籍，或诬攘良民充伍。”“嘉靖初，捕亡令愈苛，有株累数十家，勾摄经数十年者，丁口已尽，犹移覆纷纭不已。”行钞：明代洪武年间，为了便于数额较大的贸易，决定发行纸币，定名为“大明通行宝钞”，与“洪武通宝”（铜钱）并行使用，但因钱法屡更，物价昂贵，货币贬值，钱、钞法益坏不行。据《明会要》卷五十五记载：洪武“二十六年，复罢宝泉局。时，两浙、江西、闽、广民重钱轻钞，有以钱百六十文折钞一贯者，由是物价昂贵，而钱法益坏不行”。永乐年间，“都御史陈瑛言：‘比岁钞法不通，皆缘朝廷出钞太多，收敛无法，以致物重钞轻。’”
② 叶适：南宋永嘉学派的代表。字正则，温州永嘉人。学者称水心先生。著作有《习学纪言》、《水心先生文集》。
③ 藩镇：唐代初年在重要各州设置都督府，睿宗时设置河西节度使，玄宗时在边疆各地设置十节度使，通称“藩镇”。各藩镇统领所属地方甲兵，执掌军政大权，形成藩镇割据之势。藩镇间或彼此攻战，或联合反唐，唐王朝虽屡图削弱藩镇，但无法根除。割据局面一直延续到五代十国，人民惨遭兵祸，社会生产受到严重破坏。北宋赵匡胤解除藩镇兵权，藩镇割据方告结束。
④ 吏：官府内的胥吏和差役。
⑤ 陈亮：南宋思想家，婺州永康人。字同甫，学者称龙川先生。赞成变法，提倡“事功之学”，反对理学空谈。著作有《龙川文集》、《龙川词》。孝宗：赵昚，1163～1189年在位。

之柄，倒持于下，艺祖①皇帝束之于上，以定祸乱，后世不原其意，束之不已，故郡县空虚，而本末俱弱。"

洪武六年九月丁未，命有司庶务，更月报为季报，以季报之数，类为岁报。② 凡府州县，轻重狱囚，即依律断决，不须转发，果有违枉，从御史按察司③纠劾。令出，天下便之。

【解析】

顾炎武于明万历四十一年（1613 年）五月二十八日生于昆山千灯镇，原为顾同应之子，14 岁取得诸生资格后，便与同里挚友归庄共入复社。顾炎武以"行己有耻"、"博学于文"为学问宗旨，屡试不中，"感四国之多虞，耻经生之寡术"，以为"八股之害，等于焚书；而败坏人才，有盛于咸阳之郊"，自 27 岁起，断然弃绝科举帖括之学，遍览历代史乘、郡县志书，以及文集、章奏之类，辑录其中有关农田、水利、矿产、交通等记载，兼以地理沿革的材料，开始撰述《天下郡国利病书》和《肇域志》。明亡后改名炎武，字宁人，亦自署蒋山佣，尊称为亭林先生。因其曾参加抗清斗争，后来致力于学术研究，被称作清朝"开国儒师"、"清学开山"始祖，他还是清代古韵学的第一人，晚年侧重经学的考证，考订古音，分古韵为 10 部，并著有《日知录》、《音学五书》等。

从明后期，阳明心学以至整个宋明理学已日趋衰颓，思想学术界出现了对理学批判的实学高潮。顾炎武顺应这一历史趋势，在对宋明理学的批判中，建立了以经学济理学的学术思想。顾炎武对宋明理学的批判，锋芒所指，首先是阳明心学。他认为明朝的覆亡乃是王学空谈误国的结果。面对当时黑暗的社会现实，顾炎武认为当务之急在于探索"国家治乱之源，生民根本之计"④。他在纂辑的《天下郡国利病书》中，首先关注的是土地兼并和赋税繁重不均等社会积弊，指出"世久积弊，举数十屯而兼并于豪右，比比皆是"，以

---

① 艺祖：历代称太祖或高祖为艺祖。此指宋太祖赵匡胤。
② 据《明史·刑法志》记载："有司决狱，笞五十者县决之，杖八十者州决之，一百者府决之，徒以上具狱送行省，移驳繁而贿赂行。帝命中书省御史合详议，革月报为季报，以季报之数，类为岁报。"
③ 按察司：明清各省均设提刑按察使司。主管一省司法，长官为按察使。
④ 见《亭林佚文辑补·与黄太冲书》。

至于出现了"有田连阡陌，而户米不满斗石者；有贫无立锥，而户米至数十石者"的严重后果。

顾炎武从"明道救世"的经世思想出发，对君权进行大胆质疑。他在《日知录》的"君"条中，旁征博引地论证了"君"并非封建帝王的专称，并进而提出反对"独治"，主张"众治"，所谓"人君之于天下，不能以独治也。独治之而刑繁矣，众治之而刑措矣"，强调"以天下之权寄之天下之人"。他虽未直接否定君权，逾越封建的藩篱，但他这种怀疑君权、提倡"众治"的主张，具有反对封建专制独裁的早期民主启蒙思想色彩。同样的，在《法制》这篇文章中作者论述了什么是"法制"，提出了法制的两层含义，并大胆地质疑君权，提出具有早期民主启蒙思想色彩的"众治"思想。

本文题目简洁明了，对于"法制"一词的含义为何，作者开宗明义，指出"法制禁令，王者之所不废，而非所以为治也，其本在正人心，厚风俗而已"。对法律、法令，君王之所以不随意废止，是因为法律、法令最主要的作用在于端正人的思想和推动社会风气的发展，而不只是用来惩治他人。为了印证自己的观点——"天下所有的事，并不是法律都可以防范得了的"，顾炎武分别举出五个例子加以说明，其中三个正面例子，两个反面例子，且前后两组事例一正一反，对仗工整。

首先是贤君周文王不擅自代替官员作出裁决，而是要求官吏们处理狱讼案件小心谨慎即可；而秦始皇嬴政横扫六合，实现大一统后，独揽朝政，一切大小事务均由他一人决断，秦朝不过二世即亡。在抛出这样有趣的对比之后，作者借司马迁之口，间接说出了自己的部分观点："在法律禁令已经饱和的状态下，昏庸无道的君主还认为法律不够，大肆立法立令，只能使得上至官员，下至百姓，互相

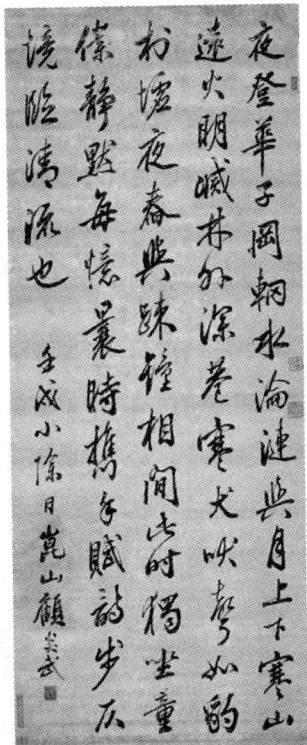

逃避，造成国家的衰落。这时的法律禁令便成了促使国家灭亡的工具。"为了增加文学的艺术效果，作者还穿插杜甫的诗句，表达"过犹不及"的态度。汉文帝设置三老、孝弟、力田定员，让三位官员以身作则，按照自己的品行教化百姓，这正是文景之治实现移风易俗的手段之一，最终使得民众淳朴仁厚；诸葛亮秉承和宣扬诚恳待人、公正合理的原则，蜀地的官员、百姓安居乐业；同时期的曹操和孙权，用权术驾驭臣民，各种法律禁令不止，但篡权谋逆之事时有发生。

文至第二段，作者的观点也延伸至更深一层，即法律制度设计得过于繁杂，那么一方面，贤明之人会被束缚住手脚，不能凭借自己的判断标准行事，生怕会被无端受处；另一方面，奸狡小人则会用法律来做交易，从中牟利。这两个方面是国家治事日趋衰落的主要原因。法令顺畅，则民众自会依法遵守；法令败坏，执法就因人而异了。

那么怎样才算法令顺畅，怎样又会导致法令败坏呢？作者在下一段作出解释：先前制定的律，不可能预先知道之后会出现的情事，所以法律会留有灵活运用的余地，这就是我们所谓的"法律的空白和不确定"，后人如果不改革原先不适宜的条文，即弥补空白和不确定，而是又创设一部法律来补充先前的法律，只会让法律体系显得更加庞杂，且适用的法律本身存在空白这一缺陷没有得到根本性的解决。这样的后果就是最高统治者不可能了解下情，也不可能作出正确的纠正，上下官员、官民之间采取互相欺瞒的态度，做足表面功夫即可。至此，作者举出明朝勾军、行钞两件事。行钞，指发行纸币。黄宗羲《明夷待访录·财计二》有云："大学士蒋德璟言，以一金易一纸，愚者不为。上以高皇帝之行钞难之。"勾军，指征兵。《明史·朱燮元传》记载："军民愿耕者给田，且耕且守，卫所自实，无勾军之累"，说明以新法补救旧法的做法，终究是不妥的。

之后的论述似乎仍停留在对繁杂法律的弊端进行批判：权力过分集中在皇帝一人的手中，不信任官吏而自己轻易作出决定；否认人的才能和主观能动性，各种小事都要预先制定法律来对付；专制主义和中央集权压得大众都喘不过气来，社会风气也逐渐败坏，八股取士泯灭了人的才能和智慧；国内虚弱，又受到国外势力的压制。对上述所有的弊端，作者表面上都归因于一个朝代的法律制度，但是，繁杂的法律仅仅是工具或手段，法律的背后是作为统治者的君主。

　　清王朝的统治者以明王朝的继承者自居，视自己的统治为正统。因此，在法制的指导思想上如同治理整个国家一样，也以教化为先。《清史稿》有云："中国自书契以来，以礼教治天下。劳之来之而政生焉，匡之直之而刑生焉。政也，刑也，凡皆以维护礼教于勿替。故尚书：'明于五刑，以弼五教'。"① 康熙以后，随着清朝政权的巩固，清朝统治者将中心由军事转变为内政，司法审判成为皇帝行使国家权力的重要手段，并加强了对司法审判的事务控制。② 但八股取士所带来的危害，加之封建集权带来的危害，都使得制度背后的人事暗潮涌动起来。

　　在文章的结尾，还是以史为喻，不言自明。明朝的改革，放权于官吏，让官吏按照律令决断即可，如果存在违法和错误，只需主管司法的御史和按察使司纠劾即可，这样的诏令一出，大小事务都有序运行起来。

　　提到"法制"一词，就要与另一个词——"法治"进行比较了。关于"法制"一词，《礼记·月令》中就有"命有司，修法制，缮囹圄，具桎梏"的说法。然而，现代的法治相比法制有更加具体的含义。首先，法制属于工具操作范畴，法治则属于政治理想范畴；其次，法制强调秩序，而不一定基于正当性价值，而法治则蕴含了法律调整社会生活的正当性；再次，法制是相对于政治制度、经济制度的另一种制度，而法治则显示了法律介入社会的广泛性；最后，从法制向法治过渡，需要依法治国方略的落实。③ 而作为政治伦理原则，法治不仅仅指国家机关严格地依照法律来治理国家，更重要的是，所有人都必须共同服从于一种普遍的规则。

　　还有一个区别便是"人治"与"法治"。人治强调依靠统治者个人的作用来统治国家，中国几千年的封建专制都是君主个人不断巩固皇权，以达到人治的最大化，使君主能运用手中的权力实现对国家和人民的统治；而法治则强调通过法律治理国家，要求一切国家机关和各级领导者都依法办事，在法律面前人人平等，不允许有凌驾于法律之上的个人特权。

①　赵尔巽、柯劭忞等：《清史稿》志170，刑法一，北京，中华书局，1977。
②　参见张晋藩：《中国法制通史》，第8卷清，637页，北京，法律出版社，1999。
③　参见付子堂主编：《法理学初阶》，3版，203页，北京，法律出版社，2010。

法学盛衰说

（清）沈家本

沈家本（1840—1913），字子淳，
别号寄簃，清末法学家

孔子言：道政齐刑①，而必进之以德。礼是制治之原，不偏重乎法，然亦不能废法而不用。虞廷尚有皋陶，周室尚有苏公②，此古之法家并不是专门之学，故法学重焉。自商鞅以刻薄之资行其法，寡恩积怨，而人心以离；李斯行督责之令，而二世以亡。人或薄法学为不足尚，然此用法之过，岂法之过哉！汉改秦苛法，萧何修律，虽以李悝之法为本，而秦法亦采之。然惠帝除夷族之法，文帝除诽谤祅言之法、除肉刑，景帝减笞法③。其时人民安乐，几致刑措。用法而行之以仁恕之心，法何尝有弊？尝考法学之盛衰，而推求其故矣。

---

① 《论语·为政》："道之以政，齐之以刑"。
② 苏公：相传为周公执政时之司寇。《尚书·立政》："周公若曰：'太史，司寇苏公，式敬尔由狱，以长我王国'。"
③ 景帝减笞法：景帝时下诏减少笞刑的数目，五百减为三百，三百减为二百，后齐又再减一百。

按：法学者流，出于理官①。自李悝著《法经》，其后则有商鞅、申不害、处子、慎到、韩非、游棣子诸人，并有著作列在《汉志》法家。是战国之时，此学最盛。迨李斯相秦，议请"史官非秦记皆烧之，非博士官所职，天下敢有藏《诗》、《书》百家语者，悉诣守尉杂烧之"。"若欲学法令者，以吏为师。"自是法令之书藏于官府，天下之士厄于闻见。斯时朝廷之上，方以法为尚，而四海之内必有不屑以吏为师者，而此学亦遂衰。汉兴，虽弛秦厉禁，而积习已久，未能遂改：外郡之学律令者，必诣京师，又必于丞相府。《文翁传》②："乃选郡县小吏开敏有材者张叔等十余人，亲自饬厉，遣诣京师受业博士，或学律令。"《严延年传》③："延年少学法律丞相府，归为郡吏"。此其证也。叔孙通秦时以文字徵为博士。而在汉时，益律所不及《傍章》十八篇，于定国④学法于父，可以见汉人不皆以吏为师。《郑崇传》："为高密大族。父宾，明法令，为御史"，亦必非师于吏者；丙吉治律令，黄霸少学律令，莫能详其所从学⑤。然当时此学之未尽歇绝，犹有李悝之流风余韵也。其后叔孙宣、郭令卿、马融、郑玄诸儒，章句十有余家，家数十万言，合二万六千二百七十二条，七百七十三万二千二百余言。郑氏括囊大典，网罗众家，犹为此学尤。可见此学为当时所重，故弟子之传此学者，亦实繁有徒。法学之兴，于斯为盛。

其后，晋之杜预与贾充等，定律令，预为之注解。其奏语谓所注"皆网罗法意"。是其参取汉代诸家章句，而又不专主一家，故能撷其精要。同时，张斐亦为之注，其表之所列，胥律义之要旨。自是杜、张二家律注⑥遂行于世。下逮宋、梁、陈、南朝言法律者，王植、蔡法度之徒，咸遵守之。北朝法学，源流莫考。观于北齐新令，采用魏、晋故事，则亦源于魏、晋。北齐河清中，法令明审，科条简

---

① 理官：古时掌狱讼之官。《汉书·艺文志》："法家者流，盖出于理官。"
② 文翁：西汉庐江舒县（今安徽庐江西）人，景帝时为蜀郡守。
③ 严延年（？—58）：字次卿，西汉东海下邳（今江苏邳县南）人，宣帝时任涿郡太守。
④ 于定国（？—前40）：字曼倩，西汉东海郯县（今山东郯城西南）人，宣帝时任廷尉，后为丞相，封西平侯。
⑤ 丙吉（？—前55）：字少卿，鲁国（今山东曲阜）人，本是鲁国狱吏，汉宣帝时任御史大夫；黄霸（？—前51）：字次公，淮阳阳夏（今河南太康）人，汉宣帝时任丞相。
⑥ 律注：指杜预对晋律的《注解》和张斐的《注律表》。

要，又敕仕门子弟常讲习之，故齐人多晓法律。隋《开皇律》不承用周而参取齐，《唐律》本诸《开皇》，世咸以得中，后之治律者咸宗之。溯自魏晋以下，流派递衍，至是而集其成。此法学之所以盛也。

宋承《唐律》，通法学者，代有其人。盖自魏置律博士一官，下及唐、宋。或隶大理，或隶国学，虽员额多寡不同，而国家既设此一途，士之讲求法律者，亦视为当学之务，传授不绝于世。迨元废此官，而法学至此衰矣。明设讲读律令之律，研究法学之书，世所知者，约数十家，或传或不传，盖无人重视之故。本朝讲究此学而为世所推崇者，不过数人。国无专科，群相鄙弃。纪文达编纂《四库全书》，政书类法令之属，仅收二部，存目仅收五部。其按语谓"刑为盛世所不能废，而亦盛世所不尚，所录略存梗概，不求备也。"夫《四库目录》及奉命撰述之书，天下趋向之所属，令创此论于上，下之人从风而靡。此法学之所以日衰也。

夫盛衰之故，非偶然也。清明之世，其法多平；陵夷之世，其法多颇。则法学之盛衰，与政之治忽，实息息相通。然当学之盛也，不能必政之皆盛；而当学之衰也，可决其政之必衰。试观七国之时，法学初盛之时也，乃约纵连横，兵连祸结，而并于秦；汉末之时，法学再盛之时也，桓、灵不德，阉寺①肆虐，而篡于魏；北齐之时，法学亦盛，而齐祚不永，几疑法学之无裨于世。然而秦尚督责，法敝秦亡。隋逞淫威，法坏隋灭。世之自丧其法者，其成效又如是。然则有机善之法，仍在乎学之行不行而已。学之行也，萧何造律，而有文景之刑措。武德修律，而有贞观之治。及其不行也，马、郑之学盛于下，而党锢之祸作于上，泰始之制颁于上，而八王之乱②作于下。有法而不守，有学而不用，则法为虚器，而学亦等于卮言③。此固旷观百世，默验治乱之原，有足令人太息痛哭者矣！

吾独不解：骩法④之人，往往即为定法之人。梁武诏定律令，缓权贵而急黎庶；隋文诏除惨刑，而猜忌任智，至于殿庭杀人。稽诸

---

① 阉寺：宦官。
② 八王之乱：晋惠帝时，汝南王司马亮、楚王司马玮等八王相继作乱、争夺政权，前后延续了76年。
③ 卮：古酒器，满即倾，空则仰。卮言：指说话像酒器一样，随人而变；也作自谦之词。
④ 骩法：枉法。

史册，不胜枚举。法立而不守，而辄曰法之不足尚，此固古今之大病也。自来势要寡识之人，大抵不知法学为何事，欲其守法，或反破坏之。此法之所以难行，而学之所以衰也。是在提倡宗风，俾法学由衰而盛，庶几天下之士，群知讨论，将人人有法学之思想，一法立而天下共守之，而世局亦随法学为转移。法学之盛，馨香祝之矣。

【解析】

沈家本是清同治元年（1862年）举人，任直隶（今北京市）、陕西司主稿，喜治目录学，家富藏书，又曾多为藏书家所编书目写序跋。著有《古书目四种》、《续汉书志注所引书目》、《三国志注所引书目》、《世说注所引书目》、《文选李善注所引书目》等，这些专科书目为古典目录学的研究留下了颇有价值的资料。光绪二十八年（1902年），沈家本与伍廷芳受命修订法律，建立了法律馆，整理中国法律旧籍并翻译和研究各国法律。他还建立了中国第一所中央官办法律专门学校——京师法律学堂，培养法律专业人才。然而沈家本最主要的贡献在于修订法律期间，以"会通中外"为指导原则，制定了一系列新式法律，为中国法学的继承与创新作出了一定的贡献。他作为修律大臣，主要的职责是修订旧律，创制新的法律。在《大清现行刑律》中，他废除了凌迟、枭首、戮尸、缘坐和刺字等极不人道的刑罚，禁止刑讯逼供和买卖人口，废除了奴婢制度；改旧律的笞、杖、徒、流、死五刑为死刑、无期徒刑、有期徒刑、拘留、罚金，附加刑有剥夺公权和没收；削减了旧律繁杂的死罪条目，确定了死刑唯一的原则；废除了旧律的援引比附制度；重视惩治教育。此外，沈家本还主持制定了《大清民律草案》、《大清商律草案》、《刑事诉讼律草案》、《民事诉讼律草案》等一系列法典。

本篇文章收于沈家本《寄簃文存》卷三，探讨了法学盛衰的原因。在文章开篇，沈家本就"礼与法"的关系展开了论述，他认为礼是治理国家的根本，不能偏重于法，也不能弃法而不用，这与我国传统的德主刑辅的法治观念相契合。他引用孔子的话佐证："道政齐刑，而必进之以德。"用道德礼义来治理国家，辅之以法律，且将仁爱、宽恕的思想引入法律，即实现法律道德化，提升法律的可接受度。法律应当体现道德礼义，礼优先于法律，厘清礼与法的关系为他进一步探讨法学盛衰奠定了理论基础。

针对法学盛衰的原因，沈家本主要从三个方面来加以讨论。首先，法学是否可谓为专门之学。法学若成专门之学，法学这一学科即应受到重视，相关的司法官员及法律学者可以四处宣扬法学之说，而且有私塾专门讲授法学这一学科。如此，法学即成为万世敬奉之常经，民众遵守之典章。虞舜时有皋陶任法官，周朝有苏公作司寇；汉朝张叔、严延年、叔孙通、叔孙宣、郭令卿、马融、郑玄等都学习法律，注解法典；晋朝杜预、贾充的注解也流传于世；《唐律》沿袭《开皇律》之相关结构及思想，成为中国传统法律之集大成者。这些朝代都有研习法律之学的人，法学即成专门之学，法学得以兴盛。而反观秦朝，奉行焚书坑儒的政策，"史官非秦记皆烧之，非博士官所职，天下敢有藏《诗》、《书》百家语者，悉诣守尉杂烧之"①。"若欲学法令者，以吏为师。"明清时期，所流传下来的法学书籍无几，纪文达在编纂《四库全书》时，有关的法律法令只有两部，足见当时对法学轻视之程度。

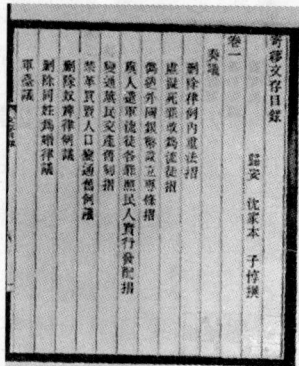

其次，法学的盛衰与政治息息相关。沈家本认为："法学之盛衰，与政之治忽，实息息相通。"法律与政治有着辩证的关系，"然当学之盛也，不能必政之皆盛；而当学之衰也，可决其政之必衰"。法学兴盛，政治不一定兴盛；但法学衰败，政治必然衰败。沈家本对法学与政治这种辩证的认识，源于其所处的特殊的历史背景。沈家本是清末的法学家，经历了从封建专制时期到民国革命时期的转折。作为清王朝的官员，他的思想具有保守的一面，他继承了儒家"德主刑辅"的传统思想，他认为礼是治理国家的根本，不能偏重于法，但也不能废弃法律而不用。但他又处于中国民族危机日益加深的时期，受西方法学思想的影响极深。沈家本在修法时期，研究西法，坚持"会通中西"的原则，吸收了西法中的可取之处。他所认为的礼法关系、法律与政治之间的关系，是一种辩证的关系，这与

---

① 《史记·李斯列传》。

传统思想中主张的单向的礼优先于法的思想截然不同。法律与政治相互作用，良好的法律可以推动政治即政府的有效运行，从而促进政府更好地保障公民的权利和维护社会秩序。政府的良性运行以及在运行过程中发现的问题，又能进一步促进法律的完善。我们探讨法律和政治的关系的根本目的，是使法律和政治更好地为人民服务；而沈家本在探究这个问题时，其出发点是为了维护封建王朝的专制统治。现代法治的良性发展归因于实行法治，摒弃人治。

最后，沈家本还强调了立法、执法、守法的重要性。"叛法之人，往往即为定法之人"，违反法律的人竟然是制定法律的人，这一现象为沈家本所不解。封建社会制定法律者往往是王朝的最高统治者或是其身边的权贵。因此，法律从其产生伊始就缺少必要的透明度和可信度，加之法律实施过程中的阳奉阴违，可见法律实际实施状况之恶劣。古语有云："其身正，不令而行；其身不正，虽令不从。"① 统治阶级如果行为端正、以身作则，耳濡目染，百姓也会效仿；相反，如果管理者自身行为不端，做"叛法之人"，纵然三令五申，也不会得到下属的服从。（"法不一则民志疑，斯一切索隐行怪之徒，皆得乘瑕而蹈隙，故欲安民和众，必立法之先统于一，法一则民志自靖，举凡一切奇衷之说，自不足以惑人心……若旧日两歧之法，仍因循不改，何以昭大信，而释群疑？"②）法律应当统一，只有对于贵族官僚与平民百姓的行为一视同仁，法律才具有权威和公信力，民众才会遵守它。早在两千多年前孔子就曾说过："不患寡而患不均。"③ 法律作为普遍的行为准则，不仅应当统一而且要平等地对待每一个人，这才是真正的法律，具有价值的法律。"国不可无法，有法而不善，与无法等"，若法律荼毒百姓、尽失民心，那么这部法律即是恶法，如若没有法律。法律制定之后，司法官员应当按照法律的规定执行。"有其法者，尤贵有其人矣。大抵用法者得其人，法即严厉亦能施其仁于法之中；用法者失其人，法即宽平亦能逞其暴于法之外"④，司法官员应当有效地执行法律。如果法律得到

———————————

① 《论语·子路》。
② 《历代刑法考·丁年考》。
③ 《论语·季氏》第十六篇。
④ 沈家本：《刑制总考》。

有效的执行，即会出现盛世之局；若法律没有得到有效的执行，就会使得朝纪败坏，甚至导致王朝的覆灭。"治狱乃专门之学，非人人之所能为"，执法者应当熟知法律，且有一定的法律素养。沈家本主张培养新式法律人才，在修法活动中他倡言兴设法律学堂。在其呼吁之下，清末中央和各地均广设法政学堂，培养了大量新式法律人才。亚里士多德在《政治学》中提及优良法治，包括两个方面：第一，公民恪守已颁布的法律；第二，公民所遵从的法律是制定得优良得体的法律。① 在制定良好的法律后，民众应当遵守它。"有法而不守，有学而不用，则法为虚器，而学亦等于卮言"，法律如果没有得到民众的遵守，就是一个虚假的法律。

人治是依靠某个人的力量来治理国家，其特征是权力一元化的状态。而法治是以民主自由为基础，以公平正义为目标，按照法律的规定治理国家的一种治国方略。法治国家的标准包括四个方面：第一，完备统一的法律体系。要实现法治，首先法律应当全面具体且具有可操作性，应当建立完善的法律体系。第二，普遍有效的法律规则。亚里士多德在《政治学》中提到优良法治，其中一方面即是公民恪守的法律是制定良好的法律。良法应当符合公平正义，并暗含常识、常情、常理，使得法律道德化，法律在本质上为公民所接受。第三，严格公正的执法制度。柏拉图曾说过："如果在一个秩序良好的国家安置一个不称职的官吏去执行那些制定得很好的法律，那么这些法律的价值便被掠夺了，并使得荒谬的事情大大增多，而且最严重的政治破坏和恶行也会从中滋长。"② 建立良好的法律执行制度，特别是程序制度，是正义实现的必然要求。第四，专门化的法律职业。这一点与沈家本提倡的法学专门化，培养法律人才有异曲同工之处。法律的制定、执行需要专门的法律人才。法律人秉承公平正义的观念，在立法、执法，乃至守法的过程中严格按照法律的规定，以保障公民合法权利和法律目的的实现。

沈家本《法学盛衰说》提及的这些思想，就当时所处的时代

---

① 参见［古希腊］亚里士多德：《政治学》，132 页，北京，中国人民大学出版社，2003。
② ［古希腊］柏拉图：《法律篇》，51 页，北京，北京大学出版社，1985。

而言，具有极为重要的开创性意义。他主张法学应成为专门之学，建立专门的法律学科，培养法律人才。他认为法学与政治具有密切联系，这些都具有前瞻性。他受到西方资产阶级法律制度的影响，对封建专制法律思想进行了批判，对中国近代法学和法律思想的发展作出了极为重要的贡献，是我国古代法学和现代法学的因袭桥梁。

二、刑法（基础篇）

夫两讼之为狱，

狱折而有刑。

刑者，俪也，

俪者，成也。

片言折狱论

（唐）欧阳詹

夫子说季路于人曰："片言折狱者，其由也欤。"① 夫子之言，盖有激于季路之云也。后之人不穷圣旨，以为夫子美夫季路，任一时之见，轻而折狱者，十有八九焉。迂哉斯人也。

夫两讼之为狱，狱折而有刑。刑者，俪也，俪者，成也。② 一成而不可变，不其重欤？古之帝王，将刑一人，循三槐，历九棘③，讯群臣，讯群交，讯万人④，亿兆绝议，然后致法，徇于朝、于市、于野，昭然与众方弃之，所以不易也。

欧阳詹（755—800），诗人

君莫圣于尧，而有舜、禹、稷、契佐之⑤；莫明于舜，而有夔龙、缙

---

① 语出《论语·颜渊》。
② 俪：通"形"，成形之物。此语出自《礼记·王制》。
③ 三槐：周朝宫廷外种三棵槐树，朝天子时，三公面向三槐而立。后因此，三槐指三公。九棘：周朝群臣外朝时，立九棘为标志，以别等级。后以九棘指九卿。
④ 语出《周礼·司寇》。
⑤ 稷：舜之农官。契：舜之司徒，封于商。

云、高阳佐之①。莫哲于禹，莫贤于汤。莫察于文武，莫敏于成康。于时皆济济于朝，明明在位。岂无独见，而可臆断。慎刑之道，如斯不敢失，明刑狱不可轻也。凡至狱讼，多在小人，至于讼也，皆欲己胜，何则？不胜乃罪戾随之。若是，则君子时或妄讼于人，未有小人而能自讼者。片之为言偏也。偏言，一家之词也，偏词虽君子不信之，矧非君子乎？且先师曰：人而无恒，不可以作巫医，②巫以鬼神占，医以筋脉体。无恒之人，筋脉且不足以自体，而况讼乎？鬼神不足以为占，而况视听乎？以斯折狱也，小则肌肤必有扶扑之滥焉；大则性命必有铁锧③之冤焉。

夫子祖述尧舜，宪章文武，师老聃而崇周公。此六人无一以伤于人者。夫子岂好轻伤哉。脱夫子实为片言可以折狱也，不几乎一言可以丧邦欤？夫子之言，非于季路，贤者审之，片言不可以折狱，必然之理也。

【解析】

欧阳詹，字行周，福建晋江潘湖欧厝人。欧阳詹生活在安史之乱后的中唐，一生没有离开国子监四门助教这个官职。他文思敏捷，见解独到，"言秀而多思，多言人所未言"。如《吊汉武帝文》，直指武帝心怀"帝王与神仙"的矛盾，"履其位而不知所以守，好其事而不知所以从"。贞元九年（793年）秋冬，欧阳詹回京师，第二年应直言极谏试，没被录用。贞元十一年（795年）冬应宏词科，试题为《片言折狱论》。欧阳詹因反对视片言折狱为美政，又一次落选，只得羁旅京师，生活穷愁潦倒。可是他所写的《片言折狱论》一文却折射出了他的新意和独见，以及他不羁于前人旧论，敢于创新，敢于言人所未言的豪迈风格。

"片言折狱"出自《论语·颜渊》，原句为"片言折狱者，其由也欤"，是孔子对他的弟子子路所说的一句话。从语义分析角度看，学者对"折狱"二字的理解较统一，"折"的意思即判断是非曲直或者裁决纠纷，"狱"的意思乃是诉讼或者案件，"折狱"同"决

---

① 夔龙：相传为舜的二臣名，夔为乐官，龙为谏官。缙云：黄帝时官名。高阳：相传为高阳氏颛顼之后。
② 语出《论语·子路》。
③ 铁锧：古代行斩刑用具。

狱"、"判决狱讼"，即断案、审理判决案件。关于"片言"的解释却各执一词，有些学者认为其意思是说到一半的讼词，"片言折狱者，其由也欤"是称赞子路只听到一半的讼词，就能立刻作出判断，表现出子路的果决和司法智慧，甚至后人也以为这是对古代司法审判工作者的最高赞誉。而现代学者张诒三认为："片"通"判"，"片言"即"判言"、"辨言"、"分辨言辞"，"片言可以折狱"即"分辨言辞可以断明案件"，孔子说子路"片言可以折狱"也就是说子路根据证人言辞，能够分辨真假曲直，从而断明案件。但不管对其做什么解释，一般通说即认为是孔子对子路的赞美。

欧阳詹通过该文章却提出了一个迥异的观点，他说这句话并非称赞子路，而是孔子对子路的告诫，并且对这句话作出了异于他人的理解。欧阳詹以为，"片言"即"偏言"，也作"单辞"，一方之词。"片言折狱者，其由也欤"的意思，乃是"依据一方的讼词就断案，大概只有子路你可以吧"。在此基础上他还指出世代"以片言折狱"为害不浅，即当时许多司法官员，仅凭一方当事人寥寥数语，就先入为主，主观臆断，草草结案，使当事人之争讼得不到公正审判。

据史料考证，凡我国古代司法官"折民狱讼"必用两辞，即听两造之词，若将"片言"理解为两造之"半言（一言半语）"有失偏颇，因为我国古代司法惯例就是兼听两造之讼词，若子路果然这样做，孔子既不必赞美他也不必警醒他，显然与孔子和子路对话的语境不符。如果将"片言"理解为"判言"、"分辨言辞"更是不妥，因为古代司法审判并非仅仅依靠言辞，同样要求有证据，并非单单以分辨言辞就可断明案件，这与当时司法实践不符。笔者比较赞同欧阳詹的观点，现代学者孔安国、杨伯峻先生也认为"片言"应作"单辞"，即"偏言"，一方之词。"片言折狱"的"片言"是"折狱"之依据，解释成"偏言（一方之词）"在孔子与子路对话的语境下以及结合当时的司法现状显得更为合理。

概括而言，"片言折狱"就是指古代司法机关根据在案件审理中所掌握的一方之讼词或一方之证人证言而直接裁判案件。它揭示了中国古代司法实践领域中一种特殊的司法理念和观念，并日益发展成古代司法官非完全依据证据和逻辑进行主观臆断的一种断狱方式和审案指导思想。当然对"片言折狱"进行全面分析研究离不开对它的客观评价：一方面，它有积极的一面，它蕴含着中国传统法律文化中的朴素的正义观念，对古代社会非成文法的萌发产生了一定的推动作用，而它重视效率的价值取向也成为其积极性的集中体现。另一方面，它无法避免其固有的缺陷，主要集中在易诱发司法擅断和破坏司法的公正、权威与严肃性。"片言折狱"一度作为中国古代诉讼领域中对司法官的评价和衡量标准，蕴含了丰富的价值取向，具体表现为追求诉讼效率、贯彻伦理纲常以及维护社会秩序的和谐，但是其对于效率价值的过分追求，牺牲了司法正义，导致司法不公和救济不灵。

"片言折狱"是孔子以人为本、公正断案思想之体现。作为案件的裁决者，切勿偏听偏信，先入为主，应怀公正之心，不偏不倚，审慎断案。我们应该从"片言折狱"中吸取教训，通过对现代司法的各种深刻反思，重塑司法公正形象，规范法官的言行，使诉讼程序精细化和具有可操作性，保证公民有平等的诉讼地位，双方观点有同等的机会得以表达。

我国《民事诉讼法》第8条规定：民事诉讼当事人有平等的诉讼权利。人民法院审理民事案件，应当保障和便利当事人行使诉讼权利，对当事人在适用法律上一律平等。这条法律规定可以概括为当事人平等原则，至少包含以下几方面的内容：首先，双方当事人的诉讼地位完全平等。诉讼地位平等，是指诉讼当事人在民事诉讼中，虽有原告、被告、第三人等不同的诉讼称谓，但在有关诉讼过程中的诉讼地位是平等的，不分优劣和高低。民事诉讼当事人双方，在民事诉讼中平等地享有诉讼权利，平等地承担诉讼义务。当事人的诉讼权利平等，在民事诉讼中表现为两种情况：一是双方当事人享有相同的诉讼权利，如双方当事人都有委托代理、申请回避、提供证据、请求调解、进行辩论、提起上诉、申请执行等权利；二是双方当事人享有对等的诉讼权利，如原告有提起诉讼的权利，被告有提出反驳和反诉的权利。因此可以很明确地看出，双方当事人都有平等地表达自己意见和诉愿的权利。其次，双方当事人有平等地行使诉讼权利的手段，同时，人民法院应平等地保障双方当事人行使诉讼权利。行使诉讼权利的手段，是实现诉讼权利的具体形式，没有平等地行使诉讼权利的手段，平等的诉讼权利也只是纸上谈兵，得不到实现。行使诉讼权利的具体形式，有口头的和书面的。例如，为实现申请回避的权利，就要提出口头的或书面的申请，说明理由；为行使辩论权，就要在法庭上有充分的发言机会；等等。如果在民事诉讼中，只一方当事人享有行使诉讼权利的手段，就无法保证双方当事人平等地行使诉讼权利。保障当事人平等地行使诉讼权利，是人民法院的职责。人民法院在民事诉讼中处于主导地位，有组织、领导和决定性的作用，以保障当事人平等地实现诉讼权利。最后，对当事人在适用法律上一律平等。对一切诉讼当事人，不分民族、种族、性别、职业、社会出身、宗教信仰、受教育的程度、财产状况、居住期限，在适用法律上一律平等。任何公民，都应毫无例外地遵守法律，享受法律规定的权利，履行法律规定的义务。一切当事人的合法权利都应受到保护，一切当事人的违法行为都应受到制裁。只有这样，才能切实保护当事人的合法权益。

我国《刑事诉讼法》第 3 条规定：人民法院、人民检察院和公安机关进行刑事诉讼，必须严格遵守本法和其他法律的有关规定。这一规定确立了严格遵守法律程序原则。该原则的基本含义是：人民法院、人民检察院和公安机关在进行刑事诉讼活动时，必须严格遵守刑事诉讼法和其他有关法律的规定，不得违反法律规定的程序和规则，更不得侵害各方当事人和其他诉讼参与人的合法权益。人民法院、人民检察院和公安机关在诉讼活动中违反法律规定的程序和规则的，有关当事人和其他诉讼参与人有权依法提出申诉和控告。有违反法律程序行为的机关，应依法承担相应的法律后果。依据《刑事诉讼法》第 227 条的规定，第二审人民法院发现第一审人民法院的审理有违反公开审判规定、违反回避制度、剥夺或限制当事人法定诉讼权利、审判组织不合法以及其他可能影响公正审判的违法情形的，应当裁定撤销原判，发回原审人民法院重新审判。不仅如此，我国行政法基本原则之公平公正原则，也要求行政主体及其工作人员在办事时应该像法官一样，平等对待相对人，不偏私，不歧视；此外，不单方接触制度还要求行政主体作为案件的决断者在处理某一涉及两个或者两个以上有利益冲突的当事人的行政事务或裁决他们之间的纠纷时，不能在一方当事人不在场的情况下单独与另一方当事人接触，听取其陈述，接受和采纳其证据。

由此可见，在我国立法体制上，无论在民事诉讼、刑事诉讼还是行政诉讼三个方面，都详细地规定了我国公民享有平等的诉讼权利。在一个具体的诉讼案件中，原、被告双方当事人的意见都应该被允许得以充分的表达，都应该被法院充分地、平等地听取，否则就谈不上当事人平等地行使诉讼权利，或者充其量沦为对不平等的平等维护。在立法平等的前提下，人民法院应为当事人创造平等地行使诉讼权利的机会，并且平等地要求当事人履行诉讼义务，不偏袒或者不歧视任何一方，这样做具有重要的意义。

古语云："兼听则明，偏信则暗。"若要得到一个理性的、正确的判断，必须兼听两造之言，切勿偏信一面之词。要保证当事人能够得到公平公正对待，要使司法公正和权威得以巩固和树立，首先要从法官个人对立法的遵守开始。关键之处就是要求审判者常怀公正之心，不偏听偏信，不草率断案。诉讼中有人胜诉就有人败诉，败诉即意味着承担责任。如何能够公正地解决纠纷，公平地分担责任，这便给了法官压力。欧阳詹在此文中说道："凡至狱讼，多在小人，至于讼也，皆欲己胜，何则？不胜乃罪戾随之。"他的意思是说，纷争到诉讼立案的程度的，当事人大多是小人，立案后又都想胜诉，为什么呢？因为败诉后接踵而至的就是被定罪。当事人都想胜诉，都害怕被定罪，所以为了一己利益他们总是不遗余力地举出证据，抑或编造证据，造成证据充分的假象。为了逃避罪责，免受处罚，君子圣人的讼词都可能带有利益倾向而导致无法明辨是非，更何况处于狱讼之中的小人呢？法官作为一个居间的裁判者，切勿先入为主地以为谁对谁错，以免作茧自缚。法官作为一个理性的思考者、判断者，应该妥善处理好情与法的关系。同情之心人皆有之，但是由于司法职业的特殊性，不能凡事听而信之，应常怀怀疑之心，以求更有力的论证，达到内心的确信，这才是作为法官应该有的智慧。

此外，司法的质量好或者坏，不是由法院自己说了算，而是由直接受到司法拘束的相关人和民众说了算。如果在其中担当裁判者的法官没有一颗善良和公正的心，那么将会导致司法判决的信任危机，并引发整个社会对司法职业和司法制度的不信任。法官应该珍惜声誉，法官的质量是司法公信的根基。司法是有关正义与非正义判决的工作，法官应该把审判事业作为一个良心活来做，要做好法官首先得做一个好人，永远不要让技巧超越了良心，懂法者和运用法律者更应该守法，作出的司法裁判也应该是基于善的理念。如果每个法官都能做到在良知的基础上运用法律作出司法裁判，那么司法权威的形象必将能够得到巩固。

使國無倖人，自然廉讓風行，奸濫日息。

去盗贼

（唐）白居易

白居易（772—846），字乐天

臣闻圣王之去盗贼也，有二道焉。始则举有德，选有能，使教化大行，奸宄者去；次又安其业，厚其生，使廉耻大兴，贪暴者息。故舜举皋陶①，不仁者远；晋用士会②，盗奔于秦，此举德选能之效也。成康③阜其俗，礼让兴行，文景④富其人，盗贼屏息，此安业厚生之验也。由是观之，则俗之贪廉，盗之有无，系于人之劳逸，吏之贤否也，方今禁科虽严，枹鼓⑤未静，夺攘者时闻于道路，穿窬者或纵于乡间。无乃陛下之人，有多穷困冻馁者乎？无乃陛下之吏，有非循良明白者乎？伏惟陛下大

① 舜：传说为上古帝王。皋陶：舜之刑官。
② 士会：晋大夫，字季，也称随会。曾辅佐文公、襄公等几朝晋君，执掌国政，修订法律。
③ 成康：周成王、周康王时期，为周朝盛世，刑措四十年不用。
④ 文景：汉文帝、汉景帝时期为西汉盛世。
⑤ 枹鼓：即枪鼓，警鼓。枹：通"枪"。

推爱人之诚，广喻称善之旨，厚其生业，使俗知耻格，举以贤德，使国无倖人，自然廉让风行，奸滥日息。则重门罕闻于击柝①，外户庶见于不扃者矣。

【解析】

白居易，号香山居士，祖籍山西太原，唐代著名诗人，与李白、杜甫并称"李杜白"。其祖父白湟曾任河南巩县（今河南巩义）县令，后举家迁移到新郑城西的东郭宅村（今东郭寺），并定居于此。唐代宗大历七年（772年），白居易出生，自幼"敏悟过人"，五岁便开始学诗，加上其刻苦学习，年纪轻轻便在诗歌创作上有所突破，历史上留下了他出生七个月"略识之无"和初到长安"顾况戏白居易"的典故。白居易于贞元二十六年（800年）中进士，先后任秘书省校书郎、盩至尉、翰林学士。元和年间任左拾遗，作为封建时代专门设立的谏诤机构中的一员，白居易恪尽职守，不仅积极向皇帝进行纳谏，还写了大量针砭时弊的讽喻诗，代表作有《秦中吟》十首和《新乐府》五十首，这些诗对于当时安史之乱后暴露出来的各种政治上的弊病，以及民众的悲惨做了赤裸裸的再现，反映了当时朝廷部分权贵、官员的贪污腐败和无能。正是由于这一份刚正不阿和对皇帝的忠诚，触怒了当时的权贵、官员，为他后来被贬江州司马埋下了伏笔。

元和六年（811年），白居易母亲因病去世，白居易按当时的习俗，回故乡为母守孝三年，服孝结束后回到长安，皇帝安排他做左赞善大夫。此时的唐朝藩镇割据并立，强藩之间相互勾结，又重金贿赂朝廷大臣，大有威胁中央之势。元和十年（815年）六月，浙西节度使李锜之乱刚刚平定，淮西吴元济又趁机作乱，宰相武元衡与御史中丞裴度极力主张出兵镇压，触犯了藩镇的利益，故武元衡被平卢节度使李师道雇用的刺客在京城街头当街刺死，裴度也受了重伤。对如此大事，当时掌权的宦官集团和官僚集团为图苟安，反应冷漠，行动消极，不急于抓住行凶之人及幕后主使。白居易十分气愤，便上疏力主严缉凶手，以肃法纪。可是掌权的权贵和宦官非但不褒奖他热心国事，反而指责他身为左赞善大夫，专司教导太子

---

① 《易·系辞下》："重门击柝，以待暴客"。

之职，抢在谏官之前议论朝政是一种僭越行为，进而指责他不配做左赞善大夫陪太子读书，应驱逐出京，故白居易被贬为江州司马。①后唐穆宗即位后，白居易又被召入京。但此时的中央朝廷宦官专权，政治混乱，白居易心灰意冷，自请离京，历任苏州、杭州刺史等职。后武宗时以刑部尚书致仕。②

　　白居易处在藩镇割据的中晚唐时期，那个时候的唐王朝已经走过了盛唐时期的辉煌，开始走向衰微。当时，社会生产惨遭破坏，民不聊生，而统治阶级内部矛盾也充分暴露和激化，互相倾轧，"法度驰弛，内臣戎帅，竞务奢豪"③。随着政治、经济格局的混乱，社会上各种矛盾开始迅速出现。其中，"盗"与"贼"是最为常见的两种违法犯罪行为。据《荀子·修身》记载："害良为贼，窃货曰盗。"针对这两种分别针对人身和财产的犯罪，白居易在这篇《去盗贼》中，论述了灭除"盗"与"贼"的两种方法：（1）"举有德，选有能"，即举荐贤德、有才之人推行教化。（2）"安其业，厚其生"，即使民众有谋生的手段，特别是给予土地，使民众生活有保障，其生活富裕后自然不起非分之想。前者，是从外部限制的角度，任用道德品质和才华出众的官吏，以自身的德行教化百姓，从民众的内心出发，提高其思想道德素质，使之明"礼"。人们遵照自己的"良心"、遵循"人情"去安身立命、惩恶扬善，凭自己的"心底之善"去做正确的事，正如《汉书·贾谊传》中所云："礼者禁于将然之前，而法者禁于已然之后"，从根本上阻断违法行为的发生。后者，是从经济手段上控制"盗"、"贼"行为，通过提高民众的富裕程度，实现儒家在《礼记·礼运》中所希望的"是故谋闭而不兴，盗窃乱贼而不作，故外户而不闭"的理想状况。对于从经济手段进行控制，其施行的依据在于：一方面，"盗"与"贼"大多是以求财为目的的，推行稳妥的经济政策，保障百姓安居立业，生活富裕，人人富有，就从源头上阻断了侵财型犯罪的犯罪动机。另一方面，只有在百姓富裕之后，才有经济条件对百姓进行道德教化，进行法

---

① 参见岳麓书社：《二十五史精华（图文珍藏本）》，第3册，50页，长沙，岳麓书社出版社，2010。
② 参见王立民：《中国法学经典解读》，222页，上海，上海教育出版社，2006。
③ 《旧唐书·马璘传》卷156。

治宣传，若百姓衣食尚且无法保障，何能要求他们建立良好的社会风气、保持高尚的道德情操呢？在百姓有了一定经济基础后，再使人民懂礼义、知廉耻，回归到第一种方法上，从道德层次上阻断"盗"与"贼"这两种犯罪的发生，形成一种良性循环。对于第二种方法，白居易在其另一篇文章《止狱措刑》中也有论及，其在本文的基础上更进一步，认为"富其人"的关键在于君主，"人之困穷由君之奢欲"，故而要求君主制定良好的国家经济政策，并且做好勤俭节约的表率。

作者在这一篇奏折中，为了加强自己论点的说服力，引用了大量的实际例子。关于第一种任用贤德官吏的观点，白居易举了两个例子：

（1）上古帝王舜举荐皋陶为司法长官，不仁义、无德行的人因为皋陶的上任而纷纷逃离舜统治的国家。皋陶，皋城（今安徽六安市）人，颛顼帝与邹屠皇后的第七子。据《虞书·尚书》记载："帝舜三年。帝曰：皋陶，蛮夷猾夏，寇贼奸宄，汝作士，五刑有服，五服三就，五流有宅，五宅三居，惟明克允！"说明舜在位三年后，册封皋陶作为"士师"，即当时的国家最高司法长官。皋陶任职期间在司法上确立了把"五服"制度作

皋陶，名繇，字庭坚。
被后世誉为"司法鼻祖"

为判断亲属间相互侵犯、伤害是否构成犯罪及衡量罪行轻重的标准，同时也提出了"五刑"制度，为后来的奴隶制五刑及封建制五刑奠定了基础。皋陶文化中的司法原则与法律思想不仅对中国古代法律文化有着重要影响，他的"法治"、"德治"思想，与当今社会所提倡的"依法治国"和"以德治国"也有着强烈的历史延续性。至唐代时，唐玄宗以李氏始祖皋陶为荣，于天宝二年（743年）追封其为"德明皇帝"。

（2）春秋时期晋国君主任用士会修订法律，使晋国境内的盗贼纷纷因此而离开晋国。据《国语·周语中》记载，士会在任时期，"归乃讲聚三代之典礼，于是乎修执秩以为晋法"。即讲习汇编夏、

殷、周三代时期的典礼，恢复了晋文公所制定的执秩之法作为晋国的法度。自此之后，晋国的社会治安日趋安定，以至于《国语·晋语七》中对他进行了高度的评价："使郤恭子将新军，曰：武子之季、文子之母弟也。武子宣法以定晋国，至于今是用。文子勤身以定诸侯，至于今是赖。夫二子之德，其可忘乎!"由这两个例子中可以发现，任用贤德的官吏，由此来训导万民，践行法令，可以有效地控制不法行为的发生。

在"去盗贼"的第二个措施的例证上，白居易也列举了两个。

（1）周成王、周康王分别是周朝的第二代和第三代君主，周成王继位后编写礼乐，加强了西周王朝的统治。公元前1021年，周成王驾崩，享年35岁。他的儿子周康王即位后，立即通告天下诸侯，向他们宣告文王、武王的业绩，反复加以说明并写下了《康诰》。周成王与其子周康王统治期间，社会安定、百姓和睦。《史记·周本纪》中记载："故成、康之际，天下安宁，刑错四十余年不用。"被历史学家誉为"成康之治"。

（2）汉文帝、汉景帝是汉代的第五代和第六代君主。汉文帝即位后，坚持秦汉时期的司法制度中"守法而无为"这一主导思想。严格恪守法律的边际，既不漫无边际地放任和无所作为，也不超越既定的法律规定。在政务上励精图治，兴修水利，使汉朝进入强盛安定的时期。当时百姓富裕，天下小康。在司法上，最为后人称道的就是汉文帝废除了肉刑，改革了刑制，使中国古代刑制由野蛮阶段进入较为文明的阶段。这一改革，为刑制向新"五刑"（笞、杖、徒、流、死）的过渡奠定了基础。① 汉景帝即位后，继续执行其父亲汉文帝的治国策略，施行黄老无为政治，推行"清静恭俭"，最终开创了"文景之治"，同时也为后来的"汉武盛世"奠定了基础。

白居易在这篇《去盗贼》中，通过大量引用古代的例子来说明其观点，是古代文人论证事理时经常使用的方法，正如《南齐书·高逸传》所云："儒家之教，宪章祖述，引古证今，于学易悟。今树以前因，报以后果，业行交酬，连琐相袭。"也是中国古代帝王治理国家"尚古法"的显著体现。由于皇帝的正统地位大多是从上一代

---

① 参见曾代伟：《中国法制史》，73页，北京，法律出版社，2012。

皇帝手中接过，正是这种延续性保障了其政权的合理性及合法性，所以在皇帝治理天下的过程中，尤其偏好从古籍或以前的历史教训中寻求"治国良策"。作为古人的白居易深深明白这一道理，故在本文中大量引用古代的例子。白居易认为，通过施行文章所提出的两项措施，可以达到"使国无倖人，自然廉让风行，奸滥日息。则重门罕闻于击柝，外户庶见于不扃者矣"的理想局面。

虽然这篇文章距今已久，现代社会也不是以前皇帝一言定天下的"人治"社会，可是白居易在文中提出的措施的合理性确实在历史中得到了体现，也在当今的司法实践中得到了运行。在以儒家学说为基础的中国传统文化中，人性本善是治理人民的前提，故而只要实行良好的教化，则人人皆可为尧舜，正如孔子在《论语·为政》篇中提到的："道之以政，齐之以刑，民免而无耻；道之以德，齐之以礼，有耻且格。"对于掌握公共权力的人，也可通过教化使之成为大公无私、爱民如子的圣贤。近代以来，伴随着法治思想的发展，我们逐渐由"人治"转向"法治"，现代的司法人员制定"良法"，完善法制体系，代替那些贤德之士，通过制度的稳定性与客观性控制人的行为的任意性，并以此控制违法行为的发生。与此同时，我们树立各种道德模范、先进楷模，对国民进行各种文化、道德教育，引导民众的价值取向，形成良好的社会风气，让人民自觉地不去犯罪。这些我们现在已经大量施行的措施，在一千多年前的古人文章中已有所体现，不得不让我们佩服古人们的智慧。

议肉刑

（唐）白居易

问：肉刑者，其来尚矣，其废久矣，前贤之论，是非纷然。今欲弃而不行，法或乖于稽古；若举而复用，义恐失于随时。取舍之间，何者为可？

臣伏以汉除肉刑，迨今千有余祀，其间博闻达识之士，议其是非者多矣。其欲废之者，则曰刻肤革断支体，人主忍而用之，则恺悌恻隐之心乖矣。此缇萦所谓虽欲改过自新，其道亡由者矣。① 其欲复之者，则曰任箠令用鞭刑，酷吏倚而行之；则专杀滥死之弊作矣。此班固所谓以死罔人，失本惠者也。② 臣以为议事者宜征其实，用刑者宜酌其情，若以情实言之，则可废而不可复也。何者？夫肉刑者，盖取劓、腓、黥、刖之类耳，《书》所谓五虐之刑③也。昔苗人始淫为之，而天既降咎。及秦人又虐用之，而天下亦离心。夫如是，则

---

① 汉文帝时，齐太仓令淳于公有罪当刑，诏狱逮系长安，其女缇萦上书曰："妾伤夫死者不可复生，刑者不可复属，虽后欲改过自新，其道亡由也。妾愿没入为官婢，以赎父刑罪，使得自新。"文帝因此于十三年（前167年）下令废除肉刑。丞相张苍等拟定将肉刑改为宪钳、笞刑以及弃市。

② 《汉书·刑法志》："且除肉刑者，本欲以全民也，今去髡钳一等，转而入于大辟。以死罔民，失本惠矣。"

③ 《尚书·吕刑》："苗民弗用灵，制以刑，惟作五虐之刑曰法，杀戮无辜"。时以劓、刵、椓、黥、大辟为五刑。

岂无滥死者耶？汉文帝始除去之，而刑罚以清。我太宗亦因而弃之①，而人用不犯。夫如是，则岂有罔人者耶？此臣所谓征其实者也。臣又闻圣人之用刑也，轻重适时变，用舍顺人情，不必乎反今之宜，复古之制也，况肉刑废之久矣，人莫识焉。今一朝卒然用之，或绝筋，或折骨，或面伤，则见者必痛其心，闻者必骇其耳，又非圣人适时变顺人情之意也。征之于实既如彼，酌之于情又如此；可否之验，岂不明哉？传曰：君子为政，贵因循而重改作。又曰：利不百，不变法。臣以为复之有害而无利也。其可变而改作乎。

【解析】

2011 年 2 月 25 日第十一届全国人民代表大会常务委员会第十九次会议通过《中华人民共和国刑法修正案（八）》，并自 2011 年 5 月 1 日起施行。通过这次修订，我国《刑法》中原有 68 个死刑罪名变为 55 个。"这是我国严格限制死刑在立法上迈出的重要一步。"中国人民大学法学院刘明祥教授说，"保留死刑，严格适用，是我国长期以来的刑事政策，但是修改法律明确减少死刑罪名，这是 1979 年新中国刑法颁布以来第一次凸显了对生命的尊重和人权的保障。"全国人大常委会法工委副主任郎胜说："减少了 13 个死刑罪名，占我们刑法死刑罪名的近五分之一。应该说，这次我们迈出的步子是很大的。"他同时指出，我国逐步减少死刑是个稳健的做法。2013 年 11 月 12 日我国十八届三中全会通过的《中共中央关于全面深化改革若干重大问题的决定》中指出："国家尊重和保障人权。进一步规范查封、扣押、冻结、处理涉案财物的司法程序。健全错案防止、纠正、责任追究机制，严禁刑讯逼供、体罚虐待；严格实行非法证据排除规则。逐步减少适用死刑的罪名。"这一改革决定，体现了我国在刑罚方面法制建设的完善，有利于进一步推进我国的法治建设。死刑作为肉刑的一种形式，在我国有着悠久的历史和流变过程，当然，死刑只是肉刑的形式之一，研究肉刑的发展过程，对我们更好地了解和适用刑事政策，有着深远的影响。因此，白居易的这篇《议肉刑》是我们不得不仔细研读的文章，白氏的这篇文章对于我们了解

---

① 《旧唐书·刑法志》："太宗即位……乃与八座定议奏闻，于是又除断趾法，改为加役流三千里，居作二年。"

我国肉刑的存废之争有着重要的历史参考价值。

肉刑，有广义和狭义之分。广义的肉刑，指黥（刺面并着墨）、劓（割鼻）、刖（斩足）、宫（割势）、大辟（即死刑）。起源于"杀人者死，伤人者创"的原始同态复仇论。至夏商周成为国家常刑，有三典五刑之说，秦及汉初相沿不改。狭义上的肉刑则指死刑以外的其他刑罚。因其侵刻肌肤、残害人体，故名肉刑。

肉刑起源于上古时期氏族部落之间的征伐战争，据《尚书·吕刑》记载："苗民弗用灵，制以刑，惟作五虐之刑曰法，杀戮无辜。"可见，肉刑最初由苗民所创制，主要用于惩罚敌对的异族人和战俘。而中国自古刑兵同源，刑起于兵，战争中特有的处罚措施逐渐延伸作为世俗社会中的刑罚。在苗族为夏族打败后，夏族更是完全袭用了苗族的五刑，其中除死刑外，其余皆为肉刑。当然这里的肉刑是指狭义的肉刑。在夏商两代，肉刑一直作为统治阶级镇压人民的暴力工具而被广泛应用。及至西周，统治者吸收前朝灭亡的教训，"明德慎罚"的思想得以贯彻，肉刑的酷烈程度和适用范围得到了极大限制。春秋战国时期，周王室衰微，诸侯争霸，政权更迭频繁，以商鞅、韩非子为代表的法家大力提倡"轻罪重罚"并得到统治者的推崇，滥施肉刑的情况死灰复燃，愈演愈烈。秦统一天下后，仍"师申商之法，行韩非之说"，继续推行严刑峻法，激起民怨，社会矛盾激化，最终二世而亡。①

汉初，统治者推崇黄老学派"无为而治"的思想，与民休养生息。在刑罚制度方面对秦律进行了大幅度改造，使刑罚趋于宽简，以通过"约法省刑"达到"安民"的目的。而废除肉刑被正式提上议程是在汉文帝时期，"缇萦救父"是其直接导火索。据《汉书·刑法志》记载，汉文帝十三年（前167年），齐太仓令淳于公犯罪，其小女缇萦随其一同上京领罪，并上书曰："妾伤夫死者不可复生，刑者不可复属，虽后欲改过自新，其道亡由也。妾愿没入为官婢，以赎父刑罪，使得自新。"文帝为这封陈情书所深深打动，指出："死者不可复生，刑者不可复属，虽后欲改过自新，其道亡由也。""今法有肉刑三，而奸不止，其咎安在？……故夫训道不纯而愚民隐

---

① 参见葛立刚：《对"汉文帝废除肉刑"的历史文化分析——兼论其对于中国当代废除死刑的启示意义》，载《石河子大学学报》（哲学社会科学版），第25卷第4期，2011。

焉……今人有过，教未施而刑已加焉，或欲改行为善，而道亡由至，朕慎怜人。夫刑至断肢体，刻肌肤，终身不息，何其刑之痛而不德也！岂称为民之父母之意哉？其除肉刑，有以易之。"[1] 最终，文帝在同年颁布诏令，让丞相张苍和御史大夫冯敬商议改革方案，方案将原来要执行的肉刑改成笞刑以及弃市等。这次改革改变了原来包括肉刑的奴隶制五刑制度，这是奴隶制五刑向封建制五刑过渡的开始。不过最初执行的时候，因为换的笞刑数量很多，有的是三百，有的是五百，结果有的犯人受刑后还是丧命了，有人批评说虽然名义上减轻了刑罚，结果却是杀人更多。汉景帝即位后，继续刑制改革，两次颁布诏书，将肉刑数量大幅度减少，最后，最多的笞五百减少到笞二百。同时还规定了刑具的长短薄厚，以及受刑的部位，行刑中间不许换人等。但是宫刑在这次改革中没有被废除。这次刑制改革是中国古代刑制从野蛮时期过渡到文明时期的转折点。

汉武帝废除肉刑后，对后世的刑罚制度产生了深远的影响，是以肉刑为代表的旧"五刑"向以劳役刑为代表的新"五刑"转变的枢纽。但是对于肉刑存废的争鸣并未从此销声匿迹。后世统治者和法学家出于不同的阶级利益和统治需要的考虑，为解决各种不同的政治冲突、社会和阶级矛盾，肉刑在不同的历史阶段又屡屡被重新提起。

其中，班固就是恢复肉刑的坚定支持者。班固在《汉书·刑法志》中阐述其恢复肉刑的主张时就认为："且除肉刑者，本欲以全民也。今去髡钳一等，转而入于大辟。以死罔民，失本惠矣。故死者岁以万数，刑重之所致也……其余罪次，于古当生，今触死者，皆可募行肉刑。及伤人与盗，吏受赇枉法，男女淫乱，皆复古刑，为三千章。诋欺文致微细之法，悉蠲除。如此，则刑可畏而禁易避，吏不专杀，法无二门，轻重当罪，民命得全，合刑罚之中，殷天人之和，顺稽古之制，成时雍之化。成康刑错，虽未可致；孝文断狱，庶几可及。"[2]

由上可知，班固反对废除肉刑的理由主要有：（1）废除肉刑，外有轻刑之名，内实为杀人。（2）肉刑可以具有威吓震慑的效果，可以

---

[1] 《历代刑法志》，15页，北京，群众出版社，1988。
[2] 《历代刑法志》，26页，北京，群众出版社，1988。

达到以刑去刑的目的。(3) 班固认为，奴隶社会的周朝因为设立了肉刑而天下大治。其实，细加分析，班固之言几乎可以说是书生之见。肉刑废除之时，在适用代替刑时有所偏颇及有失精当也是在所难免的，但在以后的实行中已有所纠正；肉刑的威吓作用以及以刑去刑的法家论调，早已被证明不合时宜，在新的社会环境下，必须推行宽刑并使刑罚向文明方向发展；最后，班固认为的成康之治，纯属儒家杜撰出来的理想社会，绝不是残暴奴隶制的真实写照。①

正因为如此，本文作者白居易在总结历代统治兴衰成败的经验教训后，提出："圣人之用刑也，轻重适时变，用舍顺人情，不必乎反今之宜，复古之制也，况肉刑废之久矣，人莫识焉。"他认为，圣人用刑的原则是：适应时势变化选用轻重不同的刑罚，根据人的性情决定刑罚的取用和废弃。因此完全不用脱离当今的实际情况，去恢复古代的旧制。更何况肉刑已经被废除很久了，甚至人们早已经忘记了。并且他认为能否正确用刑，关键在于"议事者宜征其实，用刑者宜酌其情"，要查清犯罪事实，做到罪罚相当，就不会冤枉无辜，从而否定了重罪必待肉刑而治的陈腐观念。最后，白居易认为，适用肉刑来防止冤死，表面上似乎有点"惠民"的意味，其实是助长了酷刑的滥用，这恰恰和班固在《汉书·刑法志》中阐述的观点相左，况且，以肉刑之残酷，行于当今之世，必然会引起世人的极度恐慌，会产生"或绝筋，或折骨，或面伤，则见者必痛其心，闻者必骇其耳"的悲惨局面，这也就不符合圣人主张的适应时势变化、依顺人的性情用刑的本意了。根据以上作出的实情分析，白居易提出了"肉刑可废不可复"的主张，它代表着刑罚发展的方向和大多数人的意愿，从而使肉刑废止在立法思想上的争论基本上告一段落。② 这也是作者写这篇文章的题中之意。

废除肉刑是社会文明进步的表现，也是封建社会生产力发展的要求。正如本文作者白居易所言：复用肉刑有害而无利，废除肉刑不应改变。作者虽然是一介文人，但是具有兼济天下的仕途情怀，

---

① 参见张震英、石玲：《文明与野蛮的较量——中国历代肉刑兴废论述》，载《通化师范学院报》，2003 (1)。

② 参见中国法律思想史编写组编：《中国法律思想史资料选编》，北京，法律出版社，1983。

他从论事应以事实为依据，用刑则需考虑具体情况这一原则出发，并且认为应结合圣人用刑的原则，即适应时势变化选用轻重不同的刑罚，根据人的性情决定刑罚的取用和废弃。进而，白居易认为肉刑应该废弃而不可复用，顺应了文明的发展趋势，是值得肯定的。肉刑以"残人肢体，刻人肌肤"为特征，不仅血腥，而且残暴，也映衬出当时"以眼还眼，以牙还牙"同态复仇的刑罚报应主义的思想。所谓的"五虐之刑"完全是为了满足人们的复仇情感，更有一种为了惩罚而惩罚的意味。对中国古代的统治者来说，残酷的刑罚则是其实现刑罚威吓主义的重要工具，而非人道的刑罚种类和刑罚方式使个人的价值丧失殆尽，传统行刑文化的野蛮和落后也反映出当时整个社会的文明的滞后。刑罚的进化离不开人类文明、文化的进步，总体上来说，社会越开化，刑罚就越文明、越人道。汉文帝废除肉刑之举，无疑极大地推动了我国传统行刑文化由野蛮走向文明的进程，体现了轻缓化的刑罚发展趋势，是人类社会文明进步的表现。而从经济基础层面来说，废除肉刑也是封建社会发展生产所必需的。自春秋战国，我国由奴隶社会进入封建社会，地主阶级成为社会的统治阶级，大量农民成为依附于土地的劳动者。到了汉代，这种封建生产关系更加得到巩固，而连年的征战使人口锐减，长期以来施行的残人肢体的肉刑也使大量劳动力失去劳动能力，生产力遭到极大破坏，而这与当时社会经济发展的迫切要求是背道而驰的。因此，废除肉刑而改为其他可以保全犯罪人肢体的刑罚，在一定程度上解放了生产力，顺应了封建社会生产力发展的客观要求。[①] 笔者认为这些原因也可能是本文作者白氏当时考虑到的原因吧。

自汉文帝废除肉刑后，有刘宋之黥、刖，唐之断趾等肉刑相继复活，意味着肉刑始终在传统中国社会处于废而不止的状态。究其原因，沈家本提出了很精辟的论断："举千数百年相沿之成法，一旦欲变而易之，此非有定识以决之，定力以行之，则众说之淆乱足以惑其聪明，众力之阻挠足以摇其号令，故变之难也。"[②] 任何改革的

---

① 参见葛立刚：《对"汉文帝废除肉刑"的历史文化分析——兼论其对于中国当代废除死刑的启示意义》，载《石河子大学学报》（哲学社会科学版），第 25 卷第 4 期，2011。

② 沈家本：《历代刑法考》，卷一，166 页，北京，中华书局，2006。

政治风险和阻力都是存在的，而且潜伏数朝。但即便"变之难"，以肉刑作为刑罚体系主要部分的时代已不复存在。肉刑存废争论中所体现的对刑罚目的的选择、正义的衡量，是我们应当思考和借鉴的。

我们更多的应该是通过教育和讨论，培育人们的文明观念，降低人们对犯罪的过度的仇恨情绪，降低人们对刑罚的报应预期，使人们意识到，刑罚的滥用应该受到限制，因为它不但没有有效地预防犯罪，反而在燃起更多的仇恨情绪和暴力犯罪。刑罚的滥用使人们变得麻木不仁，人们对他人的权利和自由变得更加轻视。所以肉刑的残暴精神培育出来的观念不是对人的生命和其他权利的尊重，而是对其他人的生命和其他权利的轻视。①

目前国内法律学者研究白居易法律思想的很少，封建时代的官吏都是兼行政、司法审判于一身的，所以都可以成为所谓的律学家；此外，白居易的很多判例，在各种史料中也可以找到。这对于理解他的法律思想，以及进一步理解他对封建法制建设、和谐社会的构建所作出的不朽功绩，有着重要的指导意义。

---

① 参见陈银珠：《中国肉刑的废除过程对死刑废除的启示》，载《重庆大学学报》（社会科学版），2011（5）。

止狱措刑

（唐）白居易

问：成、康御宇，囹圄空虚①；文、景继统，刑罚不用②；太宗化下，而人不犯③。成此功者，其效安在？桀、纣在上，比屋可诛④；秦氏为君，赭衣满道⑤。致此弊者，其故安在？今欲鉴桀、纣、秦氏之弊，继周、汉、太宗之功，使人有耻且格⑥，刑措不用。备详本末，著之于篇。

臣闻仲尼之训也：既庶矣，而后富之，既富矣，而后教之。⑦管子亦云：仓廪实，知礼节，衣食足，知荣辱。⑧然则食足财丰，而后

---

① 成、康：周成王、周康王。成王名姬诵，武王姬发之子，即位后由周公姬旦辅政，制礼乐，立制度，政治休和。康王名姬钊，成王之子，能继文、武之业，兴于礼乐，天下安宁。后世将"成康之治"视为至治盛世。御宇：统治天下。囹圄：监狱。

② 文、景：汉文帝、汉景帝。文帝名刘恒，汉高祖第四子，公元前180～前157年在位，除诽谤肉刑，以德化民，为三代后英主。景帝名刘启，文帝长子，公元前157～前140年在位，节俭爱民，有文帝之风。史以"文景之治"誉之。继统：承宗继位。

③ 太宗：唐太宗李世民，在位23年，以德化民，天下太平，史称"贞观之治。"

④ 桀、纣：夏桀王、商纣王。桀王名履癸，夏末代之君，残暴荒淫，被商汤击败，夏灭。纣王名帝辛，商末代之君，残忍无道，被周武王击败，商灭。比屋：每户。

⑤ 秦氏：秦代君王嬴氏。赭衣：罪人之服，古时囚衣为赤褐色。此指罪犯。

⑥ 格：归顺。

⑦ 出自《论语·子路》，原文与此略有不同。

⑧ 出自《管子·牧民》，原文与此略有不同。

白居易（772—846），字乐天

礼教所由兴也。礼行教立，而后刑罚所由措也。

盖前事之不忘，后事之元龟[1]。臣请以前事明之。当周成、康之时，天下富寿，人知耻格，故囹圄空虚四十余年。当汉文、景之时，节用劝农，海内殷实，人人自爱，不犯刑法，故每岁决狱，仅至四百。及我太宗之朝，勤俭化人，人用富庶，加以德教，致于升平，故一岁断刑不满三十。虽则明圣慎刑，贤良恤狱[2]之所致也，然亦由天下之人，生厚德正而寡过也。当桀、纣之时，暴征仇敛，万姓穷苦，有怨无耻，奸宄并兴：故是时也，比屋可戮。及秦之时，厚赋以竭人财，远役以殚[3]人力。力殚财竭，尽为寇贼，群盗满山，赭衣塞路。故每岁断罪，数至十万。虽则暴君淫刑，奸吏弄法之所致也；然亦由天下之人，贫困思邪而多罪也。由是观之，刑之繁省，系于罪之众寡也；教之废兴，系于人之贫富也。圣王不患刑之繁，而患罪之众；不患教之废，而患人之贫。故人苟富，则教斯兴矣；罪苟寡，则刑斯省矣。是以财产不均，贫富相并，虽尧、舜为主，不能息忿争而省刑狱也。衣食不充，冻馁并至，虽皋陶为士，不能止奸宄而去盗贼也。若失之于本，求之于末，虽圣贤并生，臣窃以为难矣。

至若察小大之狱，审轻重之刑，定加减于科条[4]，得情伪[5]于察色，此有司平刑之要也，非王者恤刑之德也。至若尽钦恤[6]之道，竭哀矜[7]之诚，使生者不怨，死者不恨，此王者恤刑之法也，非圣人措

---

① 元龟：大龟，古代用以占卜，此处引申为借鉴。
② 恤狱：慎重断案。
③ 殚：竭尽。
④ 科条：法律条文。
⑤ 情伪：案情的真假。
⑥ 钦恤：严肃谨慎。
⑦ 哀矜：怜悯。

刑之道也。必欲端影于表①，澄流于源，则在乎富其人，崇其教，开其廉耻之路，塞其冤滥之门；使人内乐其生，外畏其罪，则必过犯自省，刑罚自措。斯所谓致群心于有耻，立大制于不严。古者有画衣冠、异章服，而人不犯者，由此道素②行也。

【解析】

白居易（772—846），字乐天，号香山居士，唐代著名现实主义诗人。他是一位杰出的诗人，提倡诗歌发挥美的讽刺作用。其词极有特色，以风格明丽见长，为后世词人所推崇。不管是《长恨歌》、《琵琶行》，还是《卖炭翁》、《忆江南》，这些名篇我们从小耳濡目染，在记忆的深处留下了一生难以磨灭的印象，可以说，白居易的诗影响了整个中华民族的文化，是当之无愧的国之瑰宝。可是随着我们对史料的不断解读，逐渐走近那个历史上最真实的白居易，纵观他的一生，我们发现，白居易引以为豪的，不只是他的诗歌，更多的在于他在法学研究上的成就，但由于他的文学光辉过于璀璨，他的法律思想就稍显黯淡了。尽管如此，他在法学上的造诣还是值得我们肯定和研读的，其中"止狱措刑"的思想就是他典型的法学思想。他的这篇《止狱措刑》为我们展示了他独特的法学思想，值得我们深思。

文章以疑问的方式开头，"问：成、康御宇，囹圄空虚；文、景继统，刑罚不用；太宗化下，而人不犯。成此功者，其效安在？桀、纣在上，比屋可诛；秦氏为君，赭衣满道。致此弊者，其故安在？"为什么周成王、周康王、汉文帝、汉景帝、唐太宗可以成就盛世功业，使天下百姓有廉耻之心而且愿意归顺，而夏桀王、商纣王、秦代君主却人心背叛，治国失败？此处给人留下反思。接下来，作者就对这个问题提出了自己的法学思想和看法。

"臣闻仲尼之训也：既庶矣，而后富之，既富矣，而后教之。管子亦云：仓廪实，知礼节，衣食足，知荣辱。"孔子曾经教导：国家人口多了，然后就要使人民富起来，百姓富足后，才可以教育他们。管子也曾说过：粮仓装满，百姓才知礼节；衣食丰足，百姓才懂得

---

① 表：标记。
② 素：平素，向来。

荣辱。作者正是基于这样的论断，得出了自己的结论，那就是：衣食丰足，财物富裕，然后礼义教化才能由此兴起；礼义施行，教化建立，然后刑罚才会因此废弃不用。

他认为，国家之兴亡，关键在于人心向背，得人者，邦之兴；失人者，邦之亡。"人之所以为命者，衣食也，衣食之所以出者，农桑也。"[①] 善于治国者，应当重视农桑而兴利，只有衣食足，人们才懂得讲究礼义，礼义兴，犯罪现象就会大大减少，即所谓"仓廪实，知礼节，衣食足，知荣辱"，"食足财丰，而后礼教所由兴也。礼行教立，而后刑罚所由措也"。作者为了说明食足财丰，百姓生活富裕，就可以从根本上减少犯罪这个道理，他引用了大量的历史材料来证明。例如本文中所说的："当周成、康之时，天下富寿，人知耻格，故囹圄空虚四十余年。当汉文、景之时，节用劝农，海内殷实，人人自爱，不犯刑法，故每岁决狱，仅至四百。及我太宗之朝，勤俭化人，人用富庶，加以德教，致于升平，故一岁断刑不满三十。虽则明圣慎刑，贤良恤狱之所致也，然亦由天下之人，生厚德正而寡过也。"尽管他所引用的材料都是史书中记载的史实，然而并不完全是历史的真实情况，其中难免有些渲染和夸大的成分，但是从中也可以看出一定的问题，凡是经济比较发达和百姓比较富裕的朝代，在政治上也比较开明，法制也能得到较好的贯彻和执行，法律宽简，犯罪减少，社会比较安定。

反之，剥削阶级统治者越是加紧剥削和压榨劳动人民，社会就会越发贫困，人民的反抗力量就会越强，所谓的"犯罪"现象随之也会日益增多。为了证明这个问题，白居易在本文中用商纣和秦朝的事例来进行阐述和论证。他说："当桀、纣之时，暴征仇敛，万姓穷苦，有怨无耻，奸宄并兴：故是时也，比屋可戮。及秦之时，厚赋以竭人财，远役以殚人力。力殚财竭，尽为寇贼，群盗满山，赭衣塞路。故每岁断罪，数至十万。虽则暴君淫刑，奸吏弄法之所致也；然亦由天下之人，贫困思邪而多罪也。"在白居易看来，之所以会造成这种情况，固然和暴君酷吏坏法滥刑有关系，但更主要的是高压政策带来的社会贫困所产生的恶果。

---

① 摘自《白居易集》卷63《策林二》。

从以上正反两个方面的事例的对比中，白居易便得出了贫困产生犯罪的结论。他说："刑之繁省，系于罪之众寡也；教之废兴，系于人之贫富也。圣王不患刑之繁，而患罪之众；不患教之废，而患人之贫。故人苟富，则教斯兴矣；罪苟寡，则刑斯省矣。"就是说，解决犯罪问题的关键在于治本，让人们有衣服穿，有饭吃。如果人们成年累月挨饿受冻，再有怎么好的司法官吏，也不可能根除"奸宄"和"盗贼"，即使皋陶在世也无能为力。所以白居易认为，如果不能从根本上解决人们的穷困问题，若想"息忿争而省刑狱"，那是不可能的。因此他强调解决犯罪问题，不能只是在增减科条和施刑轻重上做文章，应当"澄流于源"，求之于本，即本文中提到的"富其人，崇其教，开其廉耻之路，塞其冤滥之门；使人内乐其生，外畏其罪，则必过犯自省，刑罚自措"，从而"致群心于有耻，立大制于不严"。意思是，首先要让人们"温饱充于内"，在此基础上，再加强礼义教化，使人人知廉耻，这样就会大大减少犯罪，即使犯了罪也能够自省。我们应该看到，白居易作为封建统治阶级的代表在当时能够提出这样的见解，实在是难能可贵的。

基于这个思想，我们可以引申到对于解决官吏的清廉问题，白居易的观点也是得从解决他们的温饱问题入手。他说，"官吏之所以未尽贞廉者，由禄不均而俸不足也"[1]。因为他们自己不得温饱，必然贪赃榨取，这就如同渴马守水，饿犬护肉，是一个道理。因此，要想减少官吏的贪污，就得尽量"厚其禄，均其俸"，"使天下之吏，温饱充于内，清廉形于外，然后示之以耻，纠之以刑"[2]。不能只靠刑罚"惩贪而劝清"，重要之处在于从物质上满足他们的需要。这与我们当今的"高薪养廉"思想有着异曲同工之妙。但是显而易见，这从另外一方面也是在为贪官的罪恶行径制造理论根据。当然，从主观上白居易未必就是有意为贪官污吏作辩护，只是由于其地主阶级的立场的局限，使他认识不到，贪赃枉法是剥削制度的必然产物，是剥削阶级本性的明显表现。[3]

在文章最后一段，白居易指出："澄流于源，则在乎富其人，崇

---

① 摘自《白居易集》卷64《君不行臣事》。
② 摘自《白居易集》卷64《君不行臣事》。
③ 参见刘富起：《白居易的法律思想评价》，载《吉林大学社会科学学报》，1981（5）。

其教，开其廉耻之路，塞其冤滥之门；使人内乐其生，外畏其罪，则必过犯自省，刑罚自措。"也就是说，要让百姓富裕，推崇道德教化，启发百姓的廉耻之心，使人们从内心里乐意活下去，在行动上害怕自己犯罪，那样就必然能使过失犯罪自然减少，刑罚自然废弃不用。其实这也就是通过"先富后教"的方法来治理国家。

"先富后教"是孔子提出的思想之一，是一种体现经济基础与文化教育之关系的思想。依照这一观念，治理国家应当先奠定一定的物质基础，令人民生活有所保障，然后才可以实行道德教化。一般引述孔子"先富后教"思想是根据《论语·子路》中的一段描述："子适卫，冉有仆。子曰：庶矣哉！冉有曰：既庶矣，又何加焉？曰：富之。曰：既富矣，又何加焉？曰：教之。"通常认为，这段资料的意思是：有一次孔子到卫国去，看到人口稠密，孔子的学生冉有便问：人口多了以后怎么办呢？孔子就答："富之"。冉有又问：富了以后又怎么办呢？孔子答："教之"。这就说明，孔子的主张是先使老百姓"富"起来，即能维持起码的物质生活，再施以德教。[1]《论语》中提出的"先富后教"思想很快成为儒家思想的一个重要内容，并且成为中国古代许多思想家和法学家的共同主张和历史观中的合理因素。本文作者的"止狱措刑"思想其实就是从"先富后教"的思想中引申出来的，这也说明白居易的法学思想受到儒家思想的影响还是比较大的。

"先富后教"思想，它所蕴含的法文化价值也是值得我们进一步探讨的，只有对其进行一个更深层次的探讨，才会对本文作者的"止狱措刑"思想理解得更透彻。"先富后教"思想所蕴含的法文化价值主要表现在如下三个方面：

其一，从人们的物质生活去探讨道德和法制的问题，强调道德教化和社会治安离不开物质生活，主张国家统治应当以富民为基础，社会大治必然以富民为前提。孔子敏锐地观察到，"贫"和"穷"是导致犯罪和社会动乱的一个基本原因，这点和作者白居易在本文中的观点是一致的，也是相通的。孔子指出"贫而无怨难"，"小人

---

① 参见杨景凡主编：《中国法律思想史简篇》，上册，50页，桂林，广西师范大学出版社，1988。

穷斯滥矣","好勇疾贫，乱矣"。这是说，经济的贫穷（乃至知识的贫乏或者说是政治上的不得志）可能使人产生怨恨情绪，人到了极度贫困的地步便什么事情都会去干，这样必然会让社会混乱。因此，孔子认为，统治者首先要想办法让老百姓"富"起来，使他们可以维持起码的生活。

其二，人民"富"起来之后，必须对他们进行教化，"教之"是"富之"的目的；如果"富"而不"教"，就失去了"富"的意义，这个"富"也是不能长久地保持下去的。重视道德教化，是孔子法律思想的一个重要的内容，他提出的不朽名句："道之以政，齐之以刑，民免于无耻；道之以德，齐之以礼，有耻且格"，早已经是后代政治家和法学家反复征引的格言，也是儒家的基本精神所在。荀子对"先富后教"的思想表达得更为直接，他指出："不富无以养民情，不教无以理民性。"他还具体地设想"富之"的办法是"家五亩宅，百亩田，务其业而勿夺其时"。

其三，孔子"先富后教"的主张是他整个法律思想的有机组成部分。孔子不仅重视德教，而且把"不教而杀"列为四种恶政之一，斥之为虐政。他追求的是"刑罚中"的执法境界："礼乐不兴，则刑罚不中，刑罚不中，则民无所措手足。"主张通过"兴礼乐"来使"刑法中"，并且通过在执法中贯彻德教来达到"无讼"的目标。①

"先富后教"思想是从"重民"、"民本"观点出发，通过对人民经济生活和社会道德法制状况的关系的分析，而提出的一种政治法律原则，与本文作者的"止狱措刑"的思想有着异曲同工之妙，这也从另一个侧面印证了白居易的法律思想深深地烙上了封建儒家思想的印记。基于此可以看出，千百年来，"先富后教"思想对统治者制定各项法律政策都具有普遍的指导意义，即使在追求经济发达、政治昌明、道德完美、法治严谨的今天，其也仍具有参考价值。

总之，白居易在本文中阐述的"止狱措刑"的思想，以及关于贫困产生犯罪的理论，在当时是有一定的进步性的。他已经开始意

---

① 参见徐永康：《〈论语〉中的"先富后教"思想及其法文化价值》，载《法律科学》，1994（2）。

识到犯罪是一种社会现象，而不是人们天性的表现。尽管他没有看到剥削制度的残酷和本质，但是他能看到人民贫困与统治者的过分剥削和压榨有关，并对人民的疾苦表示了一定的同情。为了减少犯罪，作者白居易在文中主张让人民得到温饱，减轻剥削，这无疑对人民是有好处的，可以减轻人民遭受刑戮的痛苦。这也是封建社会清官的宽民思想在法律上的具体表现。但是这种理论是有其历史和阶级局限性的。它只看到了产生犯罪的某些原因，但是未能从剥削制度上说明问题。它指出贫穷产生犯罪，为剥削阶级把司法镇压的锋芒指向劳动人民提供了理论依据，从而掩盖了封建法律的阶级实质。①

---

① 参见刘富起：《白居易的法律思想评价》，载《吉林大学社会科学学报》，1981 (5)。

盖刑法者，君子行之，则诚信而简易，简易则人安。小人习之，则诈伪而滋彰，滋彰则俗弊。

论刑法之弊

（唐） 白居易

问：今日之法，贞观之法；今日之官，贞观①之官。昔何为而大和②？今何为而未理？事同效异，其故何哉？将刑法不便于时耶？而官吏不得其人耶？

臣伏以今之刑法，太宗之刑法也；今之天下，太宗之天下也。何乃用于昔，而俗以宁壹③？行于今，而人未休和④？臣以为非刑法不便于时，是官吏不循其法也。此由朝廷轻法学，贱法吏；故应其科与补其吏者，率⑤非君子也，其多小人也。盖刑法者，君子行之，则诚信而简易，简易则人安。小人习之，则诈伪而滋彰，滋彰则俗弊。此所以刑一而用二，法同而理殊者也。矧⑥又律令尘蠹于栈阁，制敕堆盈于桉几⑦；官不遍睹，法无定科⑧。今则条理轻重之文，尽

---

① 贞观：唐太宗年号。
② 大和：即太和，安泰和顺。
③ 宁壹：安宁一致。
④ 休和：安宁和顺。
⑤ 率：大致，通常。
⑥ 矧：况且，何况。
⑦ 制敕：帝王的诏书、命令。桉：通"案"。
⑧ 科：通"课"，课罚，判处。

询于法直①：是使国家生杀之柄，假②在于小人。小人之心孰不可忍？至有黩③货贿者矣、有祐亲爱者矣、有陷仇怨者矣、有畏权豪者矣、有欺贱弱者矣。是以重轻加减，随其喜怒；出入比附④，由乎爱憎。官不察其所由，人不知其所避。若然，则虽有贞观之法，苟无贞观之吏，欲其刑善，无乃难乎？陛下诚欲申明旧章，划革前弊⑤，则在乎高其科，重其吏而已。

臣谨按：汉制以四科辟⑥士，其三曰明习律令，足以决狐疑，能按章覆问，文中御史者，辟而用之⑦。伏惟陛下：悬法学为上科，则应之者必俊人也⑧；升法直为清列⑨，则授之者必贤良也。然后考其能，奖其善。明察守文者，擢为御史⑩；钦恤⑪用情者，迁为法官。如此，则仁恕之诚，廉平之气，不散于简牍之间矣。掊刻⑫之心，舞文之弊，不生于刀笔之下矣。与夫愚诈小吏，窃而弄之者功相万⑬也。臣又闻：管仲夺伯氏之邑，没无怨言⑭；季羔刖门者之足，亡而获宥⑮；孔明黜廖立之位，死而垂泣⑯：三子者，可谓能用刑矣。臣

---

① 法直：当值的法官，指具体负责办案的官员。直：通"值"。

② 假：借。

③ 黩：贪污。

④ 出入：即出入人罪。我国旧制，司法官吏对无罪判有罪或轻罪判重罪，称为入罪；有罪判无罪、重罪判轻罪，称为出罪。比附：我国旧制，凡无正式法律条文规定，援引类似或相近法律条文或判例定罪判刑的制度，叫比附。

⑤ 旧章：过去的法规。划：通"铲"，铲除。

⑥ 辟：征召，推举。汉武帝元光元年（前134年）令郡国举孝廉，"限以四科：一曰，德行高妙，志节清白；二曰，学通行修，经中博士；三曰，明习法令，足以决疑，能按章覆问，文中御史；四曰，刚毅多略，遭事不惑，明足决断，材任辅县令"。

⑦ 覆问：审讯。中：符合，适应。

⑧ 悬：提升。上科：高等的品位。俊人：贤能之人。

⑨ 清列：德行高洁、地位显贵的官阶。

⑩ 擢：提拔。御史：侍御史，掌监察、执法之职。

⑪ 钦恤：严肃，谨慎。

⑫ 掊刻：聚敛成性，贪婪狠毒。

⑬ 功相万：效果相差很大。

⑭ 语出《论语·宪问》："问管仲，曰：'人也。夺伯氏骈邑三百，饭疏食，没齿无怨言。'"

⑮ 语出《太平御览》卷64，刑法部14："《家语》曰：季羔（高柴，字子羔、季羔，卫人，孔子弟子）为卫士师，刖人之足。俄而卫乱，季羔逃。刖者守门焉，曰：'彼有缺。'季羔曰：'君子不踰。'曰：'彼有窦。'季羔曰：'君子不隧。'曰：'此有室。'季羔入焉。既而问其故，刖者曰：'断足固我罪也，临当刑，君愀然不乐，见于颜色，此臣所以脱君也。'"

⑯ 语出《三国志·刘彭廖李刘魏杨传》。廖立：字公渊，武陵临沅人，曾任长沙太守、巴郡太守、蜀长水校尉等职，因"坐自贵大"，"诽谤先帝、疵毁众臣"，孔明奏闻后主，"于是废立为民，徙汶山郡，亲躬率妻子耕殖自守。闻诸葛亮卒，垂泣叹曰：'吾终为左衽'"。

伏思之，亦何代无其人哉！在乎求而用之，考而奖之而已。伏惟陛下，再三察焉。

【解析】

司法教育在我国有着悠久的历史和深厚的文化根基。其实，作为我国最重要的一个朝代，唐朝一直都有自己的司法教育，而且唐朝的司法教育制度比以往的朝代都更为完善。司法教育的必要性在于，唐朝需要大量的懂法的司法人才。唐朝是礼法结合的完成时期。这种结合不仅是法律内容的礼法结合，也是统治者成熟使用礼法并将之用于统治策略的结合。其中，法制便是一个重要内容。唐朝的多数皇帝都重视法制，尤其是在前期的一些皇帝，唐太宗就是代表者之一。他上台后即命长孙无忌等大臣撰修贞观律、令、格、式。同时，他还要求司法官严格依法司法，说："罚不阿亲贵，以公平为规矩。"他特别痛恨那些枉法官吏，说："枉法受财，必无赦免。"为了推行法制，他还对官吏提出要求，要他们"置所要律令格式，其中要节，仍准旧例，录在官厅壁"，以便经常诵读。唐朝要施行法治，就需要大批懂法的司法人员，司法教育也就得以发展起来了。但是唐朝后期政治的腐败以及统治阶级对法学的不重视，对司法官吏的不重用，导致法科人才的缺失，法学的衰败。正是在这样的历史背景下，白居易写了这篇《论刑法之弊》。

其实从我国的封建法制的内容来看，整顿吏治占有极其重要的地位。吏治不仅是调整阶级关系的重要环节，也是加强法治的重要保证。所以反映在法律思想上，许多思想家和法学家、开明的政治家总是把吏治和法治相提并论，这不是没有道理的。其中本文的作者白居易也是这一思想的代表者之一。

白居易从唐朝前后期执法情况的对比中，认识到既要有贞观之法，又要有贞观之吏才可以。这正是对"今日之法，贞观之法；今日之官，贞观之官。昔何为而大和？今何为而未理？事同效异，其故何哉？将刑法不便于时耶？而官吏不得其人耶？"这一系列疑问最好的回答。换句话来说，法律是要靠人来执行的，没有好的司法官吏，单有好的法律，它也是不会自行起作用的。他说："臣伏以今之刑法，太宗之刑法也；今之天下，太宗之天下也。何乃用于昔，而俗以宁壹？行于今，而人未休和？"意思是，初唐和中唐用的都是太宗之刑法，为什么效果却大不相同呢？难道是太宗的刑法不合时宜了吗？回答当然是否定的。在他看来，中唐的执法情况之所以不如贞观之时，不是因为"刑法不便于时"，而是因为"官吏不循其法也"。"此由朝廷轻法学，贱法吏；故应其科与补其吏者，率非君子也，其多小人也。盖刑法者，君子行之，则诚信而简易，简易则人安。小人习之，则诈伪而滋彰，滋彰则俗弊。此所以刑一而用二，法同而理殊者也。"执法官吏不是贤良之士，而多属小人，这些人根本不研习法律，常常置法于不顾，"法无定科"，量刑"重轻加减，随其喜怒；出入比附，由乎爱憎"。他们恣意贪赃枉法，袒护亲朋故友。可见，国家生杀大权掌握在这些人手里，所谓的廉平和法治又从何谈起呢？作者认为，之所以造成这样的困境，是因为当时朝廷"轻法学，贱法吏；故应其科与补其吏者，率非君子也，其多小人也"，朝廷不重视法学，轻视法官，再加上法律是一门技术性很强的科学，正如白居易在文中提到的那样，"矧又律令尘蠹于栈阁，制敕堆盈于桉几；官不遍睹，法无定科"。法律条令多在书楼上被尘封虫蛀，君主的诏令更是多得在书案上堆放不下，所以也就不可能以固定的法律标准进行处罚。因此更需要专门的法律人才来进行司法活动。基于上述原因，白居易提出了自己的建议，这是他写这篇文章的真实目的，也是最终目的。

在唐朝，科举既是一条选拔人才、取士做官的途径，也是一种考核、检验学习结果的方法。无论是在校学生，还是非在校学生，通过自学，都可以参加科举。而且，中举者一般可以入仕任官，学习法律者也是如此。因此，可以这么说，科举还促进、检验了司法教育。唐朝完备了隋朝确立的科举制度。那时有六个"常科"科目，"明法"科即法律科目是其中之一。《新唐书·选举志》载："其科之目：有秀才、有明经、有俊士、有进士、有明法、有明字、有明算。"由于"俊士"科不常举行，所以"常科"只有六科。明法科的考试内容是：律令各十贴，试策共十条。其中，有律七条、令三条。全通为甲，通八条以上为乙，七条以下为不及第。

唐朝科举对司法教育的影响很大。学校为了使自己的学生能够在省试中顺利通过，遂把科举考试的内容作为自己的教学内容。考生为了使自己能通过省试，然后做官，也把科举考试的内容作为自己的学习内容。司法教育围绕着科举转，教学内容针对性很强，实际成了科举的附庸。这就是唐朝司法教育的大概图景。安史之乱后，唐朝由盛转衰，藩镇割据、朋党倾轧和宦官专权，使唐王朝固有的法律根基受到了极大的冲击。虽然唐代前期设立了各项制度，订有种种规定，但到了此时，均已基本形同虚设，士大夫普遍轻视法学，视其为刀笔吏术，司法人才奇缺，认为从事法律行业有辱身份，进一步导致社会法治的衰败。

在这种情况下，一部分有见识和远见的士大夫提出了匡救时艰、改革弊政的主张，认为首先要提高法学的地位，选拔法律人才。白居易正是该观点的代表人物之一。白居易认为，当时国家政府威信扫地、百姓道德沦丧，是因为"朝廷轻法学，贱法吏"，要改变这样的乱局，必须更加重视法律的作用，要想让法律发挥更加重要的作用，就需要一大批优秀的法律人才来推动整个国家法律制度的发展。对于当时法制方面存在的问题，特别是法律的执行不能获致"安人宁国"的效果，他认为朝廷对此应当高度重视。在他看来，这个问题的发生，原因并不在于法律本身，而在于执法官吏，即所谓"非刑法不便于时，是官吏不循其法"。而归根到底，这又是朝廷"轻法学，贱法吏"所造成的。所以，要解决法律执行上的上述问题，关键在于两条：

（1）"悬法学为上科"，提高法律学的地位，提高明法科举士的地位。他认为，刑法是治理国家的重要凭借。把它交由君子去执行，他会以诚信为本，简易执法，"简易则人安"。反之，如果把它交给小人去执行，则他会使出诈伪的手段，造成法令滋彰，"滋彰则俗弊"。可现在大凡"条理轻重之文"，"尽询于法直"，这是"使国家生杀之柄，假在于小人"。而小人，什么坏事都干得出来，以至于"重轻加减，随其喜怒；出入比附，由乎爱憎"。在这种情况下，要解决"刑善"

的问题，只有提高法科的地位，使法学升为上科，鼓励俊乂之士应考，杜绝小人的侥幸。也就是说，要在科举考试的时候，加大法律内容的比重，通过这种形式，使整个国家的人才更加重视学习法律。同时提高法律职业的升值空间，让当时的法律专业毕业生，也就是明法科的士子们能够被分配到更好的岗位，使更多的优秀人才涌入法律行业，这样整个国家的法治水平才会有极大的提高。

（2）"升法直为清列"。白居易认为，一方面要杜绝小人充当法吏，另一方面还要提高法吏的地位。按照"汉制以四科辟士，其三曰明习律令，足以决狐疑，能按章覆问，文中御史者，辟而用之"的办法，他请求除"悬法学为上科"之外，还要"升法直为清列"，使被授予法官职位的人，都属贤良之士。然后再"考其能，奖其善。明察守文者，擢为御史；钦恤用情者，迁为法官"。这样，就不至于使"仁恕之诚，廉平之气"，消耗于简牍之间，就可能消除那些刀笔吏舞文弄法的流弊了。

白居易所提出的选法吏的主张与他的用人唯贤、明赏罚的思想是一致的。他说："人君之道，但择其人而任之"①，"审材之要，考察为先"②，"信赏罚以劝吏人"③。也就是说，吏治的整顿有赖于对官吏的考核，而要澄清吏治就必须加强法治，为了维护法治，又必须从吏治入手。这就是后来人们所谓的"治人"与"治法"的统一。从治国来讲需要"治法"，从守法来讲又需要"治人"。

综上所述，白居易作为地主阶级的思想家，他的法律思想不可能超越他所处的那个时代的局限。他的上述法律主张归根到底是为了缓和阶级矛盾，恢复唐王朝的威势，进一步加强封建地主阶级的专政。但是和封建社会的其他清官一样，他能够注意到维护地主阶级的长远的法定权利，忠于封建制度和封建法律。为了维护封建国家和朝廷的根本利益，他敢于正视当时的社会现实，敢于揭露危及国家利益的违法乱纪的行为。白居易曾用"折剑头"比喻自己的为

---

① 摘自《白居易集》卷65《论刑法之弊，升法科，选法吏》。
② 摘自《白居易集》卷53《中书制诰六》。
③ 摘自《白居易集》卷55《翰林制诏二》。

人，即所谓的"好刚不好柔，勿轻直折剑，犹胜曲全钩"。他舍身求法，为民申冤，廉洁奉公的主张和实践，以及他对于法治的向往，有利于维护封建法制，同时对豪门贵族习惯势力的恶性膨胀也是一大障碍。①

---

① 参见刘富起：《白居易的法律思想评价》，载《吉林大学社会科学学报》，1981（5）。

断刑论（下）

（唐）柳宗元

柳宗元（773—819），诗人、哲学家、政治家

余既为《断刑论》①，或者以《释刑》复于余，其辞云云。余不得已而为之一言焉。

夫圣人之为赏罚者非他，所以惩劝者也。赏务速而后有劝，罚务速而后有惩。必曰："赏以春夏，而刑以秋冬"②，而谓之至理者，伪也。使秋冬为善者，必俟春夏而后赏，则为善者必怠；春夏为不善者，必俟秋冬而后罚，则为不善者必懈。为善者怠，为不善者懈，是驱天下之人而入于罪也。驱天下之人入于罪，又缓而慢之，以滋其懈怠，此刑之所以不措也。必使为善者不越月逾时而得其赏，则人勇而有劝焉；为不善者不越月逾时而得其罚，则人惧而有惩焉。为善者日以有劝，为不善者日以有惩，是驱天下之人而从善远罪也。驱

---

① 作者曾作《断刑论》上篇，已失。此《断刑论》指上篇。
② 赏以春夏，刑以秋冬：语出《左传·襄公二十六年》。蔡国大夫声子曰："古之治民者，劝赏而畏刑，恤民不倦。赏以春夏，刑以秋冬"。

天下之人而从善远罪，是刑之所以措而化之所以成也。

或者务言天而不言人，是惑于道者也。胡不谋之人心以熟吾道？吾道之尽而人化矣。是知苍苍者焉能与吾事，而暇知之哉！果以为天时之可得顺，大和之可得致①，则全吾道而得之矣。全吾道而不得者，非所谓天也，非所谓太和也，是亦必无而已矣。又何必枉吾之道，曲顺其时，以谄是物哉！吾固知顺时之得天，不如顺人顺道之得天也。何也？使犯死者自春而穷其辞，欲死不可得。贯三木②，加连锁，而致之狱吏。大暑者数月，痒不得搔，痹不得摇，痛不得摩，饥不得时而食，渴不得时而饮，目不得瞑，支不得舒，怨号之声，闻于里人。如是而大和之不伤，天时之不逆，是亦必无而已矣。彼其所宜得者，死而已也，又若是焉何哉？

或者乃以为："雪霜者，天之经也；雷霆者，天之权也。非常之罪不时可以杀，人之权也；当刑者必顺时而杀，人之经也"。是又不然。夫雷霆雪霜者，特一气耳，非有心于物者也。圣人有心于物者也。春夏之有雷霆也，或发而震，破巨石，裂大木，木石岂为非常之罪也哉？秋冬之有霜雪也，举草木而残之，草木岂有非常之罪也哉？彼岂有惩于物也哉？彼无所惩，则效之者惑也。果以为仁必知经，智必知权，是又未尽于经权之道也。何者？经也者，常也；权也者，达经也，皆仁智之事也。离之，滋惑矣，经非权则泥，权非经则悖。是二者，强名也。曰当，斯尽之矣。当也者，大中之道也③。离而为名者，大中之器④用也。知经而不知权，不知经也；知权而不知经，不知权也。偏知而谓之智，不智者也；偏守而谓之仁，不仁者也。知经者不以异物害吾道，知权者不以常人怫⑤吾虑，合之于一而不疑者，信于道而已矣。且古之所以言天者，盖以愚蚩蚩⑥者耳，非为聪明睿智者设也。或者之未达，不思之甚也。

---

① 天时：古人认为春生秋杀是天意的表现，故刑赏须顺天时。大和：即太和，古代指阴阳会和、冲和的元气。也常用来指风调雨顺、天下太平的景象。

② 三木：古代加在颈、手、足上的刑具，即木枷和桎梏。

③ 大中之道：即柳宗元主要的哲学观，指无过不及、恰如其分的道理、原则。

④ 器：有形的具体之物，与"道"相对。《易·系辞上》："形而上者谓之道；形而下者谓之器。"

⑤ 怫：通"悖"，违背。

⑥ 蚩蚩：敦厚的样子。

【解析】

柳宗元，字子厚，唐代河东郡（今山西永济县）人，著名诗人、哲学家、儒学家乃至成就卓著的政治家。作为"唐宋八大家"之一的柳宗元，他为世人称道的多为文学上的造诣，使他名垂历史的文学成就似乎掩盖了他在政治上和哲学上的成就，而在此我们将通过这篇文章解析他哲学和政治上的观点。

柳宗元主要生活在唐德宗到唐宪宗时期的中唐，我们所熟知的是柳宗元被贬永州和柳州的事情，但很少提及他为何被贬。对柳宗元命运影响重大的事件就是唐顺宗时期所进行的"永贞革新"，柳宗元作为王叔文集团的成员之一，在革新失败之后，成为被流放外地的八人中的一员。从这也可以看出，柳宗元是一个激进的改革派。谋求改革需要提出自己的观点和看法，为改革造势，以求推动政治改革的进行，所以在柳宗元的文章中就有一类是政论文章，主要有《天说》、《封建论》、《断刑论》、《时令论》、《晋文公问守原议》、《桐叶封弟辩》、《伊尹五就桀赞》，等等，这些文章的观点一反常理，集中反映了柳宗元的朴素唯物主义思想、反对天意决定人意、反对礼教等等，而这些思想都支持着他的改革思想。有关《断刑论》的写作时间，没有具体史料记载，一般认为是柳宗元任监察御史期间所写，也就是在"永贞革新"如火如荼地进行之时所写的，目的在于支持他革新的观点。施子愉《柳宗元年谱》把这篇文章和《时令论》放在元和九年（814年）一节里，并留有批注说："二论谓天道与人事无关，驳斥汉儒'五行政治'之谬说。"这种观点是很值得怀疑的。《断刑论》在内容上和《时令论》有很大的承接关系，是相辅相成之作，《断刑论》是对《时令论》观点的进一步阐发。但此二者是否是在元和九年柳宗元已经被贬做地方刺史时所写，尚不可知。笔者较赞成这是柳宗元在任监察御史时期所写，当时柳宗元居庙堂之高，力主改革，为支持其改革，《断刑论》可以看作是其政治思想的阐发和论述。

"断刑"的"断"应该做"判断"理解，如《周易·系辞下》中就有"以定天下之业，以断天下之疑"之说。用在法律之中，多用作动词，指裁判案件、断决犯罪。"刑"此处是指刑罚，即对犯罪之人处以刑事处罚。柳宗元此处"断刑"的意思应该是指"行刑"，那么"断刑论"即是针对行刑的制度、方式提出自己的看法。从文章的内容来看，也确实如此，柳宗元是专门针对古代刑事诉讼法律制度中的"秋冬行刑"的方式提出反对意见。"秋冬行刑"制度是在汉朝时发展起来的行刑制度，汉律中就说："王者生杀，宜顺时气。其定律：无以十一月，十二月报囚。"除去罪大恶极的犯罪分子的处决不等待节气时令外，死刑均在立秋之后冬至之前执行。这种制度也多被后世沿袭，唐承汉制，在"秋冬行刑"上也继承汉的做法。但"秋冬行刑"制度在柳宗元看来是很荒唐的事情。柳宗元赞成改革，相信改革可以带来强盛，所以因循守旧以及顺从天意之类的思想在柳宗元眼里都是批判的对象。柳宗元是一个礼教的叛道者，所以他要作《断刑论》来驳斥"秋冬行刑"。这样离经叛道的文章当然会惊起千层浪，有人看到后作了一篇《释刑》来反对柳宗元的文章，柳宗元觉得还需要说明一下，所以就有了这篇《断刑论（下）》。柳宗元的《断刑论（上）》没有流传下来，现在我们可以看到的就只有这篇《断刑论（下）》。

柳宗元不赞成对于犯罪之人要等到秋冬才惩罚，也反对仅在春夏时才对人施以奖赏，即他认为"赏以春夏，而刑以秋冬"的做法是不对的。柳宗元为了反驳这样的观点分三个层次来进行说理。首先，柳宗元认为圣人制定赏罚制度的目的是惩恶扬善，所以对于赏罚应该迅速，这样才能起到赏罚的功用，"赏务速而后有劝，罚务速而后有惩"。并且柳宗元很主观地认为对于犯罪惩罚不迅速，使得罪犯产生满不在乎的心态，因而助长了犯罪，"驱天下之人入于罪，又缓而慢之，以滋其懈怠，此刑之所以不措也"。将犯罪发生和刑罚经常使用的原因归结为对罪犯惩治的不及时，这将犯罪和惩戒两者之间的联系简单化和主观化了。两者之间用因与果的逻辑来关联，这样的论证是不严谨的，也不是从法律的角度去思考刑法与犯罪之间的关系，应该说柳宗元的第一个分论点的论证是很牵强的。其次，柳宗元认为秋冬行刑的制度是"言天而不言人，是惑于道者也"，就是说秋冬行刑制度是从天意而不是人意出发，是不明白赏罚之道的做法。柳宗元的看法是：赏罚是我们人世间的事情，苍天怎么能参与呢？柳宗元是朴素唯物主义者，他在探讨"天人之际"的问题时，认为天意根本不能决定人世间的事情，他一直所坚持的看法是"吾固知顺时之得天，不如顺人顺道之得天也"。就是说，他一直认为与其顺从天时去符合天意，倒不如顺从人心去遵循赏罚之道更符合天意。在这里柳宗元否定了天时，而肯定了人的作用。柳宗元还曾经作《时令论》上下两篇，反对将节气、时令和五事、五行混在一起用来推行政令，他认为这样做是有悖于圣人之道的，他的观点是"凡政令之作，有俟时而行之者，有不俟时而行之者"。所以对于惩罚犯罪这样的事情，根本不用等到秋冬之时才去施以惩罚。这里柳宗元是从天与人之间的关系来论证的，很具有说服力。这里柳宗元涉及了"秋冬行刑"制度的基础，是对秋冬行刑制度一个釜底抽薪的驳斥。秋冬行刑发端于阴阳思想的时令说，认为刑为阴气，而阴始于秋，统治者要顺应天时则应该在秋冬的时候行刑。汉朝时的董仲舒将其充实并用之于司法实践。所以秋冬行刑的哲学基础即在于董仲舒的天人学说，可以说秋冬行刑制度的确立与儒家礼学对古代法律和刑法观的影响有莫大联系。而柳宗元将天人分开，认为苍天不能干预人事，那么秋冬行刑就没有了其正当性基础，柳宗元这里的论证是很成功的。最后一个论证是柳宗元在第二个论证的基础上的深入。既然天道和人道相分，"经"与"权"必须相适宜才是仁智的做法，所以柳宗元认为因循守旧和拘泥时令的做法是统治者用来愚昧百姓的。在这个论证中，其实柳宗元已经完全脱离了法律而进入了他的哲学世界里，他完全是在说他的哲学观而非说具体的秋冬行刑制度了。从这里我们也可以看出，柳宗元写《断刑论》来反驳"秋冬行刑"的目的，并非是要寻求司法制度或者行刑制度的变革，柳宗元确是"醉翁之意不在酒"，他其实是在用法律中的制度来说他自己的政治观和哲学观，"秋冬行刑"只是他论说的一个靶子。

柳宗元说："经也者，常也；权也者，达经也，皆仁智之事也。离之，滋惑矣，经非权则泥，权非经则悖。是二者，强名也。曰当，斯尽之矣。当也者，大中之道也。离而为名者，大中之器用也。""经"和"权"是我国古代政治思想中一对很重要的概念，"经"意指普遍性的和绝对性的规范、权威，体现为经久不变的道理和法则，故柳宗元说："经也者，常也"。"权"是指具体事件中采取的临时性和应急性的策略，如"权衡"和儒家的"权变"之"权"是也。有关经和权的论述，董仲舒是将其和政治形态联系起来，将经权思想发展为帝王为政治国的方法。董仲舒在《春秋繁露》里说："《春秋》有经礼，有变礼。为如安性平心者，经礼也；至有于性虽不安，于心虽不平，于道无以易之，此变礼也。""明乎经变之事，然后知轻重之分，可与适权矣"，"夫权虽反经，亦必在可以然之域。不在可以然之域，故虽死亡，终弗为也"。董仲舒的思想被汉武帝接受，成就了"罢黜百家，独尊儒术"的局面。他的政治思想对柳宗元是有很重要的影响的。在经和权的关系上，柳宗元采取的是辩证的态度，经与权"皆仁智之事"，"经非权则泥，权非经则悖"，"经"离不开"权"，"权"变也需要"经"的正确指导和规范。在柳宗元那里，这两者之间关系的处理，"当也者，大中之道也。离而为名者，大中之器用也"，"经"和"权"之间关系的恰当、适宜，就是他所说的"大中之道"，反之则是"大中之器用"。这里的"大中之道"是柳宗元思想中很重要的一个概念，甚至可以说是他思想的核心。要阐述柳宗元的"大中之道"是很复杂的，涉及柳宗元的哲学和政治等观点的梳理，单从这篇文章来讲，他的"大中之道"的核心在于"当"，即恰当和恰到好处，为人处世要求其"当"，达到"中"的状态，"中"和儒家之"中庸"思想有莫大联系。柳宗元在《与杨诲之第二书》中说"圣人所贵乎中者，能时其时也"，即"中"的关键在于"能时其时"，主体的活动要根据事物自身的时间变化而变化。所以"大中之道"的思想要求处事得当、恰如其分，能够通达权变。这种思想体现在政治之中，就是可以对不合理的制度通过"权变"，使其趋于合理和恰当。在刑事司法之中，赏罚的根据在于刑赏的本质目的和轻重缓急，而非抽象的天意天道下的"春夏赏，秋冬罚"。赏罚的本质要求赏罚"当"而适时，在这里柳宗元看到了赏罚和他的"大中之道"思想的契合之处，所以他的第三个论证没有过多地纠结于秋冬行刑制度，而将笔墨转向了他一生都在追求的"大中之道"，用"大中之道"的思想间接驳斥了司法制度中的秋冬行刑。

法律与哲学、文学等之间的关系既简单又复杂，作为文人的柳宗元用他自己的政治哲学观驳斥了刑事司法制度中的秋冬行刑，所以，当我们解析柳宗元这篇《断刑论（下）》的时候，既需要留意柳宗元的身份，也需要留意柳宗元的哲学观，柳宗元不是一个纯粹意义上的法学家，所以他驳斥秋冬行刑的时候，不会单纯从法律的角度出发在法律的范围内来论证说理。儒家的精神原则和伦理道德规范对我国法律制度有很大影响，"《春秋》决狱"制度和"秋冬行刑"制度都是在儒家思想下形成的。到唐朝礼法合一，唐律的修订一准乎礼，在行刑制度上唐律也规定"立春后不决死刑"。到明清时期，律法中的"朝审"、"秋审"制度亦可渊源于"秋冬行刑"的思想。在律法之中规定"秋冬行刑"可以说只是一种制度安排，直接源于封建正统的儒家礼法思想，其无关乎正义与非正义，或者合法与非法。而这样的制度基础则是我们在欣赏柳宗元的《断刑论（下）》时所应了解的，否则，我们不能真切了解和体会柳宗元文章中所蕴含的深刻的政治关怀。

非徒上古醇樸，人易其化，亦由聖智元遠，深得其理故也。

象刑解

（五代）沈颜

　　舜禹之代，象刑①而人不敢犯。言象刑者，以赭以墨，染其衣冠，异其服色，凡为三等。及秦法苛虐，方用肉刑。锯、凿、箠、朴，楚毒毕至，而人犯愈多，俗益不治。其故何也？非徒上古醇朴，人易其化，亦由圣智元远，深得其理故也。

　　夫法过峻则犯者多，犯者多则刑者众，刑者众则民无耻，民无耻则虽曰劓之、刖之、笞之、扑之，而不为畏也。何以知其然也？夫九人一冠而一人髻，则髻者慕而冠者胜。九人髻而一人冠，则冠者慕而髻者胜。民不知冠之髻之为胜，但见众而为慕矣。今免者多而刑者少，人尚慕其多矣。及刑者多而免者少焉，以少为胜乎？故曰：法过峻则犯者多，犯者多则刑者众，刑者众则民无耻，民无耻则虽曰劓之、刖之、笞之、扑之，而不为畏也。凡民之心，知恣其所为，而不知戒其所失。令辱而笞之，不足以为法也。何者？盖笞绝则罪释，痛止则耻灭，耻灭则复为其非矣。故不足以为法也。虞舜染其衣冠，异其服色，是罪终身不释，耻毕世不灭，岂特已以为耻，人之见之者，皆以为耻也，皆以为戒也。

---

① 象刑：相传舜禹时无肉刑，以特异的衣服、冠饰象征各种刑罚以示耻辱。

愚故曰：非徒上古醇朴，人易其化，亦由圣智元远，深得其理故也。

【解析】

沈颜，字可铸，五代十国吴文学家。性闲淡，不乐世务，工琴棋，善文辞，才思敏捷，有"下水船"之称。沈颜反对当时浮靡之风，尝著书百篇，著录有《陵阳集》5卷、《聱书》10卷、《解聱》15卷，已散佚。《全唐诗》录存其《书怀寄友人》等诗2首，《全唐文》录存其《谗国》、《登华旨》、《化洽亭记》等文11篇。其文长于议论，也流露对黑暗现实的不满，但缺乏深刻的思想内容。

"解"这种文体主要是为剖析疑难，解除困惑而作。《文心雕龙·书记》云："解者，释也，解释结滞，征事以对也。""解"这一文体的写作要求如庖丁解牛，切中肯綮，层层析理，最终使事理明白于天下。"解"并非只关辨释。一些作者借"解"之名，行"议论"之实。如韩愈《获麟解》、盛均《人旱解》和沈颜此篇《象刑解》。古代文献中最早提及象刑问题的是《尚书》，而《舜典》里面记载："象以典刑。"《益稷》记载："方施象刑惟明。"那么什么是象刑呢？《尚书》中并未讲明。从字面看，"象"是效法、摹仿，"刑"是肉刑、死刑。象刑，就是效法、摹仿肉刑、死刑的一种刑罚。《墨子》佚文："画衣冠，异章服，谓之戮。上世用戮而民不犯。"《慎子》佚文："有虞氏之诛，以嵘巾当墨，以草缨当荆，以菲履当刖，以艾毕当宫，布衣无领当大辟。此有虞之诛也。斩人肢体，凿其肌肤，谓之刑。画衣冠，异章服，谓之戮。上世用戮而民不犯也，当世用刑而民不从。"① 上述古人的这些说法，大同小异，都认为尧舜时代的象刑是"画衣冠，异章服"，即在犯罪者的衣冠服饰上做文章，让他们的穿戴与众人不同，使之蒙受巨大精神压力而不受皮肉之苦。所以象刑实际上是耻辱刑。沈颜的《象刑解》开篇也是提到舜禹之代，使用象刑而使人不敢犯罪。但本篇文章主要论述的是，如今刀锯、凿子、棍杖、鞭子等致人伤残的刑具，全都施加在犯人身上，然而犯罪的人却更多，风俗败坏而无法治理。这一

---

① 语出《太平御览》卷645。

社会现象的原因何在？文章中他说这并非是因为上古民风淳朴，人们容易教化，而是圣人深谋远虑，懂得用刑的道理。法令过分严峻，犯法的人就多，犯法的人多用刑就繁复，用刑繁复人民便没有廉耻之心，人民没有廉耻之心，即使告诫他们，违法犯罪将被处以割鼻、断足、杖打等刑罚，他们也不惧怕。他还举例说，比如有九个人戴帽子只有一个人梳发髻，戴帽子的人就会思慕梳发髻的人，相反，有九个人梳发髻，那么戴帽子的人就会思慕梳发髻的人了。人们不知道戴帽子和梳发髻哪个更好，只知道追随多数。通常的百姓，只知道放纵自己的行为而不加约束，也不知道谨慎自己的过失。杖打他们也不足以让他们警戒，因为疼痛停止，耻辱也就消除了，他们又会为非作歹。而虞舜时代让罪犯穿戴染上不同颜色的衣帽服饰，使罪犯终身不能解脱，自己的耻辱虽然消除，但社会对他们的看法不变。见到他们，都会以此为耻辱，从而以他们作为儆戒。这个比喻是十分形象有趣的，在沈颜看来，人民本性是愚昧无知，有盲目的从众心理。市井小民的劣根性使得他们"好了伤疤忘了疼"，只有源源不断施加精神压力，才能阻止他们继续犯错。

从上文也可以发现，沈颜对刑罚的见解是相当粗糙表面的，他只看到象刑作为耻辱刑对人们道德上的威慑力，从而以为在他所处的社会犯罪率高是因为刑罚设置不当，统治者不懂得用刑，而他没有看到时代变迁，法律作为一种社会现象也要与时俱进。霍姆斯曾说，法律显示了国家几个世纪以来发展的故事，它不能被视为仅仅是数学课本中的定律及推算方式。可见法律并不是僵化教条的，而是不断发展适应着时代需要，这样的法律才有生命力。就此我们可以分析出，耻辱刑不能继续维持规范社会的功效，而需要进一步改变。中国舜禹时代处在原始氏族社会阶段。根据恩格斯《家庭、私有制和国家的起源》一文的论述，原始氏族社会由氏族、胞族、部落等血缘团体构成。它没有贵族、国王、总督、地方官和法官，没有监狱，没有诉讼，而一切都是有条有理的。一切争端和纠纷，都由当事人的全体即氏族或部落来解决，或者由各个氏族相互解决；血族复仇仅仅当做一种极端的、很少应用的威胁手段。一切问题，都由当事人自己解决，在大多数情况下，历来的习俗就把一切调整好了。① 神农之世，未及尧舜，但是尧舜与神农同属原始社会，基本的原则应该相同。社会的管理应如列宁所说，是"风俗的统治"。唯尧舜时代已距阶级社会不远，对付个体犯罪的刑罚已成为必要，但是血缘纽带的限制和风俗统治的影响，使残害罪犯肢体的肉刑不能一下子产生，于是既不严重破坏传统又能惩治罪犯的刑罚方式——象刑，便应运而生。象刑是原始氏族社会晚期的产物，是阶级社会肉刑制度的前驱，而它本身不具有阶级统治的性质。象刑之所以在原始氏族社会晚期的尧舜时代必然产生，还有一个前提条件。以"耻辱其形象"为目的的象刑是一种名誉刑，而原始氏族社会的人们有着为现代人难以理解的、非常敏感的荣誉观念。这一特殊的荣誉观念是构成特殊的刑罚方式——象刑的社会心理基础。18世纪法国启蒙思想家孟德斯鸠在他的《论法的精神》一书中说："在野蛮人的法典里，是有一些不解之谜的。"进入阶级社会后，氏族社会瓦解，没有了血缘的维系，就没有了耻辱刑所赖以存在的心理基础，象刑不足以维护统治阶级的政权。为了更有效地维护社会的稳定，他们必然要诉诸其他刑罚类型，肉刑便成为主要的手段，取代了象刑。沈颜恰好是忽略了这个重要的因素。在原始社会中，社会组织的基本单位是氏族，而调整社会关系的主要规范是风俗和习惯。但是随着生产力的发展，私有制产生，阶级出现，作为统治阶级的国家就逐渐形成了，作为国家实现其职能的手段和工具的法律也就相伴而生了。社会已经发展变迁，从氏族社会到了封建社会，象刑赖以存在的土壤已经变化，怎么可能一味地维持初期的法治。法律作为统治者的工具，需要更为强大的威慑力，而不仅仅限于对罪犯的羞辱。《汉书·刑法志》也说："禹承尧舜之后，自以德衰，而作肉刑。"

象刑这种刑罚在中国很早就消亡了，但是以象刑为借鉴的刑罚方式，后代却时有出现。夏、商时期的耻辱刑主要有墨、刖刑。西周时期，由于有文字材料及出土文物相佐证，关于耻辱刑的有关记载就比较清晰、详细和可信了。这一时期的耻辱刑主要有墨、刖和明刑。春秋战国时期，刖刑的使用应当也很多，秦、汉这段时期的耻辱刑主要包括黥、刖、髡、耐（完）、弃市几种，而刖刑自汉以后

---

① 参见《马克思恩格斯选集》，3版，第4卷，108～109页，北京，人民出版社，2012。

基本消亡。墨刑在秦国被改称为黥刑，但执行方式与墨刑无二。秦朝则沿袭了黥刑的名称并广泛使用。在三国、两晋、南北朝这一时期的耻辱刑主要包括黥、髡、耐（完）、弃市几种，同时髡、耐（完）也自北朝时期从中国古代耻辱刑历史中消亡了。隋、唐、五代、宋、辽、金、西夏此一时期的耻辱刑主要是刺配刑；辽代"有黥刺之法"。这里所说的"黥刺之法"实际就是刺配法。元、明、清这一时期的耻辱刑有刺配和枷号刑，这两种最后的耻辱刑于清朝末年被彻底废除。①

　　在当代，1985 年欧阳涛先生在《刑法概论》中有关于"羞辱刑"的提法："我国的刑罚体系体现了社会主义人道主义。我国的刑罚体系中没有贬低犯罪分子人格的羞辱刑。"由嵘先生则将此类刑罚称为"毁誉刑"。学者们一致认为这种刑罚不同于身体刑、自由刑、财产刑、权利刑，是一种独立的刑种。每种惩罚都有自己的惩罚目的、惩罚指向和刑罚方式、惩罚运行机制。耻辱性惩罚以剥夺罪犯的人格使之精神痛苦为惩罚目的，以罪犯人格为惩罚指向，以让人游街示众丑化犯人的方式来完成惩罚。随着法治文明的进步，耻辱性法律惩罚在近代以来逐渐消亡，但最近，它似乎又有抬头的迹象。美国一些地方法官开始采用羞辱犯人的惩罚手段。我国台湾地区颁布的"儿童及少年性交易防治条例"增加了羞辱刑（公布嫖客姓名、照片等），以重惩儿童性侵害犯罪。2002 年 7 月，我国广州市冼村村委会和冼村街派出所将抓获的卖淫嫖娼者在村内张榜公布，公布的内容包括抓嫖现场照片、卖淫嫖娼者真实姓名等。② 这项"土政策"还不乏赞成者，理由是"公示嫖娼"这种"耻辱刑"对于根治屡禁不止的黄毒"效果奇好"，因而有了"在立法方面，应该引进'耻辱刑'（如新加坡等国家），以公德治缺德"③ 的呼声。但我们应该看到耻辱刑有其特殊性，是否能

---

① 参见杨鸿雁：《中国古代耻辱刑考略》，载《法学研究》，2005（1）。
② 参见《"公示嫖娼"引发冼村震荡》，见 http://www.ycwb.com/gb/content/2002-07/30/content_396973.htm
③ 成彪：《"国法"与"土法"谁的尴尬》，载《中国青年报》，2002-08-02。

够广泛应用？应针对哪种犯罪应用？这些都需要经过严密的论证，我们不能行历史的倒车，不能以暴制暴，只能针对某种特殊犯罪适用，比如"侮辱罪"等，如贝卡里亚所说："有些犯罪出于妄自尊大，它们从痛苦中获取荣耀和精神给养，对这类犯罪不适用痛苦的身体刑，相反，讥笑和耻辱却是行之有效的，这种刑罚用观众的高傲约束狂热者的妄自尊大。用力量对付力量，用舆论对付舆论……"

　　法治文明是文明时代的产物和重要标志，人类已由野蛮跨入文明，法律标志着人类逐渐具有了抑制本能，能用理性化解冲突，具有了尊重个人权利和价值尊严以及和平相处的品德。民主和人权是法治追求的核心价值，法律的科学性和道德性是法治的必然要求，我们要通过加强法治器物建设来促进法治文明的全面发展。

刑论

（五代）牛希济

　　刑罚之用，盖将以革人之心，劝之于善。所以小罪轻刑，以正其失；大罪重罚，以励其众。将刑，王者为之不举①，以示仁恕之心也。弃人必于市，明其罪之死也。皆欲迁人于善，岂图断其肌肤，残其支体，流其膏血，尽其性命，以逞于威怒者也？三代之后，五刑之用，劓刖之属，最可以为耻于众。观者则知其所犯，毁其父母之遗体②，罔不惨痛于心。犯者不能讳其罪，亦可以永戒其恶，所谓有耻且格。及笞杖之法，易隐其踪行，行乡而无愧。苟富贵而或得其者，其暴犯者不以为耻。诚哉，免而无耻！汉文帝感缇萦一言，废肉刑用笞杖，及后笞者多死。文皇帝视明堂图③，亦轻其罚，天下之狱几乱。知刑罚者，治之具也，不可暂舍。然罚无轻重，杖无大小，皆成之于胥吏之手④，断之于出没之文⑤，上之人其知乎？

---

① 不举：不举乐，因将刑犯人而停止歌舞。
② 遗体：古人因身体为父母所生，故称自己的身体为遗体。
③ 文皇帝：指唐太宗李世民。明堂图：即《明堂针灸图》。《新唐书·刑法志》载："太宗尝览《明堂针灸图》，见人之五藏皆近背，针灸失所，则其害致死。叹曰：'夫箠者，五刑之轻，死者，人之所重。安得犯至轻之刑而或致死？'遂诏罪人无得鞭背。"故有"亦轻其罚"之说。
④ 成：形成、决定。胥吏：官府中办理文书的小吏。此指法吏。
⑤ 出没之文：指被法吏们任意玩弄的法律条文。

失鞫狱之法，始于疑辩之中①，成于案牍之内。吏典之者，舍其罪而彰其是②；其不与者，除其善而彰其恶，又复刑律之中③。或一兴一夺：随其取舍以为出入④，官必不尽知。此为弊之一也。画灰为狱，誓不愿人；刻木为吏，誓不愿对。狱吏之尊，声色之大，桎梏之重轻，搒掠之多少，率由其意⑤，孰可与争？此为弊之二也。又或欲其伪而怒其真，恶其轻而思其重，或捽其首，或批其颊，垢辱殴系，无所不至⑥。又节其饮食，严其徽缠⑦，外残其躯，内胁其心。壮士勇夫，且必流涕，孤弱之人，敢不从命！此为弊之三也。或上下其手⑧，以取其信，或点染⑨富室，以求资贿，则众知其非，不能即止。此为弊之四也。具狱既久，致为疑谳⑩。远取支证，广擒党与，淹延岁月，以伺赦宥。⑪ 此为弊之五也。捶拷之下，易以强抑⑫，人之支体，顽非木石，若加其残忍，取其必然，诚虽无罪，百不能免。盖不胜其楚掠⑬之毒，宁甘心于一死，狡猾之吏断成其狱。故戮死之后，盗自他发，众方知其无辜。且桎梏之苦，笞箠之严，轻罪者愿重刑而获出，无辜者畏残害而求死，皆狡猾之所能为也，即平人孰敢与吏为敌？公卿尊严，察视不及；台寺悬远⑭，诉讼无门；死者不可再活，亲戚焉能申冤？何以感致和气，平一水旱⑮？此

---

① 鞫狱：审理案件。疑辩：可疑而又难以判断的辩护词。

② 典：主管、负责。舍：解脱、开释。彰：明，显扬。

③ 不与者：没有行贿的人。与：给予。除：除去，回避。又复刑律之中：再用刑法中最严苛的条文治之。

④ 一兴一夺：定罪免罪。出入：出入人罪。

⑤ 大：可怕。桎梏：刑具，脚镣和手铐。搒掠：鞭打杖责。

⑥ 捽：揪。批其颊：打犯人耳光。垢辱殴系：斥责、侮辱、殴打、捆绑。

⑦ 节：节制，克扣。徽缠：捆绑罪犯、俘虏的绳索。

⑧ 上下其手：《左传·襄公二十六年》载：楚伐郑，穿封戌活捉郑将皇颉。公子围要争功，请伯州黎裁处。伯州黎有意偏袒公子围，就说："请问于囚"；叫皇颉作证明，伯州黎故意上其手曰："夫子（指公子围）为王子围，寡君之贵介弟也。"下其手曰："此子为穿封戌，方城外之县尹也。谁获子？"皇颉曰："颉遇王子，弱焉。"后来上下其手指舞文玩法、串通作弊。

⑨ 点染：染指。

⑩ 疑谳：难以审判定罪。

⑪ 支证：与案件分离的无关证据。党与：朋友、同伙。

⑫ 强抑：强制性的暴虐手段。

⑬ 楚掠：杖责。

⑭ 台寺：指中央监察机关——御史台和中央司法机关——大理寺。悬远：高远。

⑮ 和气：阴阳调和、风调雨顺的太和之气。平一：平息。水旱：古人认为枉杀无辜，会风雨不调，造成水旱天灾。

为弊之六也。复有众①皆知非难加以法。当炎酷之时，秽其傍而成其疾疫，夺其晌而致其饥饿。圜扉严邃②，守者罗列，亲戚之人胡能知其食与不食、渴与不渴？但成其困以取其毙，此为弊之七也。况外府法司又为不道，或土囊以镇其腹，或湿纸以蒙其面，拘録③所至，号呼莫闻；暝然而去，孰知其由？昔东海误杀贞妇④，致三年之旱。今天下之刑，昼常雨血，尚未足以泄其冤愤。

且刑罚者，远于人非近于人，犯之者皆自求之也，非刑之就于人也，皆人就也。上自天子，下自庶人，若为不道，必归于法。故商辛夏桀，悬首于白旗⑤，此天子之刑也，则公卿之下狱，黎庶之就戮，又何足道哉？是知上下皆有分，故君子常怀畏惧。夫厉声变色，扬眉张目，乐刑罚以毒物之性命，殆非人类，信豺狼之心也。故曾子曰："如得其情则哀矜而勿喜。"又于定国每岁决狱，先自流涕。悲哉，仁者之心！深知刑狱之本，所以劝人，非以虐人也。

今天下之大，九州之众，一岁决狱之多少，皆由吏议，岂能尽平？莫若重明桎梏笞杖重轻之制禁⑥，计日月之远近寒暑，静温其所处，饘粥每给其饥渴⑦；决罪遍求于刑律，察词必尽于疑辨。庶几⑧少塞其弊，当不滥于无辜，以成王者之理。

【解析】

五代是一个动荡的年代，也是政治、经济体制发生剧烈变革的时期。古语称："刑乱国用重典"。但凡处于乱世，刑罚的作用就会

---

① 有众：治理民众的官员。
② 圜：监狱。邃：深远。
③ 拘録：拘禁。
④ 东海误杀贞妇：《汉书·于定国传》载：东海有孝妇，少寡，亡子，养姑甚谨。姑欲嫁之，终不肯。姑谓邻人曰："孝妇事我勤苦，哀其亡子守寡。我老，久累丁壮，奈何？"其后，姑自经死。姑女告吏："妇杀我母。"吏捕孝妇，孝妇辞不杀姑。吏验治，孝妇自诬服，具狱上府，于公以为此妇养姑十余年，以孝闻，必不杀。太守不乐，于公争之，弗能得，乃抱其具狱，哭于府上，因辞疾去。太守竟论杀孝妇。郡中枯旱三年。后太守至，卜筮其故，于公曰："孝妇不当死，前太守强断之，咎党在是乎？"于是太守杀牛自祭孝妇家，因表其墓，天立大雨，岁孰。
⑤ 商辛：商纣王。《史记·殷本纪》载："周武王遂斩纣头，县之白旗。"
⑥ 重明：重新申明。制禁：制度禁令。
⑦ 计：计算，考虑。静温其所处：使犯人所在牢狱冬暖夏凉。静，应为"清"。清温，即夏清冬温，语出《礼记·曲礼上》："冬温而夏清。"本谓侍奉父母应如此，此处指以人道待犯人。饘粥：稠粥。
⑧ 庶几：也许。

开始凸显，而治国之道也从如何兴盛文字、推行德教转变为如何维稳、如何防乱。本文正是在这样一个"乱世"中诞生的。本文的作者牛希济亦是经历了朝代更迭、法制破碎的时期，故而产生了这样一篇"治乱之文"。牛希济，"早年即有文名，遇丧乱，流寓于蜀，依峣而居"，后为前蜀主王建所赏识，任起居郎。后主时，累官翰林学士、御史中丞。后唐庄宗年间，随前蜀主降于后唐，明宗时拜雍州节度副使。

在一个动荡的年代，重视法律的作用，发挥法律在社会生活中的调节作用，是官僚们所主张的、亦是曾经轻视法律的士大夫们所不得不面对的。当然，士大夫们有关"明德慎罚"、"礼之所去、刑之所取"的思想还是根深蒂固的，就算是推崇法律的作用，依然不忘强调刑罚的惩罚作用是为了德教服务的。牛希济的这篇《刑论》就是很典型的例子。本文开宗明义，首先阐明了刑罚使人洗心革面、导人向善的作用。但文章并未一味强调道德教化的作用，而是提出了一个新的观点：刑罚应当保持固定、均衡的特点。说到此处，我们不得不佩服牛希济思想的先进。历代士大夫总是在强调减轻刑罚的惩罚作用，并以轻刑作为"治世"的标志之一。然而，牛希济却率先提出了"莫若重明桎梏笞杖重轻之制禁"的新思想，强调刑罚的常态性、均衡性，并主张用法律规定去限制胥吏过度的自由裁量权，这对于突破传统的儒家法制思想一家独大的局面有着积极的作用。自汉代以来，百家争鸣的局面以儒家的胜利收尾。而到了五代，儒家法制思想一统天下的局面有所松动，人们开始重视法律在社会生活中的调整作用，尤其是两宋时期，法律被提升到了一个全新的高度。朱熹所提出的"明刑弼教"思想逐渐改变了刑罚的从属地位，使得法律在调控社会生活中的作用有所上升，而到了明初时期，强调法律的惩罚作用与强调道德教化作为稳定社会的两只手，地位日趋平等。而明代朱元璋所主张的"重典治国"，大有将刑罚提升到主要地位的架势。牛希济在早于朱熹数百年的时代就提出重视刑罚作用的观点，不得不让人佩服他超前的法律思想。

然而，牛希济的先进思想还不止于此。本文对于刑罚的流弊进行了系统的阐述，指出过度轻视刑罚的作用与过度依赖刑罚的作用的危害同样巨大。"文景之治"和"贞观之治"一向是为后人所称

道的太平盛世，而牛希济突破常规，将
汉文帝和唐太宗两位圣君当作例子，指
出了过度轻刑给盛世所带来的危害，这
不能不说是敢于突破常规的做法。尤其
是牛希济公然反对过度轻刑，甚至将

汉文帝、汉景帝之像

"缇萦上书救父"和"文皇帝观明堂图"的后果都归于"天下之狱
几乱"，这未免是冒天下之大不韪。当然，牛希济能够提出过度轻刑
的危害，是十分难得和可贵的。汉文帝和唐太宗所开创的盛世本质
上是一种人治，虽然汉唐两代，尤其是两位贤君当政的时代都是我
国历史上百姓安居乐业、国力昌盛的时代，但这并不意味着两朝在
刑事司法上就没有黑暗的一面。汉文帝自"缇萦上书"后废除了肉
刑，以笞杖刑代替肉刑处罚罪犯，却造成"外有轻刑之名，内实杀
人"的恶果；唐太宗在位期间亦是无法避免"天下之狱几乱"的局
面。只不过由于两位贤君在历史上的功绩太为突出，故而史学家大
都对此避讳不谈，尤其是汉唐两朝的盛世辉煌将很多的污点掩盖起
来，使得人们只记住了治世的强盛，并未关注治世民生、司法的阴
暗。由于五代时期战乱迭起、法治不彰，法律规范的条文缺乏系统
性并且过于庞杂、混乱，这就给实施刑罚的胥吏和州县地方官吏以
很大的裁量权，而过于宽泛的裁量权必然导致司法寻租的发生和司
法腐败的滋生。因此，牛希济在文章中痛斥胥吏们的阳奉阴违和荼
毒百姓，同时也警示统治者关注刑罚不受限制的滥用所产生的恶果。
只要刑罚操纵于胥吏之手，无论是统治者以仁德之心轻刑抑或以惩
恶之心重典，都不能达到其所预期的目的，亦不能使司法公正得以
真正实现。牛希济倡导保持刑罚的稳定、适中，强调制定具体而详
细的法律规范及实施细则，限制胥吏的裁量权以限制司法的随意性，
进而从源头上阻断司法腐败的滋生。在今天看来这也是一种根本性
的思路，具有十分积极的借鉴意义。

其次，牛希济提出刑罚的功用在于使人洗心革面、使人有羞耻
之心，做到"有耻且格"，这对解决当前我国刑事罪犯在被执行完刑
事处罚后重复犯案率居高不下的问题，有启示作用。相对于古代高
度重视道德教化的做法，我国现代的司法理念有所不及。古人对于
教化作用的重视使得礼义廉耻的观念深入人心。"百姓多以刑为耻，

常以讼为奇"。"定分止争、无讼是求"是古人判断社会安定的标准。虽然，这未免轻视了法律的作用，但却突出了古人教化安民的理念。

早在明初的时候，朱元璋首创红泥粉墙，将乡里民间犯罪之人的罪行"记载"在泥墙之上，供大家监督，这不仅使得犯罪之人为之羞耻，有力地杜绝了犯罪的再次发生，而且对于普通民众也起到了十分重要的警示作用。而明代的申明庭制度继承古制，发挥了现代居委会的作用，代替了保长、甲长的部分功用。将邻里纠纷交给有威望的耆老解决，不仅将矛盾消弭在萌芽状态，避免了矛盾的激化，同时也使得法律和教化并行。

而在当代的刑罚体系中，道德教化作用却在不少方面缺失了。现代刑法的功能分为预防、惩戒和教育，然而在我国的刑罚体系中，惩戒作用被极大突出了，教育作用却受到了不应有的冷遇。当今中国的法律体系中，除了现有的"五刑"之外，并不重视在施行刑罚的同时进行教化，以至于造成服刑期满的罪犯重新犯罪的几率居高不下。尤其是罚金刑、自由刑的作用类似于古时的笞杖刑，难以给罪犯造成道德上的压力。而当前司法审判的判决书只重视论证被告人犯罪行为的成立，却往往忽视了对于理由的阐述和进行道德教育，使得罪犯在伏法之后"虽免而无耻"，"貌恭而不心服"，导致刑法的教化得不到应有的体现。牛希济此文给我们一个很好的警示，即在重视刑罚的惩戒功能时必须注重对于罪犯的道德教化。法院在对罪犯定罪量刑之后不能够放手不管，一律交给监狱执行，而是应当对于罪犯的行为表现进行考察、衡量，配合监狱共同做好罪犯的思想改造工作。只有如此，才能使得刑罚的教化作用得以彰显，才能最大限度地避免犯罪的再次发生。

再次，牛希济所提出的解决胥吏操控司法问题的建议为当代司法改革提供了前瞻性的导向。无论何朝何代，法律毕竟是一条条抽象的条文，其对于社会生活的实际作用需要一个个具体的司法工作人员来实现，而法律的这一特点使得要达成"良法之治"，不仅需要有完备的法律条文，还需要有公正的法律实施。如何防止司法人员滥用权力出入人罪，实在是一个千古难题。在经济、社会都处于剧烈变革的今天，司法改革将去往何处依然是学界和实务界所共同关心的问题。随着新《刑事诉讼法》的颁布，我国对于刑事程序的规范和规制更进了一步。然而在司法实践中，如何避免犯罪分子玩弄法律，利用法律的漏洞逃避罪责；如何避免司法人员利用手中的权力，徇私舞弊、滥用职权，以至于寻租腐化，仍然是摆在学界和实务界面前的重要难题。自佘祥林、赵作海等冤案以来，呼吁司法改革的声音一直不绝于耳。司法实务中暴露出来的滥用职权和腐败问题正在敲打着司法公正的天平。哪怕法律的结构、内容再完善，法律毕竟要人来实施，法律的效果也要经过普通司法人员来予以实现。因此，提高司法工作者的素质，加强对司法过程本身的监督，限制裁量权的滥用，保障公平公正，亦是当前司法工作的重中之重。牛希济在痛斥胥吏操控司法的同时，提出了应当细化法律对于定罪处刑的具体规定，避免由于法条的原则性和宽泛性使得胥吏有操控司法的机会。以古鉴今，我国立法一直秉承着宜粗不宜细的做法，这使得大量的法律规范要靠最高人民法院的司法解释来完善，而这在很大程度上将立法权限交由最高法院行使。一旦最高法院未及时制定司法解释，该法律就会进入见仁见智的阶段，各地司法机关都会作出不同的解释、不同的做法。以刑事诉讼程序中的取保候审阶段交纳保证金为例，各地收取保证金的做法不一，但一般都采取以最高额收取的标准，有的甚至上不封顶，这大大增加了腐败分子敲诈勒索犯罪嫌疑人家属的可乘之机。因此，制定具体的收取程序，细化收取的标准，亦是十分重要的。

最后，牛希济所提出的对罪犯进行人性关爱的理念，对现代监狱制度改革也具有一定的借鉴意义。牛希济提出了人性管理监狱的做法，这在当时是十分超前的。在古时，人们对于受刑之人是抱有鄙夷和歧视的态度的，君子更是要远离刑狱之事。然而牛希济却提出监狱要冬暖夏凉，给罪犯以普通人所应有的生活条件和环境，这使我们不得不佩服牛希济的仁者之心。在我国，当前监狱的管理虽然不断朝着规范化、现代化的标准改进，但对于服刑罪犯的人性关爱并不突出。尤其是在法学界，几乎没有学者对狱政管理和规制监狱的法律体系进行系统的研究。随着社会生活的不断进步，对服刑罪犯的改造和关爱必须成为全社会所共同重视的问题。

　　总之，虽然牛希济的文章带有时代的烙印，其中的观点也难免有失偏颇之处，然而，该文章所体现的先进思想和人性的光芒，是十分值得现代人所借鉴和学习的。

刑赏论

（宋）曾巩

　　《书》记皋陶之说曰："罪疑惟轻，功疑惟重。"① 释者②曰：刑疑附轻，赏疑从重，忠厚之至也！夫有大罪者，其刑薄则不必当罪；有细功者，其赏厚则不必当功。然所以为忠厚之至者，何以论之？

　　夫圣人之治也，自闺门、乡党至于朝廷皆有教，以率天下之善，则有罪者易以寡也；自小者、近者至于远大皆有法，以成天下之务，则有功者易以众也。以圣神渊懿之德而为君于上，以道德修明之士而为其公卿百官于下，以上下交

曾巩（1019—1083），字子固

修而尽天下之谋虑，以公听并观而尽天下之情伪。当是之时，人之有罪与功也，为有司者推其本末以考其迹，核其虚实以审其情，然后告之于朝而加其罚、出其赏焉，则其于得失岂有不尽也哉？然及

────────────

① 《书》：《尚书》。此语出自《尚书·大禹谟》。
② 释者：孔安国的传注。

其罪丽于法、功丽于赏之可以疑也,以其君臣之材非不足于天下之智,以其谋虑非不通于天下之理,以其视听非不周于天下之故,以其有司非不尽于天下之明也。然有其智而不敢以为果有其通,与周与明而不敢以为察也。必曰罪疑矣而过刑,则无罪者不必免也,功疑矣而失赏,则有功者不必酬也。于是其刑之也,宁薄而不敢使之过;其赏之也,宁厚而不敢使之失。

夫先之以成教以率之矣,及其有罪也,而加恕如此焉;先之以成法以导之矣,及其不功也,而加隆如此焉。可谓尽其心以爱人,尽其道以待物矣,非忠厚之至则能然乎?皋陶以是称舜,舜以是治天下。

故刑不必察当其罪,赏不必予当其功,而天下化其忠,服其厚焉。故曰:"与其杀不辜,宁失不经,好生之德洽于民心。"[1] 言圣人之德至于民者,不在乎其他也。

及周之治,亦为三宥三赦之法[2],不敢果其疑,而至其政之成也,则忠厚之教行于牛羊而及于草木。汉文亦推是意以薄刑,而其流也,风俗亦归厚焉。盖其行之有深浅,而其见效有小大也,如此,《书》之意岂虚云乎哉?

【解析】

曾巩,宋嘉祐二年(1057年)登进士第,被任命为太平州司法参军。翌年,召编校史馆书籍,迁馆阁校勘、集贤校理。熙宁二年(1069年)先后在齐、襄、洪、福、明、亳等州任知州,颇有政声。元丰三年(1080年),徙知沧州,过京师,神宗召见时,他提出节约为理财之要,颇得神宗赏识,留三班院供事。之后,神宗以其精于史学,委任史馆修撰,编纂五朝史纲,未成。元丰五年(1082年),拜中书舍人。次年卒于江宁府。理宗时追谥"文定"。

宋仁宗嘉祐二年贡举考试后,朝廷支持主考官翰林学士欧阳修的主张,特准礼部奏名进士凡参加殿试者,皆赐及第。闻名者有曾巩、苏轼、苏辙、程颢、张载等人。即"春正月癸未,翰林学士欧

---

[1] 引自《尚书·大禹谟》。
[2] 三宥三赦之法:古代对犯罪给予宽赦的三种情况和三种对象。《周礼·秋官·司刺》:"一宥曰不识,再宥曰过失,三宥曰遗忘。一赦曰幼弱,再赦曰老耄,三赦曰蠢愚。"

阳修权知贡举。先是，进士益相习于奇僻，钩章棘句，寝失浑淳，修深疾之，遂痛加裁抑，仍严禁挟书者。及试榜出，时所推誉，皆不在选，嚣薄之士，候修晨朝，群聚低斥之，至街司逻吏不能止或为《祭欧阳修文》投其家，卒不能求其主名置于法。然文体自是亦少变"①。这在北宋古文运动的发展上可谓重要里程碑。

当年试题——"刑赏忠厚之至论"见于《尚书·大禹谟》："皋陶曰：帝德罔愆，临下以简，御众以宽。罚弗及嗣，赏延于世。宥过无大，刑故无小。罪疑惟轻，功疑惟重。与其杀不辜，宁失不经，好生之德，洽于民心，兹用不犯于有司。"孔安国传注释道："刑疑附轻，赏疑从重，忠厚之至也！"可见命题原出孔传，要求考生就经典的大旨进行阐发，说明在刑赏的施行中如何体现忠厚之至的仁爱情怀，进而引申出治国之道。这是道颇费心思的题目，尤其是题目没有点出经传中的"疑"字，只说出了一半，好像要考生直接探讨刑赏与忠厚的关系，难度颇高。不过曾巩、苏轼和苏辙却从众多考生中脱颖而出，行文简洁，要言不烦而文思敏捷，引起了试官的注意。

曾巩应考时已经39岁，且迭经落第，理论水平和应考经验都十分丰富。《刑赏论》宣扬治道，解释了君德与士德的互补作用，二者相互配合，教化民众，表现了谦卑的精神，便于施政。所谓忠厚，最终一定要落实到爱心与仁政之中，才能具见成效。②

全文分五段，开篇即引录《尚书》经传，说明题目的出处，肯定题目关于"刑疑附轻，赏疑从重，忠厚之至"的论点。同时又明确指出确实有重罪的人不能轻刑，确实有细功者不能赏厚，处事要公平，切勿含糊。

第二段讲明圣人之治，教化先行，主张立教以化善，立法以成务，让百姓知所遵行。这种理想状态下，君主圣明，百官高尚，妇孺乡民淳朴良善，法律规定得当，社会运行井井有条。德教与法度并行，"则有罪者易以寡也"，而"有功者易以众也"。那么对于罪

① 《续资治通鉴长编》卷185，第1页"是年士子刘辉为文怪异，落第，遂痛改文风。后二年为修所举中状元"。
② 参见黄坤尧：《曾巩、苏轼、苏辙同题作品：行赏忠厚之至论的高下比较》，载《第四届宋代文学国际研讨会论文集》，392页，杭州，浙江大学出版社，2006。

责的惩罚和功劳的奖赏，就应该由司法部门推断其原因动机，考察
其品行事迹，核实案情真相，详细审理之后将实情上报朝廷中央。
以上四个步骤构成一个统一且完整的过程，便能达到公平赏罚的目
的。孟德斯鸠说过："最完善的政府，我觉得是能以较少的代价达到
统治目的的政府。因此，能以最合乎众人的倾向与高尚的方式引导
众人，乃为最完善的政府。如果在温和的政府之下，人民驯顺，不
下于在严峻的政府之下，则前者更为可取，由于它符合理性，而严
峻是外来的因素。"① 这种理想状态，是法制的完美状态。但实际
是，再美德深广的君主和公卿百官也非完人，即使观察周明、善明
是非，也难免出现偏颇纰漏的情况。但可以肯定的是，在这种情况
出现时就不应该重罚，因为犯罪嫌疑人会存在无辜牵连的可能性；
而论功行赏时，即使掺入了不实之功，必定多数还是真正有功劳的。
如果遇到对功罪的看法有疑点时，则有司者更应提高警觉，谦卑自
持，不能妄下判断，反而要将存疑的利益归于被审核的百姓，加以
厚待，秉行"其刑之也，宁薄而不敢使之过；其赏之也，宁厚而不
敢使之失"的忠厚原则。

　　此外，要达到忠厚之至还有两个前提性的条件：一是君主在先
有教化引导人民的义务；二是有从简到繁的法律以规范民众的行为。
那么，犯罪发生时，可以比照相应的法律予以一定的宽恕；未建功
立业时，又存在厚赏的空间。这样的变化正好体现了君主爱怜百姓，
遵循自然与道德的发展规律。至此，作者想要表达的中心大意已大
致凸显出来：摒弃严刑峻法，以忠义厚道对待众生，则天下百姓必
会被感化进而诚服。且与其错杀无辜，宁可犯不守成法之错，这也
是圣人的德行在对待人民的态度上的体现。

　　第三段重申教育先行的意义，然后说明在执行上要注意宽待百
姓，有罪则加恕之，有功则加隆之，尽量表现出忠厚之道，这些都
是明君舜与贤臣皋陶治理天下时的准则。同时作者又指出"圣人之
德至于民者，不在乎其他也"的大道理，即治国当以民为本。文至
结尾，作者把目光投向周朝三宥三赦的法规，对疑案不妄加决断；

---

① ［法］孟德斯鸠：《波斯人信札》，罗大冈译，信80，140 页，北京，人民文学出版社，
1958。

汉文帝秉承忠厚教化的治国理念，约法省刑，风俗归厚，为之后的"文景之治"打下基础。可以说，推行忠厚之道有深有浅，而收效也有大有小。由此足以证明皋陶的论点切实可行，功效可期，从而赞成"刑赏忠厚之至"之说，显出教化的力量。这里还需指出的是，"三宥"之说出自《礼记·文王世子》，是解释周代对公族的判刑程序，三次复核，以示谨慎，表现周天子不忍心随便杀害公族的爱怜之心。但被判刑后，还是要依法执行。然而周天子对于王公贵族的"三宥"极大程度上只流于形式，变成一项程序而已。这跟"罪疑惟轻，功疑惟重"讨论功罪的角度是不同的。作者大抵旨在援引古训，表现忠厚的精神。从文章的写作技巧上看，作者行文自然简朴，冷静客观。字句照应绵密，气貌严正，论点清晰，表现出儒者淳厚朴质稳重之美，或美中不足，则稍乏动人的情韵而已。①

对《刑赏论》的内容进行大致梳理后，需要对这篇文章再作一个现代的、全新的诠释。

首先，作者强调"罚罪用刑，宁可从轻不敢从重；论功行赏，宁可丰厚也不敢不予"。在我们惯常的理解中，我国古代从先秦诸子百家开始都强调"人之初，性本善"，而非西方"人性恶"的价值预设。曾巩在开篇设想的理想法制与社会的运行状态，很大程度上契合了古代德主刑辅、教化治国的理念与价值。虽然前文对皇帝和官吏们的才能难免夸大和赞美，但作者又敏锐地指出，人治不可能做到无所不包。虽然法律奖惩是必要的，但是法律奖惩必须遵循一定的规则。不恰当的奖励和惩罚无助于削减人们的痛苦，更无益于增进人们的幸福。② 在罚赏都有相应的法律规定的情况下，当道德和法律出现差异时，是以圣人的高标准要求所有人，还是满足最低限度的要求即可？答案是后者。既然刑赏都可以保证最低限度的公平，何愁正义、良善的法制不会实现。

其次，"刑疑附轻，赏疑从重，忠厚之至"涉及我国刑事诉讼制度的一项基本原则，即"疑罪从无"原则。疑罪从无原则又称"有利被告原则"，是无罪推定原则的一个派生标准。它是指由于现有证

---

① 参见黄坤尧：《曾巩、苏轼、苏辙同题作品：行赏忠厚之至论的高下比较》，载《第四届宋代文学国际研讨会论文集》，392 页，杭州，浙江大学出版社，2006。
② 参见张武举：《刑法的伦理基础》，133 页，北京，法律出版社，2008。

据既不能完全证明被追诉人的犯罪行为，也不能完全排除被追诉人实施犯罪行为的嫌疑，根据无罪推定原则，从诉讼程序和法律上推定被追诉被告人无罪，从而终结诉讼的法律原则。

古罗马法中采用"罪案有疑，利归被告"的原则，从有利于被告的角度出发，作出从宽或从免的判决。"疑罪从无"原则在资产阶级启蒙运动中被作为一项原则提出来。1764年意大利刑法学家贝卡利亚首先提出了无罪推定的理论构想，后该原则被许多西方国家的宪法、宪法性文件或国际条约所采用。我国古代刑法对疑罪普遍采取从轻、从赦的处理方法。在夏朝，立法者就对疑罪提出了"从轻、从无"的主张。古代典籍中最早记载疑罪问题的是《夏书》。到了唐代，疑罪的处理原则已被制度化、规范化。《唐律》中规定疑罪可以财赎刑。宋代也沿用此项规定。

"疑罪从无"强调了对犯罪嫌疑人、被告人基本人权的保护，是基本人权原则的体现。我国现行宪法或法律条文中虽然较少明确出现"基本人权"的字样，但是基本人权原则可以说是在制定和实施宪法及法律的过程中必须遵循的最基本的准则，是贯穿整个法律运行过程的基本精神，也是我们运用法律规范调整各种社会关系、确认国家和社会制度的基本要求。基本人权原则是宪法调整社会关系领域中的最高标准。它要求将保障人权作为宪法的重要内容加以规定，同时以此作为国家一切活动的出发点和落脚点。

新修订的《中华人民共和国刑事诉讼法》第2条规定：中华人民共和国刑事诉讼法的任务，是保证准确、及时地查明犯罪事实，正确应用法律，惩罚犯罪分子，保障无罪的人不受刑事追究，教育公民自觉遵守法律，积极同犯罪行为作斗争，维护社会主义法制，尊重和保障人权，保护公民的人身权利、财产权利、民主权利和其他权利，保障社会主义建设事业的顺利进行。这是自宪法宣告"尊重和保障人权"后，我国部门法第一次对人权作出明确规定。虽然只是短短七个字，但却反映出刑事诉讼法修改的基本理念，即惩罚犯罪应服从人权保障这一目标。这一规定将人权保障上升至基本原则的高度，预示着立法者在刑事诉讼目的的追求上，重人权保障多于惩罚犯罪，这也是诉讼价值的选择；反映了我国改革开放以来，刑事诉讼立法、司法实践领域观念的较大转变。

当然，现阶段我国仍存在法律不完善的问题。如对见义勇为行为的认定及相关规定就较为严苛。惩恶扬善、见义勇为是人类社会的高尚义举，也是我们中华民族的传统美德，这种行为一直备受人们普遍赞赏。近年来，见义勇为却成为一个极为沉重的社会话题，出现英雄流血流汗又流泪的无奈。从长远来看，当然要不断地提高全民族道德素质和精神内涵，但是从现实来看，则更需要健全和完善有关见义勇为方面的法律法规，使见义勇为行为人能够得到及时、有效的救济。而目前我国31个省（自治区、直辖市）出台的关于规范和保障见义勇为行为的规范性文件只有19个条例、8个规定、4个办法，仍没有一部统一的法律对见义勇为行为作出权威规定。这方面的问题是值得我们思考的。

复仇解

（宋）王安石

王安石（1021—1086），字介甫，
号半山，封荆国公

　　或问复仇，对曰：非治世之道也。
明天子在上，自方伯、诸侯以至于有
司①，各修其职，其能杀不辜者少矣。不
幸而有焉，则其子弟以告于有司，有司
不能听，以告于其君；其君不能听，以
告于方伯；方伯不能听，以告于天子，
则天子诛其不能听者，而为之施刑于其
仇。乱世，则天子、诸侯、方伯皆不可
以告。故《书》说纣曰："凡有辜罪，乃
罔恒获。小民方兴，相为敌仇。"②盖仇
之所以兴，以上之不可告，辜罪之不常
获也。

　　方是时，有父兄之仇而辄杀之者，君子权其势，恕其情而与之，

---

① 方伯：一方诸侯之长，后泛指统辖一方的长官。有司：一般官吏。
② 引语出自《尚书·微子》。纣：商朝末代君主。

可也。故复仇之义，见于《春秋传》①，见于《礼记》②，为乱世之为子弟者言之也。

《春秋传》以为父受诛，子复仇不可也。③ 此言不敢以身之私，而害天下之公。又以为父不受诛，子复仇可也。此言不以有可绝之义，废不可绝之恩也。

《周官》之说曰："凡复仇者，书于士，杀之无罪。"④ 疑此非周公之法也。凡所以有复仇者，以天下之乱，而士之不能听也。有士矣，不使听其杀人之罪以施行，而使为人之子弟者仇之，然则何取于士而禄之也？古之于杀人，其听之可谓尽矣，然犹惧其未也，曰："与其杀不辜，宁失不经。"⑤ 今书于士则杀之无罪，则所谓复仇者，果所谓可仇者乎？庸讵知其不独有可言者乎？就当听其罪矣，则不杀于士师，而使仇者杀之，何也？故疑此非周公之法也。或曰：世乱而有复仇之禁，则宁杀身以复仇乎？将无复仇而以存人之祀乎？曰：可以复仇而不复，非孝也；复仇而殄祀，亦非孝也。以仇未复之耻，居之终身焉，盖可也。仇之不复者，天也；不忘复仇者，己也。克己以畏天，心不忘其亲，不亦可矣。

【解析】

王安石是北宋一位杰出的政治家、思想家、文学家。他少怀大志，博学多思，随父宦游各地，目睹了北宋"民劳财匮"的社会状况，在哲学、经济、教育、伦理等方面提出了一个完整的新的思想体系——"荆公新学"，旗帜鲜明地表明了自己的唯物主义立场，给当时的思想界带来一丝清新的空气，对后来中国学术思想的发展产生了较大的影响，也为其政治改革奠定了思想基础。王安石自22岁考中进士，踏入仕途，近三十年地方官生涯，兴修水利，发展生产，小范围地推行了改革弊政的革新措施。1059年写了著名的《上宗仁皇帝言事书》，提出了全面改革的主张，为后来的"熙宁新法"运

---

① 《春秋传》：此指《春秋公羊传》，儒家经典之一。
② 《礼记》：亦为儒家经典之一。《礼记·典礼上》有"父之仇，弗与共戴天"等有关论述。
③ 语出《春秋公羊传·定公四年》。
④ 《周官》：即《周礼》，汉代以前名《周官》，相传为周公所作。此引语出自《周礼·秋官·司寇》。
⑤ 引自《尚书·大禹谟》。

动构思了一幅蓝图。1069～1076年王安石两度为相，在他的"荆公新学"思想的基础上，他又大胆地提出了"天变不足畏，祖宗不足法，人言不足恤"这样振聋发聩的政治思想。为改变北宋的政治局面，王安石不顾守旧势力的反对和阻挠，发动和领导了一场以"理财"、"整军"为中心，以"富国强民"为目的，涉及社会、政治、经济、军事、文化各个方面的规模巨大、威武雄壮的社会变革运动，史称"熙宁新法"。王安石因此被列宁称赞为"中国十一世纪的改革家"。

此篇《复仇解》就是王安石对是否应该鼓励私人复仇这一问题提出自己的看法。"解"是古代的一种文体，其特点是对事物进行解释，阐明道理，如韩愈的《进学解》，"解"类文章一般是对一个道理的阐明。在本文中，王安石认为是否应该复仇要分为"治世"和"乱世"两种情况来看待，如果是在安定的年代，复仇就非治世之道也。根据作者理解，政治清明、社会安定的时代人们是不用复仇的，就算是偶尔有无辜者不幸被害，受害者子弟也可以向当地官吏告发，如果地方官吏不予受理审决，可将案情上告诸侯，诸侯不受理，可以上告方伯，方伯不受理可以上告天子，天子最终会为受害者主持公道。但是，"乱世，则天子、诸侯、方伯皆不可以告"。作者引用《尚书》中商纣王统治天下的情况，受害者子弟上告无门，杀人者不被逮捕，于是就有了"子为父"、"弟为兄"复仇杀人的行为，那时候的君主权衡社会动乱的时世，同情复仇者无处申冤的实情，因而认可他们的复仇行为。所以复仇所体现的正义都是针对动乱时代的受害者子弟而言的。王安石进一步驳斥了《周官》上说的"凡复仇者，书于士，杀之无罪"的观点，认为若是凡想复仇的子弟，只要向刑官登记备案就可以杀死仇人，那么有什么必要专门设置白受俸禄的刑官之职？而且复仇对象没有申辩，又怎么知道复仇者所报之情确实可信。文章的最后作者借别人之口提出了一个问题：动乱时代如果有禁止复仇的法令，那么受害者子弟是宁可冒死罪复仇呢，还是不复仇而保全性命以延续宗祀呢？作者认为，可以复仇而不复仇的是不孝，因为复仇而断绝宗祀也是不孝，那么就不要复仇了，但是终身不忘未复仇的耻辱，不忘至亲就可以了。

王安石的这篇解说，阐述了他的法律思想，其中最为重要的就是以下几点①：

其一，"吏不良，则有法而莫守；法不善，则有财而莫理"的吏治观。王安石非常推崇孟子的观点，即"徒善不足以为政，徒法不足以自行"。他意识到虽然通过变革，创立了善法，但是善法还需要有良吏来执行，否则也不能达到国治民安的目的。他强调善法和良吏都是国家治乱安危的关键，在善法和良吏两者之间，良吏尤为重要。王安石认为赵宋王朝政治腐败、积贫积弱的重要原因在于"在位不才"，他将整饬吏治、选取人才作为其变法改革的核心。"夫合天下之众者财，理天下之财者法，守天下之法者吏也"。王安石在加强吏治方面也十分重视人才，并善于发现人才，合理使用人才。他说："国以任贤使能而兴，弃贤专己而衰。此二者，必然之势，古今之通义。"又说："有贤而用，国之福也，有之而不用，犹无有也。"他曾经对当时宫廷里贤能的人不能发挥作用极为痛心疾首。他说："故上下偷惰取容而已，虽有能者在职，亦无以异于庸人。"

其二，"礼法并用，德主刑辅"的法治观。王安石继承发扬了自汉代以来逐步确立的正统儒家思想，他一一剖析了古代治理国家的"任德之政"、"任察之政"、"任刑之政"三种统治手段的利弊。"任德则有不可化者，任察则有不可周者，任刑则有不可服者"。任德的统治方法虽能够使不少人受到感动，但总有冥顽不化的歹徒感化不了，这种统治方式的缺点在于"无以正暴恶"；任察的统治方法虽可以使许多大臣不能妄想违法乱纪而蒙混过关不受处罚，但总会有"漏网之鱼"善于隐瞒的贪官污吏得以逃脱法网，这种统治方式的缺点在于"无以周隐微"；任刑的统治方法则有"专任刑杀"的缺点，自取灭亡的强秦"专任刑杀"就为前车之鉴。分别使用不同的治国手段或多或少能够起到一定的效果，但只是实现"小治"，不能实现"大治"。所谓"大治"，在王安石眼中就是"圣人为政之道"，要求任德、任察和任刑三种统治方式结合使用，从而做到"仁足以使民不忍欺，智足以使民不能欺，政足以使民不敢欺"（《王文公文集》）。

其三，"有司议罪，惟当守法"的执法观。"有治人，无治法"，

---

① 参见卓帆：《简析王安石的法律思想》，载《江西社会科学》，1987（1）。

王安石不仅重视立法，也十分重视执法问题，尤其强调执法者要依法办事，依律断狱。王安石旗帜鲜明地提出："有司议罪，惟当守法。情理轻重，则敕许奏裁。若有司辄得舍法以论罪，则法乱于天下，人无所措手足矣。"（《文献通考·刑考》）他认为司法人员审理案件必须以律法为依据，依法断狱，不能法外论罪，以礼释法，破坏法律的严肃性。为了解决在执法过程中司法人员用刑不当的问题，王安石还主张加强对司法机关的监督，建议中书省有权改定刑名，以纠正司法机关的错误。

分析王安石法律思想的几个方面，我们可以看到《复仇解》尤其体现了王安石"有司议罪，惟当守法"的执法观。他赞同《春秋公羊传》里"父受诛，子复仇不可也"的观点，认为"此言不敢以身之私，而害天下之公。又以为父不受诛，子复仇可也。此言不以有可绝之义，废不可绝之恩也"。就是说，君臣之义可以断绝，父子之义不可以断绝，不能因君臣之义而不报父母之恩，但是他又提倡，在动乱时代如果有禁止复仇的法令，子弟还是要约束自己以敬畏天意，不要再去复仇了。

王安石仍旧主张人治和法治的结合，在《取材论》一文中，王安石提出："所谓诸生者，不独取训习句读而已，必也习典礼，明制度，臣主威仪，时政沿袭，然后施之职事，则以缘饰治道，有大议论则以经术断之也。"他明确指出，儒生要有治国安民的思想，要"习典礼，明制度，臣主威仪"，这一切都只有一个目的，就是好好治理国家，为天下苍生造福。如果管理者本身的素质能够达到一定水平，那么国家的强盛则指日可待了。

他坚持以礼为先导，但是从来没有忽略法制的作用，在实际法律运用方面，他也是偏向于守法的，例如在"阿云案"中，他就曾说："有司议罪，惟当守法。情理轻重，则敕许奏裁。若有司辄得舍法以论罪，则法乱于天下，人无所措手足矣。"可见王安石还是很看重法令律例的，这一思想相当进步。虽然他所处的封建社会的时代性决定他逃不出封建特权思想对于法律执行的影响的局限性，但是在特权之下，主张人人必须遵守法律还是有积极意义的。而在礼和法的关系上，王安石是主张以礼为导、以法为治的：礼的作用是引导人的思想，防范社会犯罪，法则是用来约束人的行为，保障社会安定的；礼和法的作用是互补的。王安石主张变革弊法、创立新法，强调执法者依法断案等法律思想，目的虽是以挽救赵宋王朝统治危机为出发点，但在当时的历史条件下，这一思想对改善百姓的悲惨处境，促进社会生产的发展还是产生了一定的作用。王安石对于治国，也是有一套自己的理论的，尤其是他在"任人唯亲"的主流社会环境下能够提出"教之、养之、取之、任之"的人才选任方法，时至今日对我国现行的司法体制改革都有积极的意义。王安石"守天下之法者莫如吏"这一重要法律思想，在他任职期间，基本上付诸他的改革实践，曾对推进改革和整顿吏治起了重要的作用。虽然他强调官吏守法，洞察官吏能否守法是改革成败的关键，并对任官择吏和怎样加强官吏知法守法等提出了一系列十分明确的看法，但在实践中毕竟有他的阶级局限性，或失之于偏激，或失之于软弱，未能尽善。且从根本上来说，封建君主专制本身就是个不能守法的制度。在这一制度下要求官吏普遍守法是不可能实现的。封建官吏不守法的现象，正是这一制度的必然产物。所以，王安石的改革最终免不了失败。然而他那"守天下之法者莫如吏"这一有识之见，值得我们反思如何治理当下屡治不止的官场腐败问题时好好借鉴。

佛之言在册，
知之者少，
形于繪畫，
則人人得見，
而慘刻之吏智
巧由是滋矣。

酷刑论

（宋）胡寅

胡寅（1098—1156），字明仲

　　自古酷刑未有甚于武后①之时，其技与其具皆非人理，尽出于佛氏所说地狱之事也。佛之意本以怖愚人，使之信也。然其说自南北朝澜漫至唐，未有用以治狱者，何独言武后之时效之也。佛之言在册，知之者少，形于绘画，则人人得见，而惨刻之吏智巧由是滋矣。阎立本图，地狱变相，至今尚有，况当时群僧得志，绘事偶像之盛，此可知矣。是故惟仁人之言其利溥，佛本以善言之谓，治鬼罪于幽阴间耳，不虞其弊使人真受此苦也，吁！亦不仁之甚矣。

【解析】

　　胡寅也被称为致堂先生，史料记载胡寅，"少桀黠难制，闭于空阁。阁中有杂木，寅尽刻成人形。安国道：'当设法移其心'。乃置

---

① 武后：武则天，690～705年在位。曾任用酷吏，屡兴大狱，残害宗室朝臣。此事可见本书解析周矩《谏制狱酷刑疏》一文。

书数千卷。年余，寅悉能成诵，不遗一卷"。他在谪所，曾作《读史管见》数十万言及论语详说。

胡寅论事皆以儒家元典为据，其言行皆以礼为守则。湖湘学派务实的思想、原始儒家身体力行的实践思想在其身上明显体现出来，从这个角度来说，胡寅不愧是一个真正的儒家。但是正因为如此，胡寅反对激烈的社会变革，对王安石的变法和其新学都有所排斥，他主张的是用儒家传统的治世之道来拯救南宋王朝衰亡的命运。然而其学说多不符合当时的实际需要，后人这样评价他所著的《读史管见》："寅作是书，因其父说，弥用严苛。大抵其论人也，人人责以孔、彦、思、孟，其论事也，事事绳以虞、夏、商、周。名为存天理，遏人欲，崇王道，贱霸功，而不近人情，不揆事势，卒至于窒碍而难行。"这也可以作为对胡寅的整个思想的一个评价，虽然此评说有刻意抨击宋明理学之嫌，但也有可借鉴之处。

正因为坚持儒家的仁治思想，才有了胡寅的《酷刑论》里面坚持的立场。儒家的礼法、仁治都深深根植在他的思想中，对北宋中后期愈演愈烈的酷刑，他本能地提出了批评和担忧。他在《酷刑论》中写道：酷刑的方式都是从佛教所描述的地狱的情况衍变而来，本来佛教的用意只是恐吓愚昧的人，让他们相信地狱的存在，但是到了他所在的时代却让人真正遭受这种酷刑，这和佛教的高妙的言论和原本的教化相违背，算得上是最不仁慈的行为了。胡寅从酷刑的起源说起，指出现存刑法的弊端。胡寅的《酷刑论》的产生是有一定的时代背景的，在当时具有进步意义，但是他发现了酷刑实施的现实残忍性，却没有深刻论证酷刑的社会起因，酷刑的反人性和实施的社会效果，以及其必然导致的失败结果，未能给统治者以足够的警戒。当然，这是那个时代大背景下的产物，我们也不加妄论。

从历史上看刑罚的发展，宋承唐制，北宋建立之初，继承唐代、五代的法律，史称："国初，用唐律、令、格、式外，又有《元和删定格后敕》、《太和新编（格）后敕》、《开成详定（格）》、《（大中）刑法总要格（后）敕》，后唐《同光刑律统类》、《清泰编敕》，（后晋）《天福编敕》，（后）周《广顺续编敕》、《显德刑统》，皆参用焉。"① 可以说除了后梁的法律以外，唐代、五代的法律都获得继

---

① 《宋刑统》卷1，名例律。

承和发挥作用。北宋朝廷为了巩固政权，开始了统一法律的工作。自唐代《大中刑律统类》采取"以刑律分类为门，而附以格、敕"的编纂形式，后唐、后周便相继以此形式编撰《刑统》。建隆四年（963 年）二月，诏以后周《显德刑统》为基础增删改修；七月，修成《重定刑统》（史称《宋刑统》）30 卷，也依《唐律疏议》分为名例、卫禁、职制、户婚、厩库、擅兴、贼盗、斗讼、诈伪、杂律、捕亡、断狱等 12 篇；篇下设门，共 213 门，律后附敕、令。《宋刑统》的律文，基本上抄袭唐律，改动不大，以及所编《建隆编敕》，"诏刊板模印颁天下"，成为中国历史上最早刻印的法典，后虽有数次小的修改，但大体沿用至宋末。

在中国封建刑罚制度史上，有两次具有进步意义的改革。一次是西汉文景时期，从法律上将奴隶制度下所实行的肉刑废除了，为封建刑制的形成奠定了基础；另一次是隋文帝制定《开皇律》时，废除了枭首、车裂等酷刑，确立"笞、杖、徒、流、死"为封建五刑，而在死刑中只存斩、绞两种，使封建刑罚制度向着文明又前进了一步。但是，刑罚作为皇权"威严"的体现和阶级镇压的工具，又无不随着专制主义的不断强化和阶级斗争形势的需要而出现法外用刑。可以说，法外用刑是封建司法中普遍存在的一个社会现象。[1]宋朝的刑事法典《宋刑统》以及宋朝的编敕、编例的相关内容，相辅相成，相互补充，为稳定当时的统治秩序，以及惩治社会犯罪发挥了重要作用。它们是宋朝刑法的主要构成部分。宋太祖赵匡胤夺取后周政权，建立宋王朝后，在总结历史经验的基础上确立了刑法的指导思想与原则，表现在以下方面：首先是以预防为主的指导思想。宋太祖生活在动乱的五代时期，他目睹了五代在短短的数十年中，"帝王凡易八姓"、"潜窃相重"的深刻教训，同时总结了黄袍加身的切身经验，所有这些都使宋太祖"居常思变，居安思危"。事为之防，曲为之制，他主张把预防犯罪作为刑法的指导思想与主要原则，用以对付社会上的刑事犯罪，稳定新建的封建王朝。由此，宋太祖在位期间，"终夕未尝安枕而卧"，始终把预防社会犯罪，特别是谋反、叛乱等政治犯罪放在刑事立法与刑事司法的首位，以此

---

[1] 参见张晋藩、郭成伟：《中国法制通史》，第五卷第五章，北京，法律出版社，2012。

来巩固宋王朝统治。其次是重典治"贼盗"的刑法指导思想。进入封建社会后，战国时期的魏国国相李悝在制定《法经》时，明确提出"王者之政，莫急于盗贼"的指导思想，并影响了整个封建后世。宋也不例外，在当时统治者看来，"贼"类犯罪的主要矛头是对准封建地主阶级，特别是封建君主专制制度，同时也威胁到统治阶级与一般社会成员的生命安全。宋朝初期统治者把当时的社会混乱当成乱世的具体表现，认为治乱世须用重典。

北宋进入中期以后，在与辽和西夏的战争中失败，更造成了宋朝严重的政治与经济危机。为了摆脱困境，北宋中期统治者不得不调整统治政策，冲破《宋刑统》等国家大法的束缚，采取更加严厉的镇压手段来对付社会上激烈的反抗斗争。比如《重法地法》，它是从皇帝编敕的形式演变而成的一种强化镇压的刑事特别法。"敕"是封建皇帝临时发布的命令，它具有至高无上的法律效力，但是比较零散，不便统一使用，是强化皇权专制的重要手段。北宋后期，宋王朝打破常法的约束，调整统治政策，把重法视作灵丹妙药，妄图依赖重法，清除贼盗犯罪，帮助他们摆脱严重的社会危机。

宋代法外酷刑种类之多，手段之残酷，皆是前代所少见。正如钱易所言："古帝王不能行之者，今皆行之；近代未复古者，今皆复之。"即使"古之五虐之刑，不酷于今矣"。从古代酷刑的适用对象来看，除杖杀、弃市在宋初多用于官吏的贪赃枉法罪之外，其余更惨毒的法外酷刑，主要用于侵害皇权、"谋危社稷"的谋反及强盗重罪。宋代的法外酷刑之所以种类繁多、如此惨毒，适用广泛，与宋代始终处于"盗贼充斥，所在窃发"的阶级斗争形势紧密相关，从大量案例中的用刑对象也足以说明这些。对于法外酷刑，一些士大夫早有禁除之请。宋太宗太平兴国初年，刁衎在《谏刑书》中就提道："淫刑酷法非律文所载者，望诏天下悉禁止之"。宋真宗咸平五年（1002年），钱易又"请除非法之刑"。景德二年（1005年）九月，臣僚在奏疏中亦指出："非法之刑，非所以助治也"。南宋陆游亦有除凌迟之请，他说凌迟刑"实非圣世所宜遵也"。而杨万里更尖锐地指出："严刑者不可常用，时用则王，常用则亡"①。宋代于常

---

① 转引自郭东旭：《宋代酷刑论略》，载《河北大学学报》（哲学社会科学版），1991（3）。

法之外广泛采用酷刑，突出地反映了宋代阶级斗争始终尖锐、激烈的时代特征。统治者采用严酷的刑罚镇压农民阶级反抗，但是不着手解决农民群众面临的悲惨境遇，这种反人民的性质决定了其统治必然归于失败。神宗去世后，变法宣告失败，但是"律敕并行"以至于"以敕破律"的传统，不但延续到北宋灭亡，而且截止到南宋灭亡之前也没有改变。据粗略统计，宋哲宗统治时期，以及宋徽宗统治前期，一直沿袭对贼盗以重法惩治的做法，直至宋江、方腊大规模农民起义发生后，宋徽宗才改为残酷的军事镇压，而暂时放弃重法镇压的手段。

时至今日我们已经进入到 21 世纪，我国正在建设社会主义法治国家，完备的法律对国家的发展至关重要，但是法律并不是法律工作者在象牙塔中闭门造车的产物，法律要符合时代精神，符合人们对真、善、美的追求。刑法作为诸法中制裁最为严厉的法律，更应该对每一条规定慎之又慎。在当今时代，对人的尊重始终是首要的，肉刑因为其违背人性，甚至折射出动物界对同类残杀的野蛮而早已经被摒弃，但是对正义的追求、对生命的尊重却远远没有达到我们的目标，存在的很多问题在国际上都有广泛讨论，比如堕胎的合法性，对死刑的存废问题。一个国家的刑法深刻地反映了其法治和社会发展的水平，我们要以史为鉴，以人为本，在新时期的发展中结合国情推动社会进步，并且在此基础上完善法律体系，让刑法成为预防的手段和最后的屏障，而不是可以随时加以运用的杀人工具。

總之一稟承于律，必使理麗于法，罪協其情而後已。

慎刑疏

（明）许獬

臣按：国家设官，一事止属一部。而特于用刑一节，有刑部①以专理之，而又有都察院②同鞠问，大理寺③平反，总之一禀承于律，必使理丽于法，罪协其情而后已。可见祖宗重刑之意较他事尤为拳拳曲切，此群下不得以恩怨为出入，天子不得以喜怒为重轻者。良法美意，岂不炳若日星哉！

何独于今刑愈繁、律意愈晦耶？总愧问刑衙门于律意毫不讲究，所以一当断狱，条例茫然，再经旨驳，便尔牵合矣。大半移情就律，何尝按律定辜。即不然而中无确见，不敢成招，或先后延挨，或彼此推诿，以致初终异词，证佐改口。一狱而淹禁数月，传染渐入瘴乡，一案而沉滞年徐，磨累几登鬼録。诸如此类，实可涕零。职非不严催，

许獬，生卒年不详，又名许钟斗，字子逊，著有《许钟斗集》

① 刑部：中央司法机关，掌管受理全国刑狱，审判罪犯。
② 都察院：中央监察机关，对审判、复核进行监督，检举不法情事，弹劾官吏。
③ 大理寺：中央审判机关，负责复核，驳正已审案件。

因循终是，谬为牵合。倘有游移附合者，罪勿宥。庶列得居平，而太和在宇宙间矣。

【解析】

许獬，万历二十九年（1601年）进士，授翰林院编修。不谐俗，好读书，著有《许钟斗集》5卷、《八经类集》2卷、《四库总目》传于世。许獬认为，"取天下第一等名位，不若干天下第一等事业，更不若做天下第一等人品"。在他的人生道路中，他无时无刻不在实践自己的人生理想。

"慎刑"思想在我国已有三千多年的历史，其思想的渊源可以追溯到尧舜时代。舜时皋陶有言："帝德罔愆，临下以简，御众以宽。罚弗及嗣，赏延于世。宥过无大，刑故无小。罪疑惟轻，功疑惟重。与其杀不辜，宁失不经。好生之德，洽于民心，兹用不犯于有司。"① 皋陶认为，宽宥过失犯罪不论罪多大，处罚故意犯罪不问罪多小；罪可疑时从轻，功可疑时从重。皇帝尊爱生命的美意，合于民心，则人民就不冒犯官吏。皋陶所提出的这些司法主张，就是"慎刑"思想的渊源，然而系统地提出"慎刑"思想的是西周时期的周公。周公在总结夏商统治时期的经验，特别是商朝亡国的教训的基础上，提出了"敬德保民"、"明德配天"、"明德慎刑"的主张。西周统治者为了缓和社会的矛盾，巩固周王室的统治地位，接受了大臣吕侯的建议，以"明德慎罚"为指导原则，制定《吕刑》。《尚书·吕刑》记载："上刑适轻，下服；下刑适重，上服。轻重诸罚有权。刑罚世轻世重，惟齐非齐，有伦有要。"上刑适于更加轻的判决，就使用下刑；下刑应适用更重的刑罚，就应适用上刑。刑罚时轻时重，应当根据当时的情况决定，允许灵活地处理。西周的"慎刑"思想贯穿从法律实施到法律执行的整个过程中，主张针对案件情形反复斟酌、裁量，区分眚与非眚、非终与惟终等刑罚原则，反对"罪人以族"，主张"罪止其身"，废除了严酷的刑罚。

"慎刑"思想在后世得到进一步发展。春秋战国时期，以孔子为代表的儒家学派提出了"以刑辅德，以德去刑，恤刑慎杀"的主张，儒家学派认为德和刑都是统治者不可或缺的两种统治手段，但主张

① 《尚书·大禹谟》。

德主刑辅。孔子主张："礼乐不兴，则刑罚不中，刑罚不中，则民无所措手足。"① 如果礼乐不兴盛，那么刑罚不能恰当地适用，人民也会手足无措，不知道如何遵守法律。孔子这句话表明礼是调控社会的主要手段，刑罚只是规范社会的次要手段。儒家在统治方法上，提倡"为政以德"的"德治"或"以德服人"的"仁政"，这是慎刑观的思想基础。西汉时期，随着儒家学说的大力推及，"德主刑辅，礼刑并用"的思想开始成为封建正统法律思想的核心部分。唐初统治者明确提出了"慎刑"思想，奉行"德礼为政教之本"。在法律制定方面，法律应由繁到简，去重从轻；在适用刑罚特别是死刑时应审慎；在审判方面，唐朝首创"九卿议刑"制和"五复奏"制度，判决死刑须经严格的程序，执行死刑也要皇帝复核。唐宋之后的封建社会，开始步入衰落时期，统治者的用刑思想有从轻刑主义向重刑主义转变的趋势。明朝提出"重其重罪，轻其轻罪"的思想。《明史·刑法志》记载："盖太祖用重典以惩一时，而酌中制以垂后世，故猛烈之治，宽仁之诏，相辅相行，未尝偏废也。"明朝推行"重其重罪，轻其轻罪"的法律政策源于其所处的特定的社会形势。在明初，朱元璋"昔在民间时，见州县官多不恤民，往往贪财好色，饮酒废事，凡民间疾苦视之漠然，心实怒之。故今严法禁，但遇官吏蠹害吾民者，罪之不恕"。朱元璋生于贫困之家，对地方县官的行为有非常深刻的了解，对州县官吏贪财愚民的行为深恶痛绝。明初时期中原未平，军旅未息，经历连年战火，经济陷于崩溃，各个阶级的矛盾非常激烈。他总结了历代治世的经验教训，认为"姑息"是国内战乱的根源，提出"历代多因姑息，以致奸人惑侮"。因此，朱元璋主张以重典治天下。清代康熙帝从"敬慎庶刑刑期无刑"思想出发，强调司法官吏在断案过程中应当慎刑慎杀，实行死刑缓刑制度。清末著名法学家沈家本也提倡慎刑，反对重刑酷刑。在修订法律的活动中，依照中国传统仁政思想对大清刑律进行了修改，该法典删除了凌迟、枭首、戮尸、缘坐和刺字等残酷的刑罚，禁止刑讯和买卖人口，废弃了奴婢律例，统一了满汉刑律。慎刑思想是贯穿古代立法和司法实践的主流思想，其思想闪耀着儒家"仁"

---

① 《论语·子路》。

和"礼"的光辉。

明朝集中体现"慎刑"思想的律令是《大明律》,其中关于断罪引律令条之规定则集中反映了罪刑法定的原则。该条规定:"凡断罪,皆须具引律令。违者笞三十,若数事共条,止引所犯罪者,听。其特旨断罪,临时外治,不为定律者。不得引比为律。若辄引比,致罪有出入者,以故失论。"① 凡是断案定罪都应当依照律令的相关规定,故意引比者,以故意出入人罪及所增减连坐定罪,这说明《大明律》中具有罪刑法定的性质,对于司法官吏的自由裁量权有所限制。《大明律》中规定:"凡律令该载不尽事理,若断罪而无正条者,引律比附,应加应减,定拟罪名,转达刑部,议定奏闻。若辄断决,致罪有出入者,以故失论。"② 即明朝司法官员审理案件应当依照《大明律》,但当《大明律》中没有相关规定时,可以依照比附律定罪量刑。明朝允许司法官员进行类推,但是其类推必须经过皇帝的批准,因此是一种有限制的类推。

明初时期,朱元璋认为"吾治乱世,刑不得不重。汝治平世,刑自当轻,所谓刑罚世轻世重也"③。他制定《大明律》,并根据"刑乱国用重典"的传统思想,为了力矫元末纲纪废弛、官吏恣纵的积弊,亲自编订《大诰》四编,制定了各种峻令和训诫,收录了大量的严惩官吏和民众的案例。而到明朝中后期,一方面皇帝为了强化封建专制,肆意破坏法律,在实践中以例代法,严重地损害了法律的权威与稳定性。另一方面皇帝疏于政务,越来越重视对宦官的利用,导致宦官专政,厂卫插手司法案件的审查常常使"法司掣肘"。对于宦官作出的判决,司法官员即使"洞见其情",也不敢擅自改动一个字,宦官的倒行逆施,导致了大量的冤假错案。一些地方官员在处理基层社会的一般纠纷事务中,也会制定发布一些具有法律效力的文告或禁约。这些文告或禁约大多是为了迎合上层的意图,并没有体现"明德慎罚"的思想。司法官员在调查和审理案件的过程中,往往改动犯罪事实使之靠近法律,并不是按照法律规定定罪。

---

① 《大明律》卷28《刑律》。
② 《大明律》卷1《名例》。
③ 《明史·刑法志》。

　　本文是上书给皇上的奏折，在奏折中，钟斗主张："总之一禀承于律，必使理丽于法，罪协其情而后已。可见祖宗重刑之意较他事尤为拳拳曲切，此群下不得以恩怨为出入，天子不得以喜怒为重轻者。"也就是说，审理案件必须依照法律，罪名与犯罪事实应当相符，官员不能将个人的恩怨作为入罪的标准，君主也不能将自己的喜怒作为重刑轻罚的依据。文章中作者的主张与《大明律》的规定相符。作者还探讨了刑法变得更加繁密、法律含义更加晦涩的原因。他认为这都是因为审理刑狱的官员丝毫不研究法律的含义，只是受牵制而迎合皇帝的意思。作者身处神宗时期，神宗亲政后，励精图治，每天治理朝政十余个小时。他废除了张居正改革中类似于"考成法"这样的弊政，安抚流民，减少徭税，大大减缓了社会矛盾。他生活节俭，有勤勉明君之风范。但是到了后期，神宗皇帝"怠于临朝，勇于敛财，不郊不庙不朝者三十年，与外廷隔绝"[1]，使得明朝的法制日益腐朽。本文正是在法制极为腐败的情形下写成的。钟斗在文中力图实现太祖时期的刑罚公正的状态，以完善法制，建成太平盛世。

　　诚然，古代的"慎刑"思想与现代的罪刑法定原则有一定的联系：它们都力图使审理案件依照法律，从案件事实出发，建立完善的法制制度。罪刑法定原则是刑法规定的一项基本原则，其基本含义是"法无明文规定不为罪"和"法无明文规定不处罚"，即犯罪行为的界定、种类、构成条件和刑罚处罚的种类、幅度，均应事先由法律加以规定，对于《刑法》中没有明文规定为犯罪的行为，不得定罪处罚。罪刑法定原则渊源于中世纪英国的《大宪章》，其第39条规定：凡自由民除经其贵族依法判决或遵照内国法律之规定外，不得加以扣留、拘禁、没收财产，剥夺其法律保护权，或加以放逐、伤害、搜索或逮捕。这被认为是罪刑法定的渊源。罪刑法定原则由两个基本方面组成，其一是法律明文规定为犯罪行为的，依照法律定罪处刑；其二是法律没有规定为犯罪行为的，不得定罪处刑。第一个方面，可称为积极的罪刑法定原则；第二个方面，可称为消极的罪刑法定原则。积极的罪刑法定原则和消极的罪刑法定原则都有

____

① 《明史本纪》第二十。

其各自的含义。二者互相统一，运用刑罚权，惩罚犯罪、保障人权，与约束刑罚权，防止权力滥用，这就是罪刑法定原则的全面的、正确的含义。罪刑法定原则的这两个方面的含义集中到一点，就是对人权的保障。

古代"慎刑"思想与现代罪刑法定主义的契合，正是刑事政策对人权保障的大势之趋。钟斗作为明朝时期的官员，能从当时的时代背景出发，主张依照法律的规定来断案，对司法官员的自由裁量权进行限制，具有一定的前瞻性。这篇文章对我国古代罪刑法定主义的探讨，具有重要的研究价值。

三、刑法（案例篇）

且夫以私义而害公法，仁者不为；以公法而徇私节，王道不设。

复仇议状

（唐）陈子昂

先王立礼，所以进人也；明罚，所以齐政也。夫枕干仇敌，人子之义；诛罪禁乱，王政之纲。然则无义不可以训人，乱纲不可以明法。故圣人修礼理内①，饬法防外②，使夫守法者不以礼废刑，居礼者不以法伤义；然后暴乱不作，廉耻以兴，天下所以直道而行也。

窃见同州下邽人徐元庆父爽为县吏赵师韫所杀，元庆鬻身庸保③，为父报仇，手刃师韫，束身归罪④。虽古烈者，亦何以多。诚足激清名教，旁感

陈子昂（约661—702），
唐代文学家

---

① 内：内心，指精神方面。
② 外：指行为方面。
③ 庸保：受雇而被役使的人。
④ 束身归罪：投案自首。

忍辱①，义士之靡②者也。

然按之国章，杀人者死，则国家画一③之法也。法之不二，元庆宜伏辜④。又按《礼》经，父仇不同天⑤，亦国家劝人之教也。教之不苟，元庆不宜诛。

然臣闻在古刑之所生，本以遏乱；仁之所利，盖以崇德。今元庆报父之仇，意非乱也，行子之道，义能仁也。仁而无利，与乱同诛，是曰能刑，未可以训，元庆之可显宥于此矣。然而邪由正生，理心乱作。昔礼防至密，其弊不胜，先王所以明刑，本实由此。今倘义元庆之节，废国之刑，将为后图，政必多难，则元庆之罪，不可废也。何者？人必有子，子必有亲。亲亲相仇，其乱谁救？故圣人作始，必图其终，非一朝一夕之故，所以全其政也。故曰：信人之义，其政不行。且夫以私义而害公法，仁者不为；以公法而徇私节，王道不设。

元庆之所以仁高振古⑥，义伏⑦当时，以其能忘生而及于德也。今若释元庆之罪，以利其生，是夺其德而亏其义，非所谓杀身成仁全死无生之节也。

如臣等所见，谓宜正国之法，置之以刑，然后旌其间墓⑧，嘉其徽⑨烈。可使天下直道而行。编之于令，永为国典谨议。

【解析】

陈子昂，生于约公元661年，卒于公元702年，字伯玉，梓州射洪（今属四川）人。他是初唐著名诗人，反对唐初靡丽诗风，力主恢复汉魏风骨。青年时期，他政治热情很高，二十一岁入京，唐睿宗文明元年（684年）二十四岁中进士，为武则天所赏识，曾多次上书论政事，官至右拾遗。而后随武攸宜东征契丹，反对外族统

---

① 忍辱：此指沉默而不敢反抗。
② 靡：优秀。
③ 画一：明确统一。
④ 伏辜：定罪伏法。
⑤ 不同天：不共戴天。
⑥ 振古：往昔。
⑦ 伏：令人敬佩。
⑧ 旌：立坊竖碑加以表彰。间：里巷的大门。
⑨ 徽：美好。

治者制造分裂的战争，多次进谏，未被采纳，却被斥降职。其时，他写下许多诗篇，反映边地人民的痛苦，抒发报国壮志无法实现的悲愤。东征之后，辞官回乡，后被人陷害，冤死狱中，年仅四十二岁，今存《陈伯玉集》。

　　本文发生的事情记载于《旧唐书·文苑中·陈子昂传》之中："时有同州下邽人徐元庆，父为县尉赵师韫所杀。后师韫为御史，元庆变姓名于驿家佣力，候师韫，手刃杀之。议者以元庆孝烈，欲舍其罪。子昂建议以为：'国法专杀者死，元庆宜正国法，然后旌其闾墓，以褒其孝义可也。'当时议者，咸以子昂为是"。这是武则天统治下的一桩颇具影响力的案件。时年，御史大夫赵师韫于外出公干途中被人杀害于驿站之内。是什么人有如此能耐，能够公然在驿站之内杀害国家官吏，而使得被害人猝不及防呢？原来凶手徐元庆乃是为了给父亲报仇，忍辱负重卖身为奴，才得以藏身于驿站之内，伺机杀害仇人赵师韫。而他在复仇得手后即向官府自首。在当时，为父报仇是合道德义理的，并且为父报仇乃是孝子的典范。然而，杀人毕竟触犯了国法。究竟应当遵从国法将徐元庆处以极刑，还是应当依据道德伦理表彰徐元庆为父报仇的行为，这在当时引起了不小的争论。就在主流观点几乎已经认同应当表彰徐元庆为父报仇时，陈子昂力排众议，写下了这篇文章。

　　陈子昂认为，徐元庆为父报仇的行为本身是正义的，是值得肯定的，但正义的行为却产生了非正义的结果，徐元庆的行为的确致人死亡，触犯了国家法律。他的犯罪动机符合道德伦理的要求，但是犯罪行为却不容于国家法律。若单纯地将徐元庆处死，就会造成一个义举不但得不到嘉奖，反而像犯罪一样受到惩处的结果，这样就违背了先王的礼制，不利于德行的教化；但即使以礼制之严格，也未能禁止犯罪，因此先王要颁行刑法，如若弃国法于不顾而奖赏徐元庆，从长远来看必将给国家政治带来诸多不利，在此形成了一个道德与法律的两难悖论。另外，陈子昂认为徐元庆主动投案，正是杀身成仁，不顾生死而达成道德孝义的做法。因此，陈子昂认为应当成全徐元庆，对他处以极刑，但表彰他的行为，传扬他的美名。最后，陈子昂不乏骄傲地认为自己提出的解决方案值得后人效法，应"编之于令，永为国典"。以后若再有复仇案件，则应按照他的建议来判决。

陈子昂议状中的案件，是典型的血亲复仇。血亲复仇与同态复仇一样，是盛行于古代社会的复仇形式。血亲复仇具有强大的道德支点，是为儒家礼法所认同的正当行为。《礼记·曲礼》曰："父之仇，弗与共戴天，兄弟之仇，不反兵，交游之仇，不同国"。《公羊传》曰："不复仇，非子也"，"父不受诛，子复仇可也"。父亲被杀，儿子为父亲报仇，这是为儒家经典所鼓励甚至认为必须做的事情。而我国早期的法律也是允许和认同血亲复仇行为的。但是，无限制的复仇势必会导致无法收拾的恶性循环，这对于以维护国家安定秩序为目的的国家法律而言是不能容忍的。这样一来，人们的亲情伦常——从另一个角度上说是为亲人复仇的自由，与社会的安定团结之间形成了价值矛盾；而道德义务的要求与法律规范的禁止之间又形成了两种规则上的冲突，陈子昂的《复仇议状》一文正是提出他自己解决这一矛盾和冲突的措施。

正是由于价值与规则这两种层面上的冲突，导致徐元庆案件的争议。到底是应该维护传统道德，还是应当维护国家法律，案件的裁判者们在这二者的取舍之中摇摆不定。但最终仍是主张维护传统道德的一方占了上风。这显示了我国古代对道德的过分强调而对法律秩序的轻视，礼法冲突下法律向礼教纲常作出妥协，而陈子昂的提议至少从形式上维护了法律秩序不被破坏，从这一点上说它是具有进步意义的。从现代法律的角度来看，法律调整的是人们的行为，道德调整的是人们的思想，而陈子昂的解决方案也正是抓住了这一点。他将徐元庆行为的动机与行为本身区分开来，从徐元庆的动机上对其进行表彰，而在行为及造成的结果上对其进行惩处。这样，依据陈子昂的提议似乎就能很好地解决问题。

有趣的是，在几十年后，唐代的柳宗元提出了不同的看法。他的《驳复仇议》一文有理有据地驳斥了陈子昂的主张。柳宗元认为，陈子昂的主张在根本上是逻辑分裂的。"诛其可旌，兹谓滥；黩刑甚矣。旌其可诛，兹谓僭；坏礼甚矣。"杀掉值得表彰的人，这是对刑罚的严重滥用；而表彰应当杀掉的人，这是对礼制的巨大破坏。从根本上，柳宗元认为，"礼"与"刑"应当是一致的："盖圣人之制，穷理以定赏罚，本情以正褒贬，统于一而已矣。"有功该赏，有过该罚，这是古往今来的应有之义。但柳宗元认为，"其本则合，其用则异。旌与诛莫得而并焉"。就是说，刑和礼的目的是一致的，只是适用场合和对象不一，因而认为刑与礼不能并用。陈子昂的做法却恰恰是想要将刑和礼并用，陈子昂对于徐元庆案的这种分裂式的处理方法，必然会招致不利的后果："果以是示于天下，传于后代，趋义者不知所向，违害者不知所立"，人们就会因为"礼"与"法"的双重标准以及双重结果而难以抉择。

柳宗元认为，徐元庆案的关键在于，如当初能仔细辨别案情的真伪，查清是非起因，问题就都迎刃而解了。如果徐元庆的父亲没有犯罪，赵师韫杀他只是出于个人的私怨，而其他官员又不去过问这件事，上下互相蒙骗包庇，对喊冤叫屈的呼声充耳不闻，那么徐元庆忍辱负重为父报仇，这毫无疑问是遵守和奉行礼义的行为，根本谈不上治他的罪。而若徐元庆的父亲确是触犯了法律，那么赵师韫杀他就是奉公守法执行法律，徐元庆就没有任何理由杀害赵师韫。若是这样，徐元庆的做法就是仇视王法、杀害国家官吏，是犯上作乱；应该把这种人处死以正国法，根本谈不上任何表彰。柳宗元同时又引用了儒家经典，证明礼制也是反对为遭受刑罚的人复仇的。

从本质上来看，陈子昂与柳宗元的分歧在于，该不该将"礼"与"刑"的评价区分开来。陈子昂主张区分评价，而柳宗元则坚持认为"礼"与"刑"应当一致。陈子昂的观点更多是从法律的角度出发，而柳宗元则偏重于"礼"。这种分歧与西方法律思想史上古典自然法学与法律实证主义之间的争议颇为类似。古典自然法学大多认为道德追求是法律的应有之义，法律必须是道德的；而法律实证主义者们则一般认为法律与道德之间没有必然联系。

站在今人的角度来看，陈子昂将两者评价标准加以区分的方法显然是更符合现代法律理念的。但从当时所处的时代来看，不得不说陈子昂是超前的，太超前了！在古代人们根本无法理解动机和行为的区分，一件事就是一件事，好的就是好的，坏的就是坏的。这种思想反映到文学作品里就是形象的固定化，黑脸的是张飞，白脸的是曹操。而在礼治时代，动机无疑比行为的结果更重要，因此人们更倾向于表彰徐元庆，至少不能处死他。而正如柳宗元所说，陈子昂的解决方案本质上是不具有可操作性的，两种不同的评价机制和评价结果实际上会导致人们在抉择自身行为时发生错乱：是选择尽孝道为父报仇，然后被正法而丢掉性命；还是苟且偷生，但背负不孝的指责和良心上的挣扎？

传统的礼治社会盛行"春秋决狱"，礼制是高于法律规则和死板的条文的。虽然不时有因为个例而破坏国家法律的情况，但是对于当时的社会而言，对礼制和道德义理的遵守才是最重要的。在柳宗元看来，陈子昂无非是要了个小聪明，对一个人、一个行为的评价不可能既好又坏，只要深究徐元庆动机的真相，一切都可以明了。若是忍辱负重惩治法未能责的恶吏，那么必然是义举；若是单纯地挟私怨以报复正直的国家官吏，那么必将被处以极刑。需要注意的是，柳宗元的评价标准并不是"法"，而是"礼"。如果依据法律，杀人者就算不被处死，也不可能得到正面的评价。柳宗元的主张仍是依据"礼"来评价徐元庆的行为，但事实上不论动机如何，也不论徐元庆的父亲究竟是如何死亡，徐元庆本人都是违反了国家法律而犯下了杀人罪行的。因此从现代法律理念的角度来看，柳宗元的做法本质上仍是对法律规则的蔑视。

陈子昂的主张的确有双重标准的嫌疑，在人们的行为预期和案件裁判中采用双重标准是可笑的，但是陈子昂的看法多少触及了坚持礼刑统一的柳宗元等人有意无意回避的一个问题，那就是"礼"与"法"作为两种不同的评价机制，其价值侧重点也是不同的。相对而言，法更加注重秩序的构建，更加强调社会共同体内部的安全。哪怕徐元庆一案——依据柳宗元的前一种猜测——是赵师韫滥用权力杀害徐父，徐元庆的做法是应当值得表彰的，但该杀人事实仍然会给社会秩序和安全带来隐患和威胁。即便是为了某种高尚的理由而私自仇杀，也是公共秩序与公共安全所不能容忍的。

正是由于价值的侧重点不同，"礼"与"法"在个案上就不可能永远是统一的，而一定会产生分歧。这种自然而然的分歧必然又会得出陈子昂式的截然相反、相互割裂的评价结果。陈柳二人对于复仇一案的争执，其实隐含着一条礼法分离，并且只择其一的路径。站在现代法治理念的角度，对于法律案件的裁判自然是选择法律无疑，但是类似的案件却提醒我们，法律仍然必须充分考虑、权衡各方面的利益和价值，不能让判决的结果偏离大众的认识和道德太远。另外也不能忘记的是，法律本身也有引领道德风俗不断进步的作用，对于古时被认为是高尚的，而明显已不符合现代生活方式的风俗习惯，法律不能在其面前过度妥协，而应当勇于承担规制、消灭这些陋习的任务。

驳复仇议

（唐）柳宗元

柳宗元（773—819），诗人、
哲学家、政治家

臣伏见天后①时，有同州下邽人徐元庆者②，父爽为县尉③赵师韫所杀，卒能手刃父仇，束身归罪。当时谏臣陈子昂建议④，诛之而旌其闾⑤。且请"编之于令，永为国典"。臣窃独过之。

臣闻礼之大本，以防乱也。若曰无为贼虐⑥，凡为子者杀无赦。刑之大本，亦以防乱也。若曰无为贼虐，凡为理者⑦杀无赦。其本则合，其用则异。旌与诛

---

① 天后：唐高宗李治的皇后，名武曌（624—705），曾革唐号周。后尊为"则天大圣皇帝"，故也称武则天。

② 同州：今陕西大荔。下邽：今陕西渭南县东北，当时属同州管辖。

③ 县尉：当时赵师韫为下邽县尉（主管一县治安）。

④ 谏臣：谏议大夫。陈子昂：唐代著名文学家，梓州射洪（今四川射洪）人，时任谏议大夫。

⑤ 旌：用立牌坊、赐匾额等方法表彰。闾：里巷的大门。

⑥ 贼虐：杀害、虐待。

⑦ 为理者：为治者，即治民的官吏。

172

莫得而并焉。诛其可旌，兹谓滥；黩①刑甚矣。旌其可诛，兹谓僭②；坏礼甚矣。果以是示于天下，传于后代，趋义者不知所向，违害者不知所立③，以是为典，可乎？

盖圣人之制，穷理④以定赏罚，本情以正褒贬，统于一而已矣。向使刺谳其诚伪⑤，考正其曲直，原⑥始而求其端，则礼刑之用，判然离矣。何者？若元庆之父，不陷于罪，师韫之诛，独以其私怨，奋其吏气⑦，虐于非辜。州牧不知罪，刑官不知问，上下蒙冒⑧，吁号不闻。而元庆能以戴天⑨为大耻，枕戈为得礼，处心积虑，以冲仇人之胸，介然自克⑩，即死无憾。是守礼而行义也。执事者宜有惭色，将谢之不暇，而又何诛焉？其或元庆之父，不免于罪。师韫之诛，不愆⑪于法。是非死于吏也，是死于法也。法其可仇乎？仇天子之法，而戕奉法之吏，是悖骜而凌上也⑫。执而诛之，所以正邦典，而又何旌焉？

且其议曰："人必有子，子必有亲，亲亲相仇，其乱谁救？"是惑于礼也甚矣。礼之所谓仇者，盖其冤抑沉痛而号无告也，非谓抵罪触法陷于大戮。而曰彼杀之，我乃杀之。不义曲直，暴寡胁弱而已，其非经背圣，不亦甚哉！

《周礼》⑬："调人⑭，掌司万人之仇，凡杀人而义者，令勿仇，仇之则死。有反杀者⑮，邦国交仇之。"又安得亲亲相仇也？《春秋·公羊传》曰："父不受诛，子复仇可也。父受诛，子复仇，此推

---

① 黩：通"渎"，意为轻慢不敬，此引为随意不经心。
② 僭：超越本分。
③ 趋：归向，向往。违：避开。
④ 穷理：探寻事理。
⑤ 刺：探询。谳：议罪。
⑥ 原：探究。
⑦ 奋：仗恃。吏气：官势。
⑧ 蒙冒：蒙蔽。
⑨ 戴天：指杀父之仇。《礼记》："父之仇，弗与共戴天。"
⑩ 冲：突，以戈击之，即刺杀。介然：耿介、坚贞的样子。自克：自我约束，下定决心。
⑪ 愆：罪过，过失。
⑫ 戕：杀害。悖：背乱。骜：傲慢不驯。
⑬ 周礼：《周礼·地官》。
⑭ 调人：官名，主管司法。
⑮ 反杀者：报仇杀人者。

刃①之道，复仇不除害。"今若取此以断两下相杀，则合于礼矣。且夫不忘仇，孝也；不爱死，义也。元庆能不越于礼，服孝死义，是必达理而闻道者也。夫达理闻道之人，岂其以王法为敌仇者哉？议者反以为戮，黩刑坏礼，其不可以为典，明矣！

请下②臣议附于令。有断斯狱者，不宜以前议从事。

谨议。

【解析】

有关复仇的问题是一个很古老的问题，在古代社会和原始社会复仇行为是极为普遍的。复仇也是一个国际性问题，不只是中国有复仇，在其他国家如古代的希腊、阿拉伯和印度等国家都有复仇问题。复仇和刑法的产生有莫大的关联，复仇是一种私刑，而刑法是在国家强制力之下对犯罪行为作出罪与非罪的判断，它是排斥私刑的，所以在刑法产生之前以及刑法产生之后复仇都对刑法（特别是死刑）有影响。据《周礼》的记载，当时的复仇是极其制度化的，规定细致，且有法定程序，由专门的官吏负责复仇的事。到战国时期，复仇的风气盛极一时，产生了专门为人复仇的刺客，这时复仇是自由的。但在秦朝采法家思想来治理国家，而后汉的外儒内法的政策本质，以及法律的发达，导致国家收回了生杀予夺的司法权。在西汉时就有了禁止复仇的法令。后来的曹操、梁武帝等也曾颁布禁止复仇的法令。唐朝一贯主张禁止复仇，只是在"杀人者死"的刑法下复仇问题有些许特殊和例外。另外，我国是一个礼义之邦，礼教文化对我国有极其深刻的影响，很多时候会出现刑与礼、法律和道德的冲突问题。在复仇问题上，我国古代的复仇问题以及因复仇而产生的刑事案件，大都和孝义、家族伦理有千丝万缕的关系。我国古代的复仇也可以称作"亲属复仇"。古代讲究五伦，复仇的责任以此为范围，朋友也包括在其中。复仇是作为一种义务，去实施复仇的人都是死者的家人或者族人、朋友。《礼记·曲礼》说得很明白："父之仇，弗与共戴天；兄弟之仇，不反兵；交游之仇，不同国"，就是说父亲被人杀了的，这样的仇恨不共戴天，不是你死就是

---

① 推刃：一往一来相杀，循环报复。
② 下：颁布。

我亡；兄弟被人杀了的，要身上时刻带着兵器，只要见到仇人，就立刻拔出兵器与之决斗；朋友被人杀了的，就不能和仇人在一个国家生活。复仇者因为礼义而去杀人，但杀人终究是违反国家法律的，因此复仇之后，对于复仇者的处理就会涉及礼法之间的冲突关系问题。柳宗元的这篇文章正是基于发生在武则天时期的一起复仇案件而生发的议论。那一起影响较大的复仇案件，其影响不仅及于当时，即使在之后，都还引起名流大家著文论说自己的见解，柳宗元就是其中之一。

案情大致是这样的：在武则天执政时，同州（今陕西）人徐元庆的父亲被县尉赵师韫杀了，至于为何而杀，文献资料没有记载，应该是被县尉判刑而杀，若是县尉无故杀人，按唐朝律法，赵师韫是难辞其咎的，所以赵师韫杀徐元庆的父亲徐爽应该是依据"按律当诛"之类的判决。后来徐元庆贯彻"君子报仇，十年不晚"的原则，委身为下人，伺机杀了赵师韫，为父报仇。完成复仇之后，他并未畏罪潜逃，而是自己捆绑了自己去官府自首。这样一个案件中，对于如何处理徐元庆，朝廷发生争议：有人认为徐元庆的孝行应该称赞，有人认为按照法律"杀人者死"。官居右拾遗的陈子昂上《复仇议状》，认为既应坚持法律，也该褒奖徐元庆的孝行，应该杀了徐元庆，之后在他的家乡为其立牌坊以示褒奖。并且建议将此"编之于令，永为国典"。再遇到此类复仇的案件就照这样的模式执行。陈子昂的建议得到多数人的附和，案件也是按照这样的观点判决结案的，即判徐元庆死刑，并褒奖了他的孝行。但是事情过去了几十年，柳宗元不赞成陈子昂的观点，所以写下这篇《驳复仇议》的文章，反驳的正是陈子昂的看法。

据《新唐书·孝友传》记载，陈子昂写《复仇议状》后，"时题其言，后礼部员外郎柳宗元驳曰"，从这句话可以知道柳宗元写这篇反驳文章时他官居礼部员外郎。《旧唐书·柳宗元传》记载，"顺宗即位，王叔文、韦执谊用事，尤奇待宗元。与监察吕温密引禁中，与之图事。转尚书礼部员外郎"；《新唐书·柳宗元传》中也说，"善王叔文、韦执谊，二人者奇其才。及得政，引内禁近，与计事，擢礼部员外郎，欲大进用"。从这里可以知道柳宗元的这篇驳议文章是写在顺宗永贞时期。此时的唐朝距离玄宗时期的开元盛世已过去了半个世纪左右，唐朝的经济社会已经过了最为鼎盛的时期，开始走下坡路，最为严重的问题应该是中央政权的削弱，藩镇割据的威胁，但从法律制度上讲，唐朝的法律是中华法系的核心，到顺宗时早已形成，法律的完备使得处理复仇案件也有了自己的特点。在永贞年间，顺宗施行"永贞革新"，锐意改革以求强盛，但此次革新以失败告终，柳宗元等力主改革的人士都被流放。《驳复仇议》这篇文章应该是写在"永贞革新"之初柳宗元被流放之前。

陈子昂写《复仇议状》时想"编之于令，永为国典"。柳宗元写《驳复仇议》时也想"请下臣议附于令"，但是，真正"编之于令"的是后来唐宪宗时期韩愈写的《复仇状》，韩愈的文章被收录在了《旧唐书·刑法志》里。但从传播和影响力来说，历代选文多选柳宗元的文章。应该说柳文在文学上的造诣要高于此二者。

陈子昂的文章我们在之前已经解析，陈子昂承认法律的作用，认为刑法规定"杀人者死"的原则不能违反，但是对于复仇之类的特殊刑事案件，因为涉及礼教和孝义等儒家道德伦理，那么需要在刑事法律之下作出不一样的处理，兼顾法与礼两个方面。"刑之所生，本以遏乱；仁之所利，盖以崇德"，所以对于徐元庆的处理，陈子昂的建议是"置之以刑，然后旌其闾墓，嘉其徽烈"，就是说徐元庆难逃一死，但是又要对其为父报仇的孝行进行嘉奖。但是在柳宗元看来，法和礼的目的是一样的，只是适用的场合和对象不同，法与礼不能同时适用，就是柳宗元所说的"其本则合，其用则异。旌与诛莫得而并焉"。柳宗元对复仇行为该与不该的情形做了一个分析，符合道义礼教的复仇不应处以刑罚，而不符合道义礼教的复仇则应该谴责并科以刑罚。这就好像是说，具体案件要具体分析。其实，陈子昂和柳宗元都认为法律不能违反，对于杀人的行为应该按照法律的规定来处理，但是复仇问题和礼教有关联，因此陈子昂和柳宗元就出现了分歧，陈子昂认为应刑礼并用，而柳宗元则认为应该分析复仇行为是否合乎礼教。在此，我们应该注意一个很有意思的现象：唐朝律法之中并无关于复仇的特殊规定，而只是说"杀人便应拟抵"，对于复仇的特殊处理无论是陈子昂还是柳宗元的建议，都是属于法外开恩、法外施仁，对复仇者的减免或者褒奖是例外处理，但是经陈子昂和柳宗元等的论述，好像这一例外是常态了，而刑法的规定反而好像成了异态，若对复仇者一律按律杀之，则会面临强烈的抨击。在对复仇案件的处理上，我们也可看出这样一个例外的思想，如《旧唐书·刑法志》记录的富平梁悦复仇案，唐宪宗就此颁布敕令说："复仇杀人，固有彝典。以其申冤请罪，视死如归，自诣公门，发于天性。志在徇节，本无求生之心，宁失不经，特从减死之法。宜决一百，配流循州。"减死刑为杖刑和流刑。《新唐书·孝友传》里有更多类似这样的复仇案例，如王君操复仇案的结果是"州上状，帝为贷死"而免除死刑；赵师举复仇案是"诣官自陈，帝原之"；余常安复仇案原本也是想从轻处理，只因刑部不同意才"卒抵死"；康买得复仇案中，得到刑部为他说情，"孝性天至，宜赐矜宥"，才有皇帝的"有诏减死"，得以减免死刑。在说完这些孝行事件之后，作者还对其大加赞赏议论，认为"孝者天下大本，法其末也"。在这里我们可以看到刑与礼的冲突，更可以看到复仇主义的深入人心。法律的规定在复仇主义之下好像显得怪异和不近人情，而"一命抵一命"和"杀人偿命"的思想却根深蒂固。所以陈子昂和柳宗元，甚至其后的韩愈都针对复仇问题大加议论，各陈己见，又互相不赞成对方的观点。在陈子昂的文章中，他对于复仇的处理坚持礼法并用的观点，认为对于复仇杀人者要杀之，之后再褒奖其孝行。但在柳宗元的文章里，他将复仇行为分类，符合孝义的可减免死刑，不符合孝义的，则杀之。柳宗元更多的是站在礼的角度看待复仇，而陈子昂更多的是出于法的立场来说复仇。

另外，刑法没有对复仇杀人的犯罪作出特别规定，但是相反的，刑法却将不去复仇而与仇人私自和解的行为规定为犯罪，名曰"私和罪"！这是一个在礼教纲常影响下很奇怪的逻辑：违法复仇的，虽然犯法但是情有可原，也许会得到法外开恩的宽大处理；但是亲朋被杀，不去复仇而与仇人私自和解的，则是忘仇不孝，大逆不道，将受到法律的制裁，也是社会所不齿的。在这样的逻辑冲突之下，一个人的亲朋为他人所杀，如果他选择去复仇，将违反国家法律；如果他和仇人和解，这更是违反国家法律；但如果选择默默无闻，则会被社会说是苟且，有违礼教纲常。那如果亲朋真的被人杀了，这个人该如何是好呢？在私刑被国家法律替代的情况下，应该用法律的制裁代替个人的复仇。在这样的情况下，受害者一方的亲属一般因仇恨而希望国家的法律将杀人者处以死刑，这就好像是用国家法律代替个人复仇，从而实现的仍旧是复仇的目的，所以复仇主义的根深蒂固可见一斑。

有对英国夫妇的儿子在中国被杀害了，中国的法院在审理此案的时候，英国夫妇给法院写去一封求情信，请求法院不要判决犯罪嫌疑人死刑，其理由是他们的儿子已经死了，就不该再让嫌疑人的父母失去儿子。这一事件被报道后引起强烈反响，这是很不合乎中国人的思维的。另外一起很著名的案件是云南的李昌奎案，李昌奎因强奸杀人而被一审法院判处死刑，但是二审法院改判死缓。此事引起受害人一方不满，网络、报纸等媒体舆论也跟风报道此事，可谓哗然。最后法院再审，判处李昌奎死刑。此时舆论才平息。如果李昌奎不死，受害人的复仇心理就得不到满足，这也冲击着民众们的道德红线。

我无意评价这些发生在现代社会中的复仇事件，此类复仇已经不是古代的亲属复仇或同态复仇，而是在法律制度下的文明复仇。但是这真的就实现了法律正义和公平吗？如果陈子昂或者柳宗元们还在世的话，他们又要来发表《复仇议状》和《驳复仇议》了。

将谓尧人可封，
固无狗盗之侣；
王者无外，
有轻鱼钥之心。

宫门误不下键判

（唐）王维

安上门①应闭，主者②误不下键。

对：设险守国，金城九重③；迎宾远方，朱门四辟。将以昼夜通阡陌，宵禁奸非。眷彼阍人，实司是职。当使秦王宫里，不失狐白之裘④；汉后厩中⑤，唯通赭马之迹。是乃不施金键，空下铁关。将谓尧人可封⑥，固无狗盗之侣；王者无外⑦，有轻鱼钥⑧之心。过自慢生，陷兹诖误。而抱关为事，空欲望于侯嬴⑨；或犯门有人，将何

---

① 安上门：唐朝长安宫门名。
② 主者：即阍人，守门人。
③ 金城：以金属造城，喻其坚固。《汉书·蒯通传》："皆金城汤池，不可攻也。"九重：天子所居之处设置九门，故称九重。
④ 狐白之裘：齐孟尝君有一件狐白裘，他入秦时献给了秦昭王。后秦昭王欲杀孟尝君，孟尝君向秦王幸姬求救，幸姬以狐白裘作为条件。孟尝君客中有能为狗盗者，夜入秦宫，取回所献秦王狐裘，献给幸姬，因而得救。事见《史记·孟尝君列传》。
⑤ 汉后厩中：指汉王的马厩只许御马通行。
⑥ 尧人可封：指明圣之世，国民多贤良。语出《汉书·王莽传》。
⑦ 王者无外：王为天下之主，百姓和万物皆在其统辖中，故谓"无外"。语出《公羊传·隐公元年》。
⑧ 鱼钥：钥匙。《芝田录》："钥必以鱼者，取其不瞑目守夜之意。"
⑨ 侯嬴：战国魏隐士，年七十，为大梁夷门监者。信陵君闻其贤，置酒大会。后秦兵围邯郸，赵请救于魏，信陵君用侯嬴计，窃符救赵。事见《史记·魏公子列传》。

御于臧纥①？固当无疑，必寘严科。

王维（约701—761），
诗人、画家

【解析】

　　法律与文学的运动源于美国大学里利用文学名著进行课堂教学的实践，主要是针对当时在西方占主流地位的法律经济学的批判，其渊源可追溯到密执安大学的怀特教授在 1973 年出版的《法律想象：法律思想和表达的属性研究》，而最为著名的当属波斯纳，也以其著作《法律与文学》为此运动的代表作。在中国，跟随波斯纳的脚步，苏力是此运动的大力倡导者，且已出版《法律与文学：以中国传统戏剧为材料》一书，另外徐忠明也是"法律与文学"运动的代表者。但是，从我国古代的历史来看，法律与文学本身就有某种联系。在中国历代的法制实践中，法律和文人、文学三者间本身存在着千丝万缕的关系，若是要将此三者之间联系的媒介选取一个代表，那么我们认为此媒介非判词莫属。判词或者说判词文化是一个易被忽视但又特殊的事物，判词一般都是由"学而优则仕"的文官作出，这样的判词在形式上有很强的文学性美感，但作为判词其又发挥着司法既判力的作用。在此，我们选取王维所写的一篇判词来解析，亦可从中窥探出古代判词中的些许有趣事情。王维的这篇判词载于《王右丞集》卷二十七和《文苑英华》卷五四五，需要说明的一点是，《文苑英华》是专门收入判词的一个集子。

　　王维其人不需多言，盛唐诗人，有"诗佛"之称，生活在唐睿宗到唐玄宗时期。据《旧唐书·王维传》记载："历右拾遗、监察御史、左补阙、库部郎"，王维的仕途生涯一般在京都，晚年多居长安郊县蓝田辋川。按常理推测，王维接触具体案件并作出判决的机会很少，而能流传下来的判词就更少了。但是，判词在唐朝却不只是很重要的司法文书，甚至可以说判词的写作和唐朝的诗歌一样在

---

① 臧纥：春秋鲁大夫。季孙曾下令攻打臧纥，臧纥闻讯后，攻打鲁国都城南门，斩杀守卫，逃往邾国。事见《左传·襄公二十三年》。

盛唐之下成为文人必须掌握的一项基本技能。在唐朝，我国的科举取士制度开始确立，文人寒士可以通过科举而一朝为官。根据《新唐书·选举志上》记载，唐朝的科举取士"其科之目，有秀才，有明经，有俊士，有进士，有明法，有明字，有明算，有一史，有三史，有开元礼，有道举，有童子"等科目。其中的明法即是对法律知识的考查，"凡明法，试律七条、令三条，全通为甲第，通八为乙第"，明法科的考查具体就是要考七条律和三条令，如果考生全答对了则是"甲第"。根据《新唐书·选举志下》记载："凡择人之法有四：一曰身，体貌丰伟；二曰言，言辞辩正；三曰书，楷法遒美；四曰判，文理优长。四事皆可取，则先德行；德均以才，才均以劳。""六品以下始集而试，观其书、判。"所以，判词的写作优劣是是否录取很重要的一个标准。"凡试判登科谓之'入等'，甚拙者谓之'蓝缕'。选未满而试文三篇，谓之'宏辞'；试判三条，谓之'拔萃'。中者即授官。"从这里，我们追根溯源，当时对于判词的考试叫作"拔萃"，拔萃是作为制度而言，而非出类拔萃之"拔萃"。

因为考试之需要，所以文人们在平时训练之时就不得不多加写作，以应对考试之需，换得为官之资本。这样的客观环境下，对于判词的写作风行起来，而又有写作优秀者则集结其所写之判词出版，如《文苑英华》，为他人学习仿效之用。并且，在中唐韩愈和柳宗元倡导古文运动之前，唐朝在写文章的风格上还带有魏晋之浮华雕饰之风气，追求文章的形式美感，所以文章的写法多骈文和赋。这样的写作风气和风格也深深地影响了判词的写作，此时的判词多以四言和六言为主，追求形式的对仗工整，多用历史典故来说理，而案情和法律的分析则很少。这样的判词就叫作"骈判"，王维的这篇《宫门误不下键判》就属于典型的"骈判"。"误不下键"即守卫宫门的人在关闭城门的时候没有上锁，就是这样一个失职行为，在当时是违反法律的。王维通篇判词只有150余字，但用典就达十个，且都以对偶句式，如骈赋一般，有音韵和谐之感。其中"当使秦王宫里"两句以《史记·孟尝君列传》"鸡鸣狗盗"和《汉书·武帝纪》"汗血马"的典故，旨在说明宫门守职对都城防守的重要。"将谓尧人可封"两句是以辩护人的身份来说的，王维在此欲先立后破，所以他连用了四个典故：一是《汉书·王莽传》"尧舜之民可比屋而封"，二是前述《史记·孟尝君列传》"鸡鸣狗盗"，三是《公羊传·隐公元年》"王者无外"，四是《芝田录》"钥必以鱼者，取其不瞑目守夜之意"，此四典是"误不下键"而无危害或者没有造成严重后果的一个辩解。王维在接下来的几句里则笔锋一转，指出"误不下键"的危害所在，"抱关为事"两句王维又是用典故来说理，运用《史记·魏公子列传》中信陵君用侯嬴计"窃符救赵"的典故和《左传·襄公二十三年》鲁国执政季孙发兵攻臧纥，臧纥斩南门守卫出逃的典故，进一步说明守门人的职守关系着社稷存亡，间接否定了所假设的守门人关于太平盛世无盗贼的自我辩护，所以建议严惩守门人的失职之罪。若用现代刑法理论分析，王维是将"误不下键"的犯罪归为行为犯而非结果犯，有"误不下键"行为存在则犯罪成立，而不需要危害结果的出现作为犯罪的构成要件。

那么对于守门人的"误不下键"之罪在唐朝到底是怎么处理的呢？这在王维的判词里没有具体说，这也是唐朝"骈判"的一个特点，骈判一般都不会花很多的笔墨来说法律和判决结果，更不会用很多的语言来论证说理和定罪量刑的过程。根据《唐律疏议》的规定："若错符、错下键及不由钥而开者，杖一百；即应闭忘误不下键，应开毁管键而开者，徒一年。其皇城门，减宫门一等。京城门，又减一等。"如果不依常法开闭城门，受杖一百；关门忘下键、开门毁管键，受徒刑一年，而又根据所守城门性质不同，刑罚程度也不同。而王维只是在判词最后一句说"固当无疑，必寔严科"。就是说，守门人的失职罪是确凿无疑的，必须对其严惩，但是关于如何严惩，王维没有在判词里说。

按理说司法裁判的判词应该是根据法律来作出判决，如此方能以法服人。要究其个中缘由，我们对于唐代的判词还须知晓其分类。唐代的科举考试要考应试者的写作判词的能力，以此为取士的方式，所以这一类判词并非是针对现实中发生的案件作出的判决，这类判词称为"拟判"，而针对实际案件作出的判词则称为"实判"。王维的这篇判词应该是拟判而非实判，从王维的仕途轨迹来看，其多于京都为官，很难接触具体司法案件并作出判决。科举考试事关士子们的前途和仕途，所以拟判得以发展兴盛。这样也就有了专门将判词收为集子的，如白居易的《甲乙判》，这些判词并非是现实案件的判决，而是为应试所撰写的判词。古人重视应试者的才华，文章讲究"文气"，所以拟判水平的高低很重要的判断标准是是否写得极富文采和气势，也就是用文学作为高下的判断标准而非法律。所以，这样的判词没有过多地在法律上讲究如何定罪量刑，而是在文学上讲究遣词造句，辞藻华丽远胜逻辑推理的严密。这样的特点后来却成为批判的对象。骈判所追求的对偶形式和庄重的气质因为用典过多使得很多时候变得藻饰、堆砌而失于卖弄，骈文的形式在中唐古文运动的冲击下，也成为诟病的对象。另外，在注重句式的对仗、用典之多乃至字句的音韵、节奏和谐的情况下，作为一篇司法判决，法官的角色往往是文人重于裁判者，因此判词的文学性多于法律性，只有文人雅士才会对此判词津津乐道，而大众百姓却连看都看不懂。骈判固然很具有艺术美感，但它却因此而走向了一个极端。大诗人王维的这篇判词作为骈判的典型，文学艺术美感十足，而失于法律推理逻辑的严密。这是我们在欣赏这篇文章时所要注意的地方。

关于判词的写作，在现代司法实践中依旧是一个可以探讨的问题。在英美法国家，遵循"法官造法"的传统，所以法官在写判决书的时候是很细致认真的，我们经常可以看见说理和逻辑严谨、文辞优美的判决书，在这些判决书中，法官们会使用大量的笔墨对案件进行法理与情理上的论证分析，判决书的法学价值很高，而又不失文学的艺术美感。在我国古代的判词发展过程中，骈判受到批判之后，在宋朝则开始发展散判，或者是骈散结合的判决，这样的判决做到了法律与文学艺术的结合，逻辑推理的严谨与辞藻修饰的优美力求平衡。目前我国的司法判决书写作却存在很重要的问题：判词毫无文学美感而言，而在法律逻辑论证上又是形式重于实质，特别是在基层法院所作出的判决中，判决书都依固定的格式或模式，论证显得刻板而不充分，很难获得当事人的认同。古代的骈判是重文学艺术美感而乏法律逻辑论证，在此走向一个极端，但现代的判词则重法律的论证而无文学艺术之美，且论证多刻板而流于形式，这又是走向了另一个极端。

司法裁判要追求法律的正义，也要取得案件相关人和民众对法律的信任，可以说判词在很大程度上承载着增强司法公信力的职能，判词质量之高下是一个很重要的问题。"骈判"在文学艺术上走向了一个极端，我们可以以此为鉴，不能在判词写作上走极端，机械或者刻板的判词都是无法增强司法公信力的法律裁判。我国是成文法国家，法官不能担当"法官造法"的角色，但是说理严谨、逻辑缜密和文辞优雅的判决也是司法裁判所必须追求的。那么，法官制作判词就要在法律与文学间寻找平衡，在法理和情理间寻求正义。

功臣恕死议

（唐）吕温

昔卫蒯聩①以窃国之诈，盟其陪臣，服冕乘轩，三死无与。近代惑者，因为口实。于是乎有功臣恕死之典，考诸古训，其异端欤？稽诸时事，其乱本欤？何者，有国之柄，莫大乎刑赏。人生有欲，不可以不制；天讨有罪，不可以不刑。盖刑者，圣王所以佐道德而齐天下者也。功济乎物，不可以不赏；赏劝乎功，不可以不信。盖信者，圣人所以一号令而惇天下者也。然则恕死之典，弃信而废刑。何以言之，夫立功者，自八

像 公 温

吕温（771—811），诗人、法学家

---

① 蒯聩：春秋卫灵公子，为太子时因杀灵公夫人未成而出奔晋。时蒯聩姐伯姬为孔困之妻，卒，其仆人浑良夫与伯姬通。蒯聩在戚城与浑良夫盟，浑助蒯为卫君，事成，许浑为陪臣，服冕乘轩，三死无与。后二人废卫出公，立蒯聩为卫庄公。事见《左传·哀公十五年》。

元十乱之后①，非尽能贤，或有起屠贩垄亩行阵之间。乘帝王应天顺人之势，用力无几，遂贪天功，超腾风云，各得变化，率劳怙宠，崛强自负，僭冒无厌，见利忘义，是宜崇威峻法，大为之防，而反丹书铁券②，许以不死。其功大者，可以五作乱而十犯上，孰不以暴为无伤乎？且人君之言，如涣汗不反，既与之要天地，誓山河，卒一旦失驭，有黥韩之罪③，神怒人怨，不得已而诛，是弃信也。若恣行凶险，隳突宪纲，或奸锋将发，衅逼宗社，乃念斯言之玷，忍而不诛，是废刑也。向者才得其尘涓之劳，萤烛之助，而信弃刑废，将焉用之。使贤而有功，惊宠惧满，自居无过之地，何恕死为？使愚而有功，小人不幸，又告以无死，是增骄而启奸，适所谓赏之祸也。虽恕之死，其能免乎？夫其贤如太公④，忠如伊尹⑤，惟君知臣，可以勿贰，而遽宥以罪死，是逆其不忠，非所以待之以诚，而尽君子之心也。若乃猾如狗盗，庸如黥徒，未有罪而先恕之死，是不许其慕生廉耻，自固名节，非所以道之以德，而劝小人之善也。以为明君之处劳臣也，安之以爵禄，拘之以纪律，明之以好恶，耸之以祸福，使得迁善远罪，保勋全名，剖符传庆，与国终始，恩斯勤斯，是亦极矣。奈何挠权乱法，以罪宠人，坠信赏必罚之典，亏昭德塞违之道，恐非哲王经邦轨物之制也。谨议。

【解析】

吕温生于公元 771 年，卒于 811 年，只四十岁而卒，英年早逝，但是这丝毫不影响他所取得的成就。《旧唐书·列传第八十七》里就说他"文体富艳，有丘明、班固之风"，可见其才华和造诣。作为古

---

① 八元：传说高辛氏有八个才子，即伯奋、仲堪、叔献、季仲、伯虎、仲熊、叔豹、季狸，因他们恭敬端正，仁慈平和，被称为"八元"。十乱：周武王的十个具有治国平乱才能的大臣，即周公旦、召公奭、太公望、毕公、荣公、太颠、闳天、散宜生、南宫适、文母。

② 丹书铁券：帝王颁赐给功臣使其世代享受免罪特权的证件。因其以丹书写于铁板上而得名。

③ 黥韩之罪：汉人英布因犯法被黥面，故称黥布。秦末布率骊山刑徒起事，楚汉相争时归汉，从刘邦击灭项羽于垓下，封淮南王。高祖十一年（前 196 年），韩信等因欲反被杀，黥布遂发兵反，高祖亲征，破布军于蕲西，布败逃长沙被番阳人所杀。事见《史记·黥布传》。

④ 太公：周武王之师尚父，即姜太公吕尚。

⑤ 伊尹：商汤的宰相，曾佐汤伐桀。

代文人，秉承"学而优则仕"的教诲，他在德宗贞元十四年（798年）进士，次年又中博学宏词科，授集贤殿校书郎。吕温和王叔文等人的关系较好，所以多得到王叔文的提携，贞元十九年（803年）得王叔文推荐任左拾遗。后入吐蕃，吕温在吐蕃的时候，顺宗即位，王叔文等人开始"永贞革新"。革新失败，王叔文等主张革新的官僚都被罢官流放，吕温因身处吐蕃而得以幸免。《旧唐书》记载：吕温在"元和元年，使还，转户部员外郎"，从吐蕃回来后，转户部员外郎。因与宰相李吉甫关系不和，被贬道州刺史，后徙衡州。从吕温的生平来看，他798年中进士，811年就去世，那这篇政论性的奏议文章应该是写在这段时期，且很有可能是在宪宗时期吕温为刑部郎中的时候所上的奏折。

　　吕温的政治思想是比较开明的，和柳宗元、刘禹锡等人的比较接近。在政治上，他否定天命，重视人事，主张仁政爱民；反对藩镇割据，维护国家统一；在人才上，他主张开明取士，任人唯贤；在对待法律的看法上，吕温也有自己独特的见解，可谓开明的"法学家"。吕温的法律思想主要体现在他的几篇政论性文章中，具代表性的文章有《功臣恕死议》、《复汉以粟为赏罚议》、《人文化成论》、《三不欺先后论》。吕温的观点多是针对当时中唐社会出现的一系列问题提出来的，比如《复汉以粟为赏罚议》一文就是针对当时有人建议"纳粟赎罪"，吕温认为这种建议是对法律尊严的挑战。如果可以用粟来减免赎罪，凶徒、贪吏便会肆无忌惮地去行凶作恶。因为有粟可纳，刑罚可用物质来减免，那么作奸犯科就没有了顾忌。这样的话即使朝廷法律定得再严，就是"临以斧钺，驱于鼎镬"，也会失去它的震慑作用。吕温的思想也有失之片面之处或带有时代的局限性，但在今天看来，也有不少可取之处。这里我们选取的是他的《功臣恕死议》一文来解析。

　　根据《旧唐书·德宗本纪》记载，兴元元年春正月癸酉朔，德宗皇帝在奉天行宫受朝贺，颁布诏书，其中就说："应赴奉天并进收京城将士，并赐名'奉天定难功臣'，身有过犯，减罪三等，子孙过犯，减罪二等。"对于被封为功臣的人，死罪得减三等，功臣的子孙可以减二等，这就是德宗在兴元元年颁布的"赦宥功臣诏"，赦免功臣们的过错，宽恕他们的罪行。吕温所写的这篇《功臣恕死议》所针对的对象正是德宗皇帝的这一"赦宥功臣诏"。德宗为何在此时要赦宥功臣呢？而吕温为何要一反德宗的做法在宪宗时提出反对功臣恕死的奏议呢？在此我们必须先说明当时的背景。

安史之乱是盛唐走向中唐的标志性事件，时间是755年到763年，唐朝自此开始由盛转衰。这之后的唐朝开始了藩镇割据，各地节度使拥兵自重，威胁中央政权，藩镇割据的形成正是在唐代宗到唐德宗时期。所以德宗在"赦宥功臣诏"中也说道："今上元统历，献岁发祥，宜革纪年之号，式敷在宥之泽，可大赦天下，改建中五年为兴元元年。李希烈、田悦、王武俊、李纳，咸以勋旧，继守藩维，朕抚驭乖方，致其疑惧，皆由上失其道而下罹其灾。一切并与洗涤，复其爵位，待之如初，仍即遣使宣谕。硃滔以泚连坐，路远必不同谋，永念旧勋，务存弘贷，如能交办顺，亦与维新。硃反易天常，盗窃名器，暴犯陵寝，所不忍言，获罪祖宗，朕不敢赦。除泚外，并从原宥。"而讽刺的是，李希烈、田悦、王武俊、李纳等人皆是节度使或称王自立之人！德宗为平定节度使之间的叛乱，不得不"复其爵位，待之如初"，把他们当作"功臣"看待。这是在唐朝藩镇割据的特殊国情下不得已的委曲求全之策。但到了唐宪宗时期，从永贞元年至元和末年（805~820年）是讨伐藩镇的时期。唐宪宗即位的时候唐朝的中央军力和财力又有了一定基础，他开始执行削藩政策，长期割据的局面得到一定程度的解决。德宗的"功臣恕死"是出于政治上的妥协而非法律上的考虑。而仕途经历主要是在唐宪宗时期的吕温，反而是从法律而非政治上来反对德宗的赦宥功臣之策，或者说到了吕温那时候，因为政治形势的变化无须再以赦宥功臣来安抚掌握军政大权的节度使们，在削藩政策下赦宥功臣已经不可行。唐德宗和吕温两人的出发点是不一样的，德宗是从政治利益出发，吕温看似是从法律角度奏议反对功臣恕死，实质上却蕴含有为国家统一而实行削藩政策的政治目的，这是我们在看这篇文章的时候必须注意的背景和前提。

吕温在文章的开头用卫蒯聩的事来说明历史上有功臣恕死之典故，但是吕温反对这种做法，认为功臣恕死是异端。在吕温那里，

"有国之柄，莫大乎刑赏。人生有欲，不可以不制；天讨有罪，不可以不刑。盖刑者，圣王所以佐道德而齐天下者也"。就是说，法律才是治理国家最为重要的。从说理角度讲，吕温这是先破后立，先说明不赞成功臣恕死，之后表明自己的观点。为什么吕温会这样认为呢？在吕温看来，"夫立功者，自八元十乱之后，非尽能贤"，在周武王之后，功臣们不一定都是贤能之人了。如果对于不贤良的功臣也一律恕死，那将会带来严重的后果，也就是吕温所说的"恕死之典，弃信而废刑"。比如对于英布和韩信这样成为功臣后犯上作乱之流，如果因为曾经许诺不杀，"忍而不诛，是废刑也"；如果杀了他们，"不得已而诛，是弃信也"。所以吕温认为不管是贤良还是愚钝的功臣，都不该恕死。"使贤而有功，惊宠俱满，自居无过之地，何恕死为？使愚而有功，小人之幸，又告以无死，是增骄而启奸，适所谓赏之祸也。"贤良的功臣本身就会感恩戴德，言行谨慎，不会去轻易触犯刑法，所以不必要许以宽恕死罪的恩典；愚钝的功臣多自视甚高，若许诺其犯死罪可减免的话，那样是助长了他们的骄横，从而容易引发他们的邪念，恕死的恩典成为祸患的苗头。所以不论是贤良还是愚钝的功臣，吕温认为都不该对其许以恕死的恩典。在吕温那里，既然不可以对功臣恕死，那君主该怎么做呢？吕温认为，君主对待功臣应该是"安之以爵禄，拘之以纪律，明之以好恶，耸之以祸福，使得迁善远罪，保勋全名，剖符传庆，与国终始，恩斯勤斯，是亦极矣。奈何挠权乱法，以罪宠人，坠信赏必罚之典，亏昭德塞违之道，恐非哲王经邦轨物之制也"。就是说，对待功臣应该是以爵位、俸禄来安抚，用法纪律令加以约束。让功臣明辨是非和知晓祸福安危，使得功臣们趋向善良避免犯罪，保持功勋和名节。

吕温这篇文章的意思是很好理解的，从法律角度来讲，吕温否定了不平等的特权，体现了现代刑法的基本原则之一：平等适用刑法。但是在我国古代，虽然有统治者不时提出"天子犯法与庶民同罪"的观点，但是在法制实践中更多的是"刑不上大夫"。并且，"刑不上大夫"的礼制原则被贯彻到了法律制度之内，在曹魏时期形成"八议"制度并编入《新律》中，且被后世沿袭。"八议"是指八种人犯罪必须交由皇帝裁决或依法减轻处罚的特权制度，司法机关不得擅作处理。《唐律疏义》也确立了议亲、议故、议贤、议能、议功、议贵、议勤、议宾的"八议"制度，其中的"议功"的"功"即指对国家有大功劳的人，在此可作"功臣"解。功臣在古代作为一个名词，特别是在唐宋时期，其含义并非现代汉语中"功臣"的含义这样普遍。《文献通考·职官十八》记载："加功臣号，始于唐德宗，宋朝因之，至元丰乃罢。中兴后加赐者三人而已：韩世忠扬武翊运功臣，张俊安民靖难功臣，刘光世和众辅国功臣。"在这里，"功臣"是作为一种类似官职赐给有功之臣的名号。并且，这里说得很清楚，这一制度始于唐德宗，也就是自上面所说的德宗在兴元元年春颁布"赦宥功臣诏"，才有"功臣"这一类似官职的名号。此后才多有关于"功臣"的记录，比如唐德宗"（贞元元年）己卯，诏：朕诚信未著，抚御失宜，致使功臣陷于诛戮，谓之克敌，能不愧心！""（贞元三年）丁未，制凤翔陇右泾原四镇北庭管内兵马副元帅、凤翔陇右道节度使、奉天靖难功臣、司徒兼中书令、凤翔尹、上柱国、西平郡王、食实封一千五百户李晟可太尉兼中书令。"唐宪宗"（元和元年春）辛巳，以兴元元从功臣、右神策护军使副薛盈珍为右神策护军中尉"。所以，我们可以知道吕温所说的"功臣"是指某类对国家有特殊贡献的主体，结合当时的背景来看，吕温所指的应该是获得皇帝（唐德宗、顺宗或宪宗）赐封"功臣"名号的人。吕温反对的是这一类被皇帝加封"功臣"名号的人获得恕死恩典。

按照唐律疏议，"八议"中的八种特权主体若犯一般死罪均可降为流刑，但若所犯之罪为"十恶"重罪的，则不得享受"八议"特权。所以，一般情况下，功臣犯罪在唐朝法律体系内本身就是可以获得减免的，无须皇帝恕死的恩典。那在存在"八议"特权的情况下，吕温的奏议不是有点没事找事吗？非也。因为"功臣"特指被加封"功臣"名号的人，在德宗后的中唐，一般获得"功臣"名号的都是节度使或者掌握军权的大臣，正是他们拥兵自重导致藩镇割据，德宗对这些人加封"功臣"名号是委曲求全。到宪宗时，为谋求削弱节度使的军权，那么必须打压甚至杀掉手握重兵的节度使们，也就不能再实行"功臣恕死"之策，只要是执行唐律刑法的规定，这些功臣是不能享受"八议"特权的，因为他们拥兵自重是作乱犯上的"十恶"之罪。所以，吕温反对功臣恕死，坚持适用刑法的观点，反映了他是采取法律的手段。但我们要看到的是，吕温的实质目的不是寻求法律之制，而是在打压功臣的政策下削弱藩镇实力和谋求国家的统一。在这一点上，吕温的反对功臣恕死和唐德宗施行功臣恕死殊途同归。

殺賊不死，賊必反傷，其連戮六槍者，蓋亦未知其死與未死，多戮使之必死，亦勢所必至也。

邵守愚杀人案参语

（明）海瑞

淳安县邵守愚与弟邵守正，共承祖遗塘一口，轮年养鱼。嘉靖三十六年①，轮该守愚，屡次被盗。八月二十三夜一更时分，邵守正约同程周去塘盗鱼，守愚带同义男邵天保执枪去塘捕盗。程周窥见人影步声，即背鱼网去脱讫②，邵守正被邵守愚一枪戳倒，当叫一声，再加狠力连戮五枪身死。次早伊母宋氏告县，蒙洪知县审得，若是误杀，不宜连戳六枪，似有仇恨。遂安县③朱知县审问守愚，连戳六枪，

海瑞（1514—1587），字汝贤，号刚峰

---

① 嘉靖：明世宗朱厚熜年号。其三十六年，即公元1557年。
② 去脱讫：方言，犹言"跑脱了"。
③ 遂安：浙江旧县名，明清属严州府。

似非误杀。寿昌县彭知县问拟守愚①，依同居卑幼引人盗物，若有杀伤者，依杀缌麻②弟律绞。解府转详巡按御史③王处驳回。分巡道④者看得招情亦欠合律，行府⑤转委本县检究，参审得宋氏词内，告有指鱼、看鱼。夫纵盗鱼，律有不致死之说。检得耳窍亦有塘泥在内，则与程周同盗之情似实。又称六人谋杀一人，口舌之多，岂能久而不败露？五人出财买一人独认，财物实迹，焉得久不外闻？况邵守正亲兄弟邵守中、守和、男邵太礼，与守愚等系同宗兄弟，住址相邻，耳目切近，询访三年，杳无可据，则计供买认之情似虚。杀贼不死，贼必反伤，其连戮六枪者，盖亦未知其死与未死，多戮使之必死，亦势所必至也。守正被戮岂无痛声，然止一声，未有别样话说。黑夜敌贼，危迫慌忙，兄弟相盗思虑不及，恐不能就一痛声，而辨其为兄、他人也。登时杀死，未就拘执，似不当以同居卑幼引他人盗己家财物有杀伤者，依杀伤缌麻弟律绞论罪。

【解析】

海瑞是政治家、历史学家、杂文家，著名清官。他出生于没落官僚地主家庭，为官清廉，刚正不阿，敢于直言极谏。他关心民间疾苦，反对贪官污吏，任应天府巡抚期间，曾限令官僚地主、地方豪强，退出非法侵占民田，为此遭到嫉恨，一度被罢官。他重视刑狱，判案注重证据与调查研究，曾平反了不少冤假案件，因而深受地方民众爱戴。海瑞的一生，是反对贪官、主张节俭，和豪强地主进行不屈斗争的一生。他一生中平反了许多冤假错案，为老百姓伸张正义，在当时和后世都被推崇为清官，得到了人民的称颂。明代以来的民间公案小说如《海忠介公居官公案》和《海公小红袍》等，戏剧《德政坊》，曲艺《白玉亭》等，都对他的事迹有所记录。他实事求是、敢说真话的精神，为历代人民所称颂。明代著名的思想家李贽对海瑞的评价："先生如万年青草，可以傲霜雪而不可充栋

---

① 寿昌：浙江寿昌县，明、清属严州府。问拟：审问后据罪定刑。

② 缌麻：丧服名，五服中最轻者，同一祖的兄弟死亡时穿着之服。

③ 转详：转报。"详"，下级呈报上级的旧公文。巡按御史：官名。明制，各省设立此职，以御史充任，司巡察之责。

④ 分巡道：明制，各省设提刑按察使司，以按察使为长，掌一省司法。省下分若干"道"，由分巡道掌管一道刑狱。

⑤ 行府：也称府。省级以下，州、县级以上的官署。此指严州府。

梁"，入骨三分。海瑞1578年卒于官，著有《海瑞集》。

这篇《邵守愚杀人案参语》是海瑞的一篇判词，案件具体来说是这样的：淳安县县民邵守愚与堂弟邵守正共同继承了祖上留下的一处鱼塘，两家约定轮年养鱼。嘉靖三十六年（1557年），轮到邵守愚养鱼的时候，邵守正约一个叫程周的人去鱼塘偷鱼。当时邵守愚带着义子邵天保在附近持枪巡视，看到有人偷鱼就跑了过来，程周看见有人，急忙背着渔网偷偷跑了。邵守正正要逃走，被邵守愚一枪戳中，然后又被连戳五枪致死。第二天清早邵守正的母亲宋氏到衙门告状，说邵守愚一家六口人合谋杀害了邵守正。当时的淳安县洪知县审理认为，如果是误杀，不应当连戳六枪，应该是有仇恨才这样的。寿昌县彭知县根据明律中"同居卑幼引人盗物，若有杀伤者，依杀缌麻弟律绞"的规定，拟将邵守愚判处绞刑。此案经淳安、遂安、寿昌等县审理，均判邵守愚故意杀人罪，依律当处以绞刑。省按察司认为罪刑不符，予以驳回，并指令当时刚刚到任的淳安县知县海瑞再详加审理。

海瑞经过认真分析，认为邵守愚并非故意杀人，并指出原告宋氏的两个疑点：其一，宋氏说邵守正到池塘不过是看鱼，并没有参与盗窃。但检查邵守正尸体发现他的耳朵及七窍内皆有塘泥，那么可以肯定的是当时他是在鱼塘中与程周一同盗窃。其二，宋氏还认为邵守愚家六人合谋杀死一人，这一说法如果是实情，那必然是因积怨甚深。而邵姓一族人多口杂，不可能不泄露。但寻访了三年都没有查到同谋，也没有找到任何合谋杀人的证据，可见所提供的证词是有意伪造的。故不应当以"同居卑幼引人盗物，若有杀伤者，依杀缌麻弟律绞"论罪。本判词仅数百字，短小精悍且叙事清楚明白，推理令人信服，反驳适当，按照当时的背景，于情、于理、于法都比较得体。

在本文中海瑞详细地辨析了"误杀"和"谋杀"的区别。为了使读者更好地理解本文，笔者首先介绍一下在明朝的刑法中杀人罪的法规。在明朝，刑法渊源包括《大明律》和《大明令》中的刑法条款①、《大诰》、《问刑条例》以及皇帝的有关诏令。其中《大明

---

① 参见张晋藩、郭成伟：《中国法制通史》，第七卷，445～447页，北京，法律出版社，1999。

律》是明朝的基本法典，其大部分条款属于实体法性质，少部分是程序法性质，虽然实体法部分有刑法、民法、行政法等方面的内容，但都是以刑罚手段来调整各种法律关系，它是"诸法合体，以刑为主"的一部法典。《大明令》是明初与律法并行的综合性法令，其中刑令七十一条，基本上是明初急于颁布法律以稳定政局和人心的政治需要的产物，带有"急就章"的特点。《大诰》的主要内容是惩治贪赃官吏和害民豪强。《大诰》不仅是明朝刑事法律的一种，而且是法律效力高于一般法令，"朝廷所当世守，法司所应遵行"的成法。在明朝刑法中杀人罪可以分为"谋杀"、"故杀"和"过失杀人"。"谋杀"是指二人或二人以上事前有所准备，共同预谋杀人的行为。《大明律·刑律·人命》中规定："凡谋杀人，造意者斩，从而加功者绞，不加功者杖一百，流三千里……若谋而已行，未曾伤人者，杖一百，徒三年，为从者各杖一百，但同谋者皆坐。其造意者，身虽不行，仍为首论。从者不行，减行者一等。若因而得财者，同强盗不分首从论，皆斩。"明朝刑法中的"故杀"是指预谋杀人以外的故意杀人行为，《大明律·刑律·人命·斗殴及故杀人》中规定："凡斗殴杀人者，不问手足、他物、金刃，并绞。故杀者斩。"但为了贯彻因身份等级而不平等的原则，凡是以上犯下的故意杀人，一般都减轻刑罚。此外明朝刑法对于间接故意杀人，区别情节予以处罚。如"戏杀、误杀、过失杀伤人"等，原则上都从轻处罚。明朝律学家解释"谋杀"与"故杀"的区别在于："凡有仇嫌，设计定谋而杀害之者，俱是（谋）。谋与故字不同。商量谓之谋，有意谓之故。"可见明朝的刑法中对于杀人的方式和手段、动机、意图都是有较为详细的区分和规定的。对应的主观恶性不同，犯罪处罚强度也不同。这个规定是值得赞赏的。在我国现行刑法总则第二章就明确了故意犯罪和过失犯罪的区别，并规定过失犯罪，法律有规定的才负刑事责任。在分则第四章"侵犯公民人身权利、民主权利罪"中规定："故意杀人，处死刑、无期徒刑或者十年以上有期徒刑；情节较轻的，处三年以上十年以下有期徒刑。"而"过失致人死亡的，处三年以上七年以下有期徒刑；情节较轻的，处三年以下有期徒刑"，并注明了刑法另有规定的依照规定。由此我们可以看出，从古至今，虽然时代在变，但是由于犯罪的主观恶性不同，所受到的处罚应该有所区别，是制定法律的基本理念。到了现代我们更要求法律面前人人平等，不再有封建社会的特权阶层，罪责相当已经是我国刑法适用的一大原则。这样的法律规定背后贯彻的法理是：每个人都应当承担与其过错相应的责任。

海瑞重视立法和严于执法，是一位刚直不阿、执法如山的清官。虽然他处在一个日益衰败的王朝，但他为官期间的许多作为推动了当时法学的发展，他认为："天下之事，图之固贵于有其法，而尤在于得其人。"若"得其人而不得其法，则事必不能行；得其法而不得其人，则法必不能济"①。海瑞把立法和执法视为同等重要。因此，他竭力推行"人法兼资"，以成"天下之治"的主张。一方面为克服"法度不继"，在修举封建法律的同时，海瑞亲自制定《淳安县政事序》、《兴革条例》、《考语册式》、《兴国八议》和《督抚条约》等行政法规，在一定程度上限制了官僚地主贪得无厌的欲望和无止境的特权要求，使百姓所受的压迫和剥削相对得到减轻，为完善封建法制起了积极作用，也解决了"有其法"的问题。另一方面他重视执行，解决"得其人"的问题。为此，海瑞告诫官吏，"止此柴马，止此体钱，出此之外，一文一分赃证也"。凡"赃在官者，法无赦"。为官者必须做到"奉职不恤身，执法不为党"，要"奉公守法"。海瑞"率先垂范"，他除了"俸薪之外无所取"，"秋毫无染"。还自行规定："若本院妄行取用，是法司官自犯法也，州县鸣鼓攻之。律有明条，本院不能自赦。"海瑞又宣称："本院知惜民财，知有国法，不知其为京堂、为科道、为部属也。"海瑞制定了具体的执法原则，使官吏在执法中能秉公办事，有规可循。一是"持法不持私"的原则，要求在执法中"无系于私"，不要为"货利"所动心，要"公心直行"；二是"一一执律拟罪"的原则，要求对每一案件均"详审"，要深入调查，不可"东听西闻"，不可"轻信人言"，要根据详细、准确的材料，"执律拟罪"，"量情议罪"，做到"惟公准断"；三是处理疑难案件的原则，海瑞提出，对疑难之案，要"两造俱备，五听三讯"，"审之审之，始不惮烦；慎之慎之，终无姑息"，一定要"直穷到底"，把案情弄明。海瑞支持百姓申诉鸣冤，

---

① 转引自黄君萍：《评海瑞的政治思想》，载《史学集刊》，1992 (4)。

并亲自处理冤假错案，这是很得人心的，所以人们誉他为"海青天"。海瑞认为："不可做软弱听人打、听人杀而不言苦，不言自苦，苦何日止了"，鼓励百姓申诉鸣冤。海瑞规定：革除过去衙门只是在每月初二和十六两天才接待投诉的陈规，重新规定凡是人命、强盗、贪赃等案件，随时可以来告，"或拦街、或叫门"，或"登堂叫诉"，可以自便。又规定："凡不能文者准口陈"，专设口告簿，以减少求人写状子的麻烦和杜绝"唆讼得利"之弊。"非申各除人为遵行"，"各官毋自贻悔"，务必认真执行。与此同时，海瑞亲自处理了许多冤案错案。由以上看来，邵守愚杀人案件中，海瑞的处理秉持了他的执法理念，关于立法、执法，以及方便百姓上告的程序方面，他都颇有见解，很多理念至今对我们仍然有借鉴意义。

但我们也应当看到，对于一些疑案，海瑞并没有完全慎重调查，而是"与其屈兄，宁屈其弟；与其屈叔伯，宁屈其侄；与其屈贫民，宁屈富民；与其屈愚直，宁屈刁顽。事在争产业，与其屈小民，宁屈乡宦；事在争言貌，与其屈乡宦，宁屈小民"（《海瑞集》117页）。从封建道德观来看，它符合封建礼法的要求。然而，从现代法治精神来看，无论屈谁都是不公平的。当然，这与封建社会的局限性是分不开的，海瑞与封建社会的另一个清官形象——包拯的差别十分明显。一个是"两害相权取其轻"，另一个是调动各种刑侦手段一查到底。在执法的严肃性上，海瑞远不如包拯，这也与二人的处世原则有关。也有人认为，在民事诉讼上，海瑞采用这种方式，一方面让普通百姓获得利益，另一方面也通过这样灵活的方式降低士绅在审判后对普通百姓进行报复的可能性，在封建时代不失为一个好方法。海瑞的这种主张，虽有偏颇，不过在我们所处的这个时代仍然具有参考价值：如何借助律法去平衡因社会地位等因素带来的不公，是值得我们思考的。

与吴令某论罚锾书

（清）袁枚

袁枚（1716—1797），字子才，诗人、文学家

汉张敞以三辅谷贵①，请民入粟请罪。肖望之②等以为粟可以赎罪，是贫富异情而法不一也，争之甚力。考其时张敞宽民罪以活民，非取民财以利已，然望之以为事当权其轻重，不宜以苟且计损万世法。

今闻足下治吴郡，凡富人有过，辄锻炼③拘系之，逼令出家财佐公费，一日之间，凡六、七辈，此大不可也。冉有说："既庶矣，又何加焉？"④ 孔子曰："富之"。孟子

---

① 张敞：西汉河东平阳人，字子高，章帝时为太中大夫、京兆尹、冀州刺史等。《汉书》有传。三辅：原指治理京畿地区的三个行政长官。后指三辅所辖地区。
② 肖望之：字长倩，汉东海兰陵人。宣帝疾笃，受遗诏辅政元帝，领尚书事。张敞请民入粟赎罪议，肖望之等争之力甚，事见《汉书·肖望之传》。
③ 锻炼：罗织罪名。
④ 冉有：孔子的学生。引文见《论语·子路》。

曰："易其田畴，薄其税敛，民可使富也。"① 古之圣贤求贫民之富，今之有司求富民之贫。不知富民者贫民之父母也，其能施与者无论矣。纵纨绔骄奢，未尝不病于己而利于民也。被绮縠，食珍羞，而鬻贩者利。婚丧僭侈，好歌舞博弈②，而方外③、杂技与肩摩背负者利，今使之畏首畏尾，动触机阱，富民累，贫民伤矣。

说者曰："为富不仁，孅啬傲上，致其罪，罚其锾，足以儆之。"④ 夫"为富不仁"，阳货⑤为作吏者言之也，非为百姓言之也。我不取之，何以知啬？我不接之，何以知其傲乎？诚有罪焉，是富人之恃财而为恶也，恃财者使之百万其财而莫赎，然后天下之为富者惧。若以财肆，复以财免，小富之人或倾其性命，大富之人未损其毫毛。设有狡狯豪猾，捐一、二年租为罚费，便可恣纵无所不至，是罚锾非禁恶也，乃助恶也。谢安⑥曰："陶公虽用法，恒得法外意。"⑦ 不知公之罚，法外当是何意？

今夫贪吏之取赃也，避其宾朋，肸篋⑧暗投，其羞恶之心犹然存也。能吏之行罚也，明目张胆，持筹而算之，其羞恶之心，淡然忘矣。彼富人者，明知其意不在罪也，一有风闻，便卖货鬻产，治具而待，匍匐棘槐⑨，不辨其罪之有无，而但诉其家之有无，勒增丐减，形同贾贩，旁观之士，心窃鄙之。上有好者，下必有甚焉者矣。在官则胥吏强索，在乡则无赖诈取，自上而下，相缘为奸，而况所罚者大半不出于告发，而出手访闻。于是，钩距者⑩，诬陷者，设局而罗织者，朝禀乍人，暮符已下，官为讼魁，吏为佐证，所罚无几，而徒使中饱之人云翔而四布，荆棘满眼，殊觉寒心。

---

① 引文见《孟子·尽心上》。
② 博：六博，古代的一种游戏。
③ 方外：世俗之外。
④ 孅啬：吝啬。孅：细。锾：古代重量单位。六两为一锾。
⑤ 阳货：一作"阳虎"。春秋后期鲁国季孙氏家臣。
⑥ 谢安：东晋政治家。字安石，陈郡阳夏人，孝武时位至宰相。
⑦ 陶公：即陶侃，东晋庐江浔阳人，字士行，官至都督八州诸军事。引语见《晋书·陶侃传》。
⑧ 肸篋：撬开箱子。
⑨ 棘槐：即"槐棘"。周代朝廷种三槐九棘以定三公九卿之位，即以槐棘指三公或三公之位。后指听讼的处所。《三国志·魏·高柔传》："古者刑政有疑，辄议于槐棘之下。自今之后，朝有疑议及刑狱大事，立数以咨访三公。"
⑩ 钩距：官吏审问的一种方法，辗转推问，究其实情。

或曰：罚锾非人己也，置之公所充公用耳。审是则足下之为此尤拙矣。夫君子之廉为洁已也，小人之贪为肥已也。今足下故入人罪以取利，其不为君子也明矣。复不櫜存之，而以公同官，是污己而肥人，既为君子所悲，重为小人所笑，足下又何乐于此。或曰："此大府意也，故不得不尔。"是更不然。绳愆纠谬，方称贤僚。大府果有罚锾之明文，君子尚抗词而争，今绝无明文，而以为不师其令而师其意，一旦败露，为上所知，恐大府今日借君以集事，未必异日不刻君以解谤，明者不可不察也。枚再拜。

【解析】

袁枚是清代著名诗人、文学评论家，也是一位颇有贤名的县令。他出生于浙江钱塘（今杭州），曾为翰林院庶吉士。袁枚英才早发，十二岁入县学，乾隆四年（1739 年）进士，授翰林院庶吉士。大学士史贻直见他所写策论后，称赞他是贾谊再世。乾隆七年（1742年）外调做官，曾任溧水、江浦、沭阳、江宁、上元等地知县，政声好，深得百姓爱戴，很得当时总督尹继善的赏识。乾隆八至十年（1743～1745 年）任沭阳知县，正值"乾隆盛世"，但在沭阳民间，却是万户萧疏、悍吏横行。一个沭阳县，竟有"饥口三十万，饿毙者不计其数"。袁枚面对这"路有饿殍、哀鸿四野"的惨状，抒发感慨："百死犹可忍，饿死苦不速，野狗衔髅髑，骨瘦亦无肉，自恨作父母，不愿生耳目。"他以自己犀利的笔触，直书"苛政猛于虎，悍吏虐于蝗"！对置人民生死于不顾的贪官污吏，进行无情的挞伐。他对自己致仕的要求是"纾国更纾民，终为百姓福"。

正是在这样的背景下，有了这样一篇名为"与吴令某论罚锾书"的文章。"罚锾"一词即罚金。古代赎罪，用锾计算。语出《尚书》卷19《周书·吕刑》，王曰："吁！来！有邦有土，告尔祥刑。在今尔安百姓，何择非人？何敬非刑？何度非及？两造具备，师听五辞，五辞简孚，正于五刑；五刑不简，正于五罚；五罚不服，正于五过；五过之疵，惟官、惟反、惟内、惟货、惟来，其罪惟均，其审克之。五刑之疑有赦，五罚之疑有赦，其审克之。简孚有众，惟貌有稽；无简不听，具严天威。墨辟疑赦，其罚百锾，阅实其罪。劓辟疑赦，其罚惟倍，阅实其罪。剕辟疑赦，其罚倍差，阅实其罪。宫辟疑赦，其罚六百锾，阅实其罪。大辟疑赦，其罚千锾，阅实其罪。墨罚之属千，劓罚之属千，剕罚之属五百，宫罚之属三百，大辟之罚，其属二百；五刑之属三千。"又有孔安国传曰："疑则赦，从罚。六两曰锾，锾，黄铁也。阅实其罪，使与罚各相当。"

解释完了"罚锾"一词，让我们把目光再投回文章之中。古代文人写作时的一大特点就是引用前人论断或事例来增加自己文章的说服力，本篇文章也是如此。作者在文章开头就举出汉代张敞与肖望之关于以粮赎罪是否能使法律发挥应有作用进行争论的例子，即这一法律是否能够保障社会有效运行。张敞基于当时三辅地区粮食贵重的社会现实，主张对人民放宽刑罚，有罪之民根据相应的规定可以以粮食赎罪。更重要的是，这样做绝非强取人民的财富为个别官员所用。而持反对意见的肖望之等人认为这样区分贫富，不平等的法律就不应当是公正的法律，换句话说，这样的法律是"恶法"；应当权衡法律规范背后的轻重得失，不因一时的规定而影响了后世的法律体制和法制走向。反对者所言也成为袁枚写作此文章想表达的最主要的观点。

之后，作者论述了实践中的问题。吴郡县令治理本郡时规定凡是富人犯有过错，就马上罗织罪名，将过错上升到犯罪的层面，逮捕入狱，强迫对方交出家财作为罚金以充公用。一天之内这样的情况可多达六七起，这样的做法于情于理都不符！紧接着，袁枚又以古为据，用冉有和孔子的问答点破"古代的圣贤希望人民富裕，而现在的官吏反倒希望人民贫困"的怪现象。作者把矛头指向"为富不仁"的富豪们，表面上赞扬富人们骄奢淫逸，养活了为其工作和服务的底层百姓，为富人们受牵获罪而导致贫民丢掉饭碗感到惋惜。实际上则是坚决不允许那些确实仰仗钱财作恶的富豪以财抵罪，只能就地伏法，以显示法律的威严，不容许所谓"人情"出现。这种现象所产生的影响在于，出台法律规定凭借钱财可以免受刑罚，可以肆意横行。那么对于豪绅巨富而言，这赎罪的金钱只不过是九牛一毛，但对于一般人来说，就会倾家荡产，赔上性命。这种做法不仅不能禁恶，不能发挥法律应有的规范作用，更有甚者，还会加速社会动荡。作者在此处重申的正是前述肖望之等人的观点："事当权其轻重，不宜以苟且计损万世法"。

当然，还有一种反驳的观点认为，适用法律不要只拘泥于条文，还应灵活运用法体现其精神。对此，袁枚并未单纯从理论的角度反驳这种认识，而是认为在现在的社会环境和法律环境下，贪官污吏借惩罚之便，明目张胆地索贿；而富人们自然也有对策，私底下转移财产，请求减少罚款。两者的行为就像商贩讨价还价一般，这种闹剧更是发展到了上下级官员之间。上面的官员授意下级官员进行敲诈掠取，于是乎，各种诬陷层出不穷。朝廷政府居然无端挑起诉讼，这听上去简直是匪夷所思。就是在这样的事实面前，还有人进行苍白的辩护：罚金是充公于官府，而非留作私用。作者直接给予回击："夫君子之廉为洁己也，小人之贪为肥己也。今足下故入人罪以取利，其不为君子也明矣。"故意加重他人的罪名以获取罚金，这种行为是对应君子的清廉还是对应小人的贪婪，再清楚不过了。下级官员会说，这样做是上级官府的行政命令，自己不得不遵守。袁枚也指出，如果上级官府有关于"罚金"的明文规定，但这种规定又是明显错误和不公的，即"恶法"，那么作为有理性和良知的人都会据理力争，更何况法律没有明文规定，只算得上是私下授意。如果下级官府还认为可以只遵上级意旨而不遵条令，这样愚昧的官员还有什么政治前途。作者最后的警告颇耐人寻味，虽未言明后果，但驳斥下级官员的话想必会让官吏们心惊胆寒。

还有一个词需要探讨，那就是"足下"。在古代，下称谓上，或同辈相称，都用"足下"，意为"您"。足下，属称对方的敬辞。《称谓录》说："古称人君，亦以'足下'称之。"则"足下"之为尊称。据刘敬叔《异苑》卷10记载："介子推逃禄隐迹，抱树烧死。文公拊木哀嗟，伐而制屐。每怀割股之功，俯视其屐曰：'悲乎足下！''足下'之称将起于此。"《史记·秦始皇本纪》裴骃集解引东汉末年蔡邕的话解释说："群臣士庶相与言，曰殿下、阁下、足下、侍者、执事，皆谦类。"也就是说，"足下"只是谦虚地尊称对方的称呼。

另外，关于赎刑制度，即按规定或经允许缴纳一定钱财折抵原定刑罚的制度。《尚书·吕刑》所载"五刑之疑有赦"，就是指对适用五刑有疑义而应予赦宥的案件，均可折为赎刑。其具体规定是：

"墨辟疑赦，其罚百锾，阅实其罪。劓辟疑赦，其罚惟倍，阅实其罪。剕辟疑赦，其罚倍差，阅实其罪。宫辟疑赦，其罚六百锾，阅实其罪。大辟疑赦，其罚千锾，阅实其罪。"我国的赎刑制度可追溯到夏朝，《尚书·大传》有云："夏后氏不杀不刑，死罪罚二千馔"，即可以二千馔抵死罪。周朝五刑，即墨、劓、剕、宫、大辟若是疑罪，也可实行赎刑。秦朝把赎刑分为赎黥、赎迁、赎宫、赎死，对赎刑的适用范围和方式都有明确的规定。唐律刑罚除"十恶"以外，笞、杖、徒、流、死五刑均准予收赎，唐代赎刑一般适用于流罪以下，流罪以上则限制严格，且赎死刑仅适用于疑罪。另外，针对贫穷者，可选择宫役以代偿赎金。唐之后及至清朝都一直沿用唐朝的赎刑制度。赎刑制度为历史上许多人所诟病，但实际上也具有一定的历史价值。在对赎刑的方式和适用范围进行严格限制的基础上，实行赎刑，体现了一种人文关怀，也可对受害者一方给予一定的物质方面的补助。在当今时代，对受害人进行经济方面的补偿以在一定程度上换取受害者的谅解，就是赎刑制度的具体体现。

综上可以看出，刑法是用来调整国家和个人、社会和个人之间的关系的法律规范。这一关系的背后伦理是一种整体性的社会关系，是以社会整体利益为保护对象的。但刑法的价值不仅在于维护社会秩序，维护"什么样的秩序"乃是刑法价值的前提。法律作为治理的工具和手段，在逻辑上，与伦理之间是一种规范与价值的关系；法律正义评价的对象乃是法律法规所确认或维护的道德品质；法律正义的评价标准乃是民众的是非善恶共识，合乎民众善恶共识的法律乃是正义的法律。和其他社会规范一样，法律的效力取决于规范本身的合理性和社会成员对该规范的认可度。[1]

虽然文章直到最后也没有说这位吴姓县令遵守所谓的罚锾命令后，对郡内到底产生了怎样的影响，但历史上，袁枚到任沐阳后，开仓赈灾，减免赋税，率民治水，筑成有名的六塘子堰，采取多种抗灾措施，恢复和发展农业生产，较快地取得了成效。他还严厉管束家属、下属、衙役，不准其扰民害民。在讼狱处理上，据史载，

---

[1] 参见张武举：《刑法的伦理基础》，121页，北京，法律出版社，2008。

他"为政，终日坐堂"，凡"吏民百事，有小讼狱立判无稽留"，大案也从速结案，加上治理有方，社会秩序较前稳定。他与耕夫、蚕妇、工匠、商贩、书生皆有交往，不但关心农事百业，还跻身市场，"关心米价问江东"，心系民生。这样的反差和对比令人深思。

四、诉讼法篇

罪疑從輕，
既前王之格範；
寧失弗經，
亦列聖之恒訓。

奏改定刑狱

（刘宋）谢庄

　　臣闻明慎用刑，厥存姬典①；哀矜折狱，实晖吕命②。罪疑从轻，既前王之格范；宁失弗经③，亦列圣之恒训。用能化致升平，道臻恭己④。逮汉文伤不辜之罚，除相坐之令；孝宣倍深文之吏⑤，立鞫讯之法⑥。当是时也，号领刑存⑦。

　　陛下⑧践位，亲临听讼，亿兆相贺⑨，以为无冤民矣。而比囹圄未虚，颂声尚

谢庄（421—466），文学家

---

① 姬典：周代法典。周王族姓姬，故名姬典。
② 吕命：即《吕刑》。
③ 语见《尚书·大禹谟》。
④ 恭己：谓端正自己而实行无为之治。参见《论语·卫灵公》。
⑤ 倍：通"背"，弃也。深文：指用法严酷。
⑥ 立鞫讯之法：指汉宣帝设置六百石官阶的"延平"，参与州郡审案及复核，以求其平正。见《汉书·刑法志》。
⑦ 刑存：即"刑措"。
⑧ 陛下：指刘宋孝武帝（454～464 年在位）。
⑨ 亿兆：指百姓。

207

缺。臣窃谓"五听"① 之慈，弗宣於宰物②；"三宥"③ 之泽，未洽於民谣。顷年，军旅徐弊，劫掠犹繁，监司④计获，多非其实。或规免咎，不虑国患，楚对之下⑤，鲜不诬滥。身遭斧质之诛，家婴孥⑥戮之痛，比伍同闬⑦，莫不及罪，是则一人罚谬，坐者数十。昔齐女告天，临淄台殒⑧；孝妇冤戮，东海愆阳⑨。此皆符变灵祇，初咸景纬⑩。臣近兼讯，见重囚⑪八人，旋观其初，死有余罪，详察其理，实并无辜。恐此等不少，诚可怵惕也。

旧官长竟囚毕，郡遣督邮案验，仍就施刑。督邮贱吏，非能异于官长，有案验之名，而无研究之实。愚谓此制宜革。自今入重之囚，县考正毕，以事言郡，并送囚身，委二千石亲临核辩，必收声吞衅⑫，然后就戮。若二千石不能决，乃度廷尉。神州⑬统外，移之刺史，刺史有疑，亦归台狱⑭。必令死者不怨，生者不恨。庶"鬻棺"⑮之谚，辍叹于终古；"两造"之察，流诼于方今。

臣学阙申韩⑯，才寡治术，轻陈庸管，惧乖国宪。

【解析】

2006 年 10 月 31 日第十届全国人大常委会第二十四次会议通过《关于修改〈中华人民共和国人民法院组织法〉的决定》，将《人民法院组织法》第 13 条修改为："死刑除依法由最高人民法院判决的

---

① 五听：即《周礼·小司寇》中的辞、色、气、耳、目。此指审慎明察。
② 宰物：主宰事物，即执政。
③ 三宥：即古人对不知法律及过失犯罪实行宽大处理的规定。见《周礼·秋官·司刺》。
④ 监司：监察官。
⑤ 楚：刑杖。对：审讯。
⑥ 孥：将罪人的妻儿收为官奴。
⑦ 比伍：基层行政组织，五家为一比，设比长。闬：门也。
⑧ 相传春秋时一平民妇女含冤无告而向天申诉，天降大雷击毁齐景公的楼台。见《淮南子·览冥训》及注。
⑨ 汉时，东海郡有孝妇因受诬而被太守冤杀，结果全郡大旱三年。见《汉书·于定国传》。愆阳：干旱酷热。
⑩ 景纬：星辰。纬指行星。
⑪ 重囚：死刑犯。
⑫ 衅：罪也。
⑬ 神州：指京畿。
⑭ 台狱：御史台所管辖的监狱。
⑮ 鬻棺：汉时有谚语"鬻棺者欲岁之疫"，《汉书·刑法志》引之以讽刺狱吏如棺材匠从死人身上获利。
⑯ 申韩：法家代表人物申不害和韩非子。

以外，应当报请最高人民法院核准。"这个决定自 2007 年 1 月 1 日起施行。这意味着，所有死刑案件都要由最高人民法院核准，死刑复核权收归中央。而在此之前，对于死刑复核的问题是采取下放地方高级人民法院的方式。但是死刑核准权下放后，在地方保护主义和某些地方官吏的干预下，死刑的适用范围被扩大了，可杀可不杀的罪犯也被杀了。特别是在"严打"时期，死刑案件急剧增加，引发有关选择执法和突击执法的批评。另外，死刑复核权的下放，导致复核的标准不同，各地方对于复核问题有自己不同的看法，会带来相同案件不同地方出现不同的判决的问题。典型案件如 1995 年的"聂树斌案"，聂树斌因故意杀人罪和强奸罪被判处死刑并被执行死刑，但讽刺的是 2005 年真凶出现，证明"聂树斌案"是一起冤案。我们思考死刑复核问题的时候，有必要追根溯源，探讨此制度的源流和变迁，那么谢庄的这篇《奏改定刑狱》是我们不得不研究的文章，因为这篇文章的出现深深地镌刻着此制度形成的印迹。

谢庄，生于 421 年，卒于 466 年，字希逸，陈郡阳夏人（今河南太康县），出生于建康，是谢弘微的儿子，大谢的族侄。他是南朝宋文学家，以《月赋》闻名，在历史上人们一般都记得谢庄的文学成就，但在我国古代，自孔子始就奉行着"学而优则仕"以及"士志于道"的思想，读书人多经过仕途而为政做官，实现其兼济天下的理想抱负。谢庄生活的时代是动荡的南北朝时期，故谢庄在这篇《奏改定刑狱》里也说"顷年，军旅馀弊，劫掠犹繁"。此时我国的取士制度也在经历一个变革，隋唐建立了科举取士制度，并对后世产生深远影响，而隋以前的魏晋南北朝时期大体是九品中正制，氏族门阀掌握着成为领导阶层的资源。谢氏一族在当时都是名门望族，谢庄作为大谢的族侄也不例外，他官至中书令，加金紫光禄大夫，故世称"谢光禄"。这篇《奏改定刑狱》是谢庄交给皇帝的一篇奏折，有建言献策的意思。《宋书》将此文全文记载，依此可以知道，这篇文章是谢庄在大明元年（457 年）复出重新做官时写给皇帝的奏折。

从谢庄文章的内容来看，我们可以从文章第一句话"臣闻明慎用刑"看出，谢庄认为对于刑事犯罪适用刑法来定罪的环节，要审慎对待，断案要"哀矜折狱"，即心怀仁慈，而断案的原则是"罪疑从轻"、"宁失弗经",即现在所说的在证据不足、事实不清的情况下"疑罪从无"原则。"乱世用重典"在中国古代是较流行的做法,法家代表韩非子就说:"夫严刑者,民之畏也,重罚者,民之所恶也。故圣人陈其所畏,以禁其衰,设其所恶,以防其奸,是以国安而暴乱不起。吾以是明仁义爱惠之不足用,而严刑重罚之可以治国也。"因为在乱世用严刑峻法的高压政策,可以很好地打击犯罪等威胁统治者统治的行为,所以就有"宁可错杀三千,不可放过一个"的极端做法,此种做法把"罪疑从重"演绎到了极致。谢庄所处的刘宋一朝即处在南北分裂的动荡时期,战争频繁,社会的动荡导致犯罪行为的增加,面对这些问题谢庄并不是建议采用传统的"用重典整治乱世"的做法,相反,谢庄提出作为统治者要"明慎用刑",即使用刑也要做到心怀仁慈,"令死者不怨,生者不恨"。谢庄在这篇奏折最后说"臣学闻申韩,才寡治术",意思就是"我学识浅薄,不懂法律,也缺乏从政的才能"。谢庄作为文人也许没有受过专门的法律训练,但是他作为官员对法律所持有的看法却是极其深刻的。

谢庄并不只是提出"明慎用刑"的思想,他还为践行"明慎用刑"思想提出了具体的做法。谢庄敏锐地发觉以前的那种"郡遣督邮案验,仍就施刑"的做法存在很大的弊端。督邮之弊绝非仅此一端,《汉书·文帝纪》记载:"二千石遣都吏循行,不称者督之。"当时的督邮对传达教令、督察属吏、案验刑狱、检核非法等事项无所不管。督邮之制对于中央加强地方控制是发挥了重要作用,但随着制度的变迁,督邮的性质发生变化,大都以督察之名行不法之实,例如《晋书·隐逸传·陶潜》就记载:"郡遣督邮至县,吏白应束带见之,潜叹曰:'吾不能为五斗米折腰。'"这就是著名的陶渊明"不为五斗米折腰"的典故。另外流传较广的故事是《三国演义》中"张翼德怒鞭督邮"的事情,那个督邮贪图贿赂,而刘备又不打算向他行贿,于是他怀恨在心,想要陷害刘备却被张飞打了一顿。《三国志·蜀书·先主传》也有记载:"先主率其属从校尉邹靖讨黄巾贼有功,除安喜尉。督邮以公事到县,先主求谒,不通,直入缚督邮,杖二百,解绶系其颈着马柳,弃官亡命。"可知此事为真实而不是虚构,督邮制度的弊端亦可见一斑了。谢庄认为应该对此制度改革,而对改革的具体措施谢庄也有自己的看法,他认为"自今入重之囚，县考正毕，以事言郡，并送囚身，委二千石亲临核辩，必收声吞毕，然后就戮。若二千石不能决，乃度廷尉。神州统外，移之刺史，刺史有疑，亦归台狱"，意思就是说："凡是属于死刑等重大刑事犯罪，县里结案以后，必须将案卷和囚犯送到郡里，然后再由郡一级的官吏亲自复审，嫌疑人认罪伏法的才可以执行。郡一级都难以断决的，则上交廷尉裁定。较为偏远的郡县，则先移交刺史复审，刺史不能决的则交台狱。"这种做法是将以前的由中央派人去地方督察变成地方将案件交由中央复核，上下关系瞬间改变，这样的想法绝对是一个智慧超凡的人才能提出的，因为这样的制度构建对以后的中国有深远影响，用一个名词来概括，谢庄的建议是"死刑奏报制度"或者"死刑复核制度"。中央和地方关系很重要的一个方面就是司法权问题，而死刑复核权是司法权的重要方面，死刑复核权是下放给地方还是收归中央，此问题直接影响着中央和地方的关系。在魏晋时期，县令对死刑案件有审结的权限，只要经郡守委派的督邮案验即可以执行，这就是谢庄所说的"旧官长竟囚毕，郡遣督邮案验"的传统做法。地方司法审判权过大，不利于法律的统一适用，也不利于恤刑思想的贯彻，所以改革的做法一般是中央适当地收回司法权。《宋书》记载，刘宋孝武帝在孝建二年（455年）下诏曰："死刑则具奏皇帝裁决"，试图以死刑复核的办法限制地方司法权。北魏也有类似将死刑的最后裁决权收归中央的制度，死刑奏报制度也正是在这个时期逐渐形成并建立，后世大多是在此基础上做制度上的完善。

但是，在这里我们可以发现一个意味深长的疑问：455年孝武帝就下诏"死刑则具奏皇帝裁决"，何以谢庄在2年后的457年还要提出死刑犯交郡守，郡守不能决则交廷尉的建议呢？不能说此奏议是重复，谢庄的做法在一定程度上是对孝武帝做法的改变！也许有人要批评谢庄的奏议有些忤逆或不识时务，但是若从当时的社会环境以及一个制度产生的艰难来考虑，我们则会理解甚至佩服谢庄。

在秦汉时期，只有疑难案件才有逐级上报复审制度，称为"奏谳"，汉景帝就曾多次下诏令"狱疑者谳"，而不存在死刑奏报的制度。但到了隋朝，则形成了死刑复核、奏报制度，至唐朝则已经臻于完备。自秦汉至隋唐中间的相当一段时间内，则是此制度逐渐形成的时期，死刑奏报制度就是始于南北朝。制度的形成不可能一蹴而就，中间必然经过无数次的艰难反复，甚至不同利益集团的斗争。苏力认为，建立制度的基本前提是社会条件的大致稳定，在相对稳定的社会条件下，该社会中的这一类问题会呈现出常态，只有这样，该制度才是有效的和有用的。① 在社会动荡的南北朝时期，战争频繁，家破人亡之事时有发生，犯罪的可能性增加，故谢庄在此文中也感叹"劫掠犹繁"。面对犯罪的增加，特别是死刑等重罪，地方官吏掌握着生杀大权，一方面这削弱了中央对地方的控制，另一方面死刑过多会引起社会更加动荡。为了解决这样的问题，中央加强对地方的控制，采用死刑奏报的制度削弱地方的司法权，这样的做法无疑是一种明智的抉择。但是制度的运行是受到社会环境的影响的，动荡的社会环境并不能很好地保障死刑奏报制度的运行，这好像陷入一个悖论：社会动荡致使犯罪增加，犯罪增加而使得死刑奏报制度有必要建立，但是死刑奏报制度在动荡的社会中却难以实际运行。这一悖论正好解释了为何孝武帝在455年下诏，规定死刑需要奏皇帝裁决，但是谢庄在457年又上奏"改定刑狱"。战乱频繁，社会条件不稳定，使得死刑奏报制度难以实际执行。但是到了隋唐时期，国家统一，处于治世，社会条件稳定，这一问题已经呈现出常态，那么制度的建立是有效的，制度的运行也是有用的。

如果理解了这一点，我们对谢庄不得不抱以佩服之情，他是制度变迁中的开拓者和实践者！他身处乱世，不提"乱世用重典"而倡"明慎用刑"。死刑奏报制度虽然不是由他建立，但是他是制度建立过程中的倡导者。仅此一点，我们可以想见这篇《奏改定刑狱》的重要法学价值，它不仅具有法制史上的研究价值，而且在现代有死刑的国家就有死刑复核问题，那么死刑复核制度的研究就有现实的意义。

---

① 参见苏力：《制度变迁中的行动者——从梁祝的悲剧说起》，载《比较法研究》，2003 (2)。

谨死刑诏

（唐）李世民

比来有司断狱，多据律文，虽情在可矜，而不敢违法。守文定罪，或恐有冤。自今门下省视有据法当死而情在可矜者，录状奏闻。

【解析】

唐太宗李世民是唐朝第二位皇帝，在位 23 年，其名字取意"济世安民"。唐太宗李世民不仅是著名的政治家、军事家，还是一位书法家和诗人。唐朝是我国历史上十分繁荣昌盛的一个封建王朝，皇帝多有着开放的情怀和兼收并蓄的胸襟。而打下大唐江山，居功至伟的

李世民（599—649），政治家

当属李世民，他锐意革新，广纳贤才，开创了大唐盛世，谱写了贞观长歌。《谨死刑诏》就是李世民成为皇帝之后对死刑惩罚制度的一次改革，具体而言是死刑复核制度的改革，由此中央加强对司法权的控制，从这篇诏书中可以反映出唐初的治国思想和唐朝的司法制度。

虞世南曾经写有《赋得慎罚》一诗，此诗是少有的专门写法律

的，诗文为："帝图光在册，上德表鸿名；道冠二仪始，风高三代英；乐和知化洽，讼息表刑清；罚轻犹在念，勿喜尚留情；明慎全无枉，哀矜在好生；五疵过亦察，二辟理弥精；憬巾示廉耻，嘉石务详平；每削烦苛性，常深恻隐诚；政宽思济猛，疑罪必从轻；于张惩不滥，陈郭宪无倾；刑措谅斯在，欢然仰颂声。"此诗虽有奉承太宗之嫌，但却是实实在在地赞誉唐太宗的少杀慎杀的慎刑思想。而这篇《谨死刑诏》则是唐太宗"慎刑"思想的具体实践，从这篇诏书标题上看，一个"谨"字我们就可以看出太宗对死刑的态度。死刑是十分残酷的刑罚，是要剥夺罪犯的生命。而生命一旦被剥夺，人就不会再重生，太宗当然知道这一点。因此他对死刑采取十分谨慎的态度，不仅明确规定了判决死刑的法律要件，更是要求官员严格按照其当时的法律来判决。太宗是一个爱民的封建帝王，他体恤民情，爱民如子。太宗知道人民力量的重要性，只有天下的百姓能安居乐业，国家才能繁荣昌盛，社会才能更加稳定，君王的统治才会更加巩固。而死刑决定的是生命被剥夺，因此太宗必须谨慎。如何将这"谨慎"具体化为司法实践呢？太宗的做法是对于那些一般的刑事犯罪，必须经过审判，并层级上报。太宗是用死刑上报复核的方式来体现其谨慎的刑罚观。

封建帝王有着至高无上的权力，甚至可以直接决定一个人的生死，这也体现出了我国传统的以人治国的思想。因此在古代皇帝开明与否，决定着这个王朝的长治与否。太宗作为一个封建皇帝，首先拥有着至高无上的权力，在横向上他集军权、司法权、行政权、立法权、财政权于一身；纵向上，地方上几乎没有自治的权力，中央亦即皇帝垄断了权力，地方官员的选拔、任命、罢免都是中央说了算，这样的制度为皇帝进行改革创造了条件，作为帝王可以大刀阔斧地推行改革。从《谨死刑诏》我们就可以看出太宗改革的实质是司法的中央集权。地方官员虽然有判决死刑的权力，但对于那些"依法该判死刑而又情有可原的罪犯"必须上报门下省，而门下省又必须上报皇帝，这种制度若用今天的一个名词来说就是"死刑复核制度"。死刑复核制度在南北朝时期开始形成，南朝刘宋时期即有规定死刑犯罪需要上报中央，到隋唐时期，这样的奏报制度逐渐完善成型，到唐朝可以说是正式确立并实际运行。而唐太宗的这封《谨死刑诏》正是此制度形成过程中的一个缩影或者说是助推器。

要理解《谨死刑诏》中为什么是由门下省向皇帝汇报有关重大死刑案件，就不得不对唐朝的司法制度做一个系统的了解。我国古代虽然推行的是中央高度集权的君主制，但权力的运行毕竟需要分工，而唐朝司法权的分工包括地方和中央的分工。唐朝中央司法机关是大理寺和刑部，御史台有时也参加司法审判事务。大理寺是中央专门审判机关，其主要职责有四：第一，审理地方上奏的疑难案件；第二，审理九品以上官员犯除、免、官当的案件；第三，平反昭雪各地的冤假错案；第四，审判京师地区徒刑以上案件，对徒、流刑案件的判决，须送刑部及中书门下详复。刑部是尚书省六部之一，以上书、侍郎为正副长官。刑部"掌天下刑法及徒隶勾覆、关禁之政令"，下辖刑部、都官、比部、司门四司。刑部职责很广，包括法律条文的议定，死刑的详复，徒、流刑罪犯的执行，监狱的管理等事务。御史台是中央行政监察和司法监督机关，除行使行政监督权和受理行政诉讼案件外，也参与重大案件的审理。三司是唐朝中央对重大刑事案件的审理机构，分为两种形式。一是由御史台与中书、门下两省组成的常设机构，主要受理重大冤案的上诉。另一种是由御史台、大理寺和刑部官员组成的专门审理朝廷重大案件的特别临时机构，称为"三司推事"。而皇帝作为中国古代最高权力机关，掌握最高司法权。唐朝皇帝对司法权的控制，主要体现在对重大案件的审批、对冤假错案的审查、对在押犯的录囚，有时也亲自受理刑事案件。唐朝地方仍然沿袭行政与司法合一的传统体制，京师及各地的府、州、县长官兼管本辖区的司法审判权。各府、州分设诸曹，其中法曹主要负责刑事案件，户曹主要负责民事案件。同时各县也设有司法佐与司户佐等职，协助县令分掌刑事和民事诉讼事务。

唐朝的中央政府是实行三省六部制，三省包括中书省、门下省和尚书省，六部包括吏部、礼部、兵部、户部、刑部和工部，每部各辖四司，共24司。中书省主要负责秉承皇帝旨意起草诏敕，起草之责主要由中书舍人负担。门下省主要负责纠核朝臣奏章，复审中书诏敕，如认为不当，可以封还和加以驳正，称"封驳"。驳正之权主要由给事中掌握。中书、门下二省都设在宫内，所以又有谏诤之责,设左右谏议大夫、左右补阙、左右拾遗,分属二省(左属门下、右属中书),以匡正皇帝的过失。尚书省设在宫外,长官为尚书令,实际不任命,由副长官左、右仆射代行职权。仆射之下有左右丞、左右司郎中、员外郎,负责都省职事,总领六部。三省六部制的特点在于分散宰相和中央机构的权力,把相权一分为三,相互牵制、制约,将尚书省分为六部可以限制地方割据势力的产生和发展,同时又推动了部门牵制与机构运转,从而实现加强皇权的目的。在死刑上报复核问题上,唐太宗此时的做法是由门下省去负责,这似乎有所越权或至少安排欠妥当,门下省之职责在于纠核朝臣奏章,复审中书诏敕,本身职责是不包括什么司法权的,所以由门下省来负责死刑案件的审查,安排欠妥,但同时也说明制度产生过程中的曲折,制度的确立需要一个试验与完善的过程。

唐朝是我国最为繁荣昌盛、强大的封建王朝,其创建或发展的许多政治、经济、法律制度对周边各国,以至于后来的封建王朝都产生了重大的影响。即使在今天,我们也可以从唐朝的法律制度中发觉一些可借鉴之处。唐朝对死刑案件十分慎重,太宗时期规定,由门下省"发现有依法该判死刑而又情有可原的罪犯时"须奏请皇帝,《唐六典》中规定有死刑复奏制度:"凡决大辟罪,在京者,刑决之司五复奏;在外者,刑部三复奏。"具体程序是:"在京者,决前一日二复奏,决日三复奏;在外者,初日一复奏,后日再复奏。纵临时有赦不许复奏,亦准次复奏。"死刑的上报复核制度产生于南北朝时期,到唐朝时正式确立,其后死刑复核制度都是在唐朝的基础上修改或完善发展。具体而言,明朝的死刑复核案,实行"会审"、"园审"和"朝审"制度。英宗鉴于"人命至重,死者不可复生",因此下令"自天顺三年为始,每至霜降后,但有该决重囚,著三法司(即刑部、大理寺、都察院)奏请会多官人等,从实审录,庶不冤枉,永为实例。"另据《明史·刑法志》载,死刑执行最后都要报请皇帝裁决。清朝的死刑案,由初审机构逐级向上报送复核,最终由督抚向皇帝具题。按《清律》规定,凡严重危害封建国家统治的犯罪,应判处"斩立决"或"绞立决";如危害性较小或有可疑者,可暂判"斩(绞)监候",缓期处决,延至秋天由刑部三法司或九卿会审。作为"秋审大典"的秋审,是指每年秋八月在天安门外金水桥西由九卿、詹事、科道以及军机大臣、内阁大学士等会同审理各省的死刑复核案件。会审以后由刑部向皇帝具题。经过秋审的案件分为情实、缓决、可矜（案情虽属实，但情节不严重，可免于处死）、留养承祀（情节虽较重，但父母、祖父母年老，无人奉养，可免于死刑）四类，除情实奏请执行外，其余三类均可免于死刑。

古代的死刑复核制度、复奏制度的理论基础是儒家的"临刑慎杀，先教后刑"思想。纵然古代的死刑复奏、复核制度是为了维护专制、强化皇权，加强中央对司法的控制。但我们不可否认，中国古代的慎刑思想及其影响下的死刑复核与复奏制度在当时无疑具有积极意义。有学者指出，中国古代独特的死刑复核制度表明，正常按法律处死犯人是很困难的。明清时期正常年景一般每年判处死刑的总人数在千人左右。欧洲在18世纪以前，小偷小摸一个先令就要被绞死，停妻再娶要处剥皮。以英国为例，当时有一千多万人口，每年被处死的总人数也有上千人。这说明，中国古代社会的死刑控制比当时的欧洲要严得多。从法律制度本身来说，中国皇权社会在世界古代社会判处死刑方面可以堪称是最慎重的，唐太宗这里的诏书即是一个典型。

当然中国古代的慎刑思想、死刑复奏制度，对我们今天的司法制度也有一定的借鉴意义。死刑是对个人最严酷的刑事处罚，一旦犯罪分子被处以死刑，其就不可能重生。今天的中国是现代国家，尊重和保障人权已经写入了宪法。在对待死刑的问题上必须更加审慎。具体而言：首先，在立法上，我们必须贯彻慎刑的思想，重视人权，严格规定判处死刑的法律要件；其次，法院必须依法审判，严格按照法定程序进行审判，并且充分保障犯罪嫌疑人的人权；再次，在司法制度上，必须对死刑复核制度进一步完善，对死刑复核的程序予以更加明确的规定，同时加强对死刑复核程序的监督。

中国古代是人治社会，皇帝有着至高无上的权力，其集立法、司法、行政、军权、财权于一身。因此国家的治理，依靠的是皇帝的才干和个人品格、魅力，以及借助良将和贤臣的辅佐。李世民是一位开明的皇帝，能虚心纳谏，又有房玄龄、杜如晦、魏征的辅佐，因此可以稳步推进死刑制度的改革，开创历史上著名的"贞观盛世"。但太宗统治后期，他好大喜功，远征高丽，许多贤臣良相先后死去，社会也开始不稳定起来。

今日的中国是法治国家，法律有着至高无上的地位，宪法和法律的权威必须予以保障。法治——"rule of law"有两层含义：已成立的法律获得普遍的服从，而大家所服从的法律又应该本身是制定得良好的法律。良法是法治的前提，而法律的至高无上是法治的根本。因此，中国要想实现以法治代替人治，就必须树立法律的权威，确保宪法和法律至高无上的地位。法律不仅要监督、制约国家权力，更要保障人权。生命权是最基本的人权之一，法律必须予以充分的保障，法院对于死刑判决应当慎用，国家对于死刑复核程序必须加以完善。

丁为郡案

（唐）白居易

得丁为郡守行县，见昆弟相讼者，乃闭阁思过。或告其矫。辞云：欲使以田相让也。

化本自家，政先为郡。礼宁下庶，宜宽不悌之刑；训在知非，是得长人之道。况天伦不睦，地讼攸兴，利方竞于膏腴，恩难亏于骨肉。教宜引古，过贵自新。虽闻争以阋墙，有伤鲁卫之政[1]；庶使愧而让畔，将同虞芮之风[2]。苟无讼之可期，则相容而何远。推田以让，尔诚谢于孟光[3]；闭阁而思，吾何惭于延寿[4]。宜嘉静理，勿谓矫诬。

白居易（772—846），字乐天

---

[1] 阋墙：指兄弟不和。语出《诗经·小雅·常棣》：“兄弟阋于墙，外御其务。”鲁卫之政：指弟兄。语出《论语·子路》：“鲁卫之政，兄弟也。”

[2] 虞芮之风：周初虞、芮两国因争夺田地而诉讼不断，连年未决，后虞、芮人到周朝去，见周人以礼相让蔚然成风，因而停止了争讼。事见《史记·周本纪》。

[3] 孟光：东汉梁鸿妻。随夫至吴地，梁鸿因贫困而为人做工，每次回家，妻总是为他准备好衣食，对他恭敬有礼，故作为贤妻典型。事见《后汉书·梁鸿传》。

[4] 延寿：西汉人。韩延寿在任太守时，曾有兄弟因争夺田产而打官司，延寿感伤，于是称病不理政事，入卧传舍，闭门思过，自作反省。

【解析】

"礼"是中国传统法文化中一个颇具特色的原则，自从周公制礼后，礼便驾着"法"的马车进入了封建中国政治、社会、生活的各个方面。在社会的管理上，"礼"调整着国家的运行方向，教化百姓产生内在的趋同。而法作为"礼治"的工具，以维护礼为己任，是"礼治"最为强大的后盾。一方面，封建统治阶级通过"法"这种形式确认各种特权，在国和家中建立人与人之间不平等的等级关系，进而保证在这样的等级关系下产生的权利义务内容；另一方面，又利用刑罚打击各种违法行为，使"礼"成为一块神圣不可侵犯的阵地。正如慎子所说："法，非从天下，非从地生，发于人间，合于人心而已"；管子也说："令从民心"。在白居易这篇文章中，便发生了这样一个没有严格依"法"，而兼顾"礼"的案例：某郡守到所辖的县巡视时，遇见亲兄弟之间因为财产而发生了纠纷，矛盾尖锐，无法协商解决，进而请求官府裁决。这位郡守接到这两位兄弟的争讼后，闭门不出，不受理这个诉讼，反思自己作为民众的父母官没有教化好所辖的百姓。依照唐朝的相关律令，唐朝地方政权设州、县两级，其长官州刺史及县令兼具行政权和司法权，郡作为与州同一级政权，其长官郡守与州刺史一样，兼具行政权和司法权。而在本案中，郡守面对纠纷闭门不出，表面上看是一种不作为。故而有人"或告其矫"，即指控他不受理所辖地区的诉讼案件，怠于断狱。针对这样的指责，这位郡守辩解道：这是希望通过郡守反省、责怪自己，感化两兄弟，使兄弟之间礼让不争，自然平息诉讼。

针对这样一个实际发生的案例以及后续针对这位郡守所作所为的指责，白居易在这篇文章中作出了自己独到的判断。文章开头，白居易强调了"化本自家，政先为郡"，指出家庭作为社会的基本构成单位，郡、县作为国家的基本构成组织，具有重要的意义，不可不引起重视。为了保障自己统治的安稳，统治者对于民众的教化要以家庭为原点展开，对于国家的治理必须从治理好郡、县开始。在以家庭为单位展开道德教化的过程中，关键就是要保证家庭内部成员之间的关系，正如《礼记·大学》记载："身修而后家齐，家齐而后国治，国治而后天下平"。古代家庭内部的团结是建立在家族以男性为中心，以父系血缘关系相联结的基础上的。清朝的《清律辑注》规定："父辈曰尊，而祖辈同；子辈曰卑，而孙辈同；兄辈曰长，弟辈曰幼。"其中兄弟之间的关系应当是"兄友、弟恭"。这样的权力等级机制下产生的伦理关系，保证了整个国家社会关系的安稳。在本文的案例中，涉案的双方是一对亲兄弟，对于这样的纠纷，白居易认为应当"礼宁下庶，宜宽不悌之刑"，并且"训在知非，是得长人之道"。即针对两兄弟这样家庭成员之间的纠纷，应当对于两兄弟之间不恭顺的行为予以宽大，并通过"教宜引古"对其进行道德的教诲，使双方能够知道自己的过错，使其"过贵自新"，因而懂得尊重长辈的孝道，自然平息纠纷。在白居易所处的年代，"序人伦，安国家，莫先于礼；和人神，移风俗，莫尚于乐"，如果统治者希望治国安民，首先需要的就是倡礼乐仁义，而不可皆诉于繁法苛刑。礼是特别重要的，法不过是尚礼的门径，只有儒家的礼，才是王道教化的根本所在。尚礼的目的，也是通过以礼治民，构筑良好的社会风气，维护封建等级伦理秩序。因此，白居易认为这位郡守因为自己郡下百姓发生了诉讼而反思自己的行为，即使面对韩延寿也不会感到羞愧。韩延寿，是西汉汉宣帝时期著名的士大夫，任职时以道义、教化为主，深受百姓爱戴，据《汉书·韩延寿》记载，其"在东郡三岁，令行禁止，断狱大减，为天下最"，是古代士大夫君子的杰出代表。白居易以他来作比较，可谓是全力褒奖了这位郡守的行为。

唐朝在目睹了隋朝"不悦儒术，专尚刑名"，"不敦诗书，不尚道德，专任法令，严察临下"[1] 这样的严酷法制原则所产生的恶果后，进一步改进了儒家"德主刑辅、礼法并用"的原则，强调"礼法合一"的特点，努力使儒家的精神与原则融入法律之中，合二为一。其中体现在涉及家庭的法规中，则有唐律所规定的"准五服以制罪"原则，其就是将儒家经典中的针对家庭关系中的亲疏关系所制定的五服制度和亲亲、尊尊思想相融合，经司法官员改进而来。而"矜恤原则"则源于《周礼·秋官·司刺》的"三赦之法"和《礼记·曲礼》的"悼与耄虽有罪不加刑焉"思想，可见其礼法合一的要求。

---

① 《隋书》卷73《循吏列传序》。

对于本案中兄弟相争的局面，白居易强调通过"礼"的方法进行协调，而不是通过强制性的"法"进行裁断，因为在传统中国社会中，无论是民事案件，还是刑事案件，都追求"礼、法兼顾"的理想境界。本案中的郡守一方面要考虑安排好公共管理事务，施行道德教化，通过这样一个案件的审理及判决引导一种良好的社会风尚；另一方面需要敏锐、准确地观察事实、判断法律的适用。这位郡守在面对这一纠纷时，坚持了"礼、法"一体的原则，在那样一个法律"疏而不密"的年代，灵活运用法官的自由裁量权，采取独特的审判策略和解释智慧，将"礼、法"相协调，秉承了封建法的核心，即"承天之道以治人之情"，并在司法中融入了"礼治"因素，故而"闭阁思过"。

在本案中，两位亲兄弟因为财产纠纷发生争执，固然有一方不对，但是在白居易看来，对于这样的"小过"，作为主管官吏则应当进行"冷处理"，这和唐朝中期以来所秉持的"理大罪，赦小过"司法理念相契合。唐朝中期以来，深刻的政治危机使地主阶级统治集团发生了分裂，出现了很多进步的思想家和政治家，他们从维护李唐王朝的封建统治出发，提出了一系列的法律主张。其中有一项就是：善于治国者为政不宽，理刑不严，宽则人慢，严则残民，宽严必须适宜，人民才有悦服之心。白居易在《白居易集·策林一·号令》中明确提出："圣人在上，使天下畏而爱之，悦而服之者，由乎理大罪、赦小过也。"所谓"理大罪"，主要是针对当时权大势重的藩镇和长吏而言，对于他们，要严格执法，"举其纲，疏其网。纲举则所罗者大矣，网疏则所漏者小矣"。这样才符合开明仁义之政、宥过刑政之道。

"礼与法"的和谐统一是中国传统法律文化中的主导性价值取向。法律具有专业性，一个没有接受过专业法学教育的人很难有一种完整的法律意识，然而每一个人对于实际发生的案件却有自己的一个判断，这样的法律判断因人而异，然而对于"礼"与"理"的判断却相差无几，通过"礼"和"法"的协调可以起到一种思维上的同化作用，使人们认同法律的价值理念并自觉遵守法律规范，在潜移默化中起到一种教化的作用，提高人们的道德品位和思想境界，使人们自觉维护社会秩序，主动营造良好的人际关系和社会风气，从而"融法于礼",形成一种良性循环。中国汉代"春秋决狱"、"论心定罪"就是一个典型的例证,其判决刑狱从情理出发,考察人的动机。据《太平御览》卷 640 载一案:甲与乙斗,甲之子丙以杖击乙而误伤其父甲,法官裁决:丙殴父当处死。而董仲舒受理此案并认为君子当"原心论罪"。丙无殴父之心,故不构成殴父之名。① 是故"志善而违于法者免,志恶而合于法者诛"。

"情、理"作为中国传统文化的核心之一,根植于"礼"。礼虽然最初产生于祭祀等活动,是借助了上天和自然来加强自己的神秘性和合理性,但其内容又反映了人们的日常生活和相互关系。② 礼和人情以及伦理是交叉的,礼的部分内容就可以看作是古人对人情美好面的抽象提取物,尚礼教也就是重伦理。古人所谓的"人之常情"一般也指向礼教所提倡的"亲亲也,尊尊也,长长也,男女有别"。在孔孟学说中,儒家所推崇的道德如仁、义、礼、智、信,也不过是根植于"人性"之中的"人之常情"而已。③ 在今天的中国,"礼"更多是被赋予"情"的角色而存在,礼所维护的封建等级秩序已经被历史所抛弃,然而其内在的"人情味"却被保留了下来,值得当代人所借鉴。

反观当下,2012 年我国《刑事诉讼法》进行了一次修订,吸纳了一项中国传统的法律思想——"亲亲相隐"。新《刑事诉讼法》第 188 条规定:"经人民法院通知,证人没有正当理由不出庭作证的,人民法院可以强制其到庭,但是被告人的配偶、父母、子女除外。"该条改变了之前该法中"人人都有作证的义务"的规定。

"亲亲相隐"是春秋战国时期儒家的思想,在中国古代历朝法律中均有体现。《论语·子路》曾记载:"父为子隐,子为父隐,直在其中矣",可谓是对于亲属之间互相隐瞒犯罪作了最早的记载。从西汉开始,伴随着儒家经学正统地位的确立,汉宣帝于地节四年(前66 年)以诏令形式确立了"亲亲得相首匿"这一中国封建法律原则和制度。这一立法精神一经确立,即因其与儒家思想的和谐一致而成为长久没有动摇的传统,并为后世法律所沿袭。唐代时的"亲亲

---

① 参见武树臣:《武树臣法学文集》,561 页,北京,中国政法大学出版社,2003。
② 参见马小红:《礼与法:法的历史连接》,79 页,北京,北京大学出版社,2004。
③ 参见刘珂:《人情与法》,载《法制与社会》,2010(10)。

相隐"在法律上形成了一套完整的制度。《唐律疏议·名例律》规定："诸同居，若大功以上亲及外祖父母、外孙，若孙之妇、夫之兄弟及兄弟妻，有罪相为隐，部曲、奴婢为主隐，皆勿论。即漏露其事，及擿语消息，亦不坐。其小功以下相隐，减凡人三等。"加强了"亲亲相隐"在实际中的可操作性，发展为"同居相为隐"①。《大明律》虽较唐律严苛，但也有"同居亲属有罪得互相容隐"，"凡告人者，告人祖父不得指其子孙为证，弟不证兄，妻不证夫，奴婢不证主"的规定。综观中国几千年"亲亲相隐"规定的发展历史，其范围呈扩大之势，从"父子相隐"到"亲亲相隐"到"同居相隐"。从行为的本质看，相隐行为经历了由自由行为，到一种法律义务，再逐渐转变为一种法定权利的过程。古今中外之所以都选择了"亲亲相隐"，是因为在任何社会，亲情都是社会的基石，爱自己的家人是爱其他人的基础，允许"亲亲相隐"可能会对受害人造成不公，对司法部门的侦查和审判造成不便，但是，缺乏人情的法律，会导致道德失常、亲情沦丧，将产生更大的负面作用。

在我国法制建设的初期，由于深受前苏联法制及其理念的影响，强调民众在社会生活中对于国家的服从，为了国家利益而忽视了人伦亲情、人性这些人类基本的价值准则和观念，片面强调人的理性，而没有考虑到人的感性。"亲亲相隐"所饱含的融融温情，能够培育、增进家庭的和睦与稳定，而家庭的和睦与稳定，有利于国家的稳定与安全，也避免了近亲属因举报、攀咬而导致的夫妻、父子反目、兄弟相残等违反人性的情况。试想，一个要求公民对于自己的亲人都残忍而无情的法律，能够要求人人都保留善良之心吗？"亲亲相隐"可谓是"法"在"礼"的要求下所必须进行的妥协，而这样的妥协也会使人从内心深处形成对于法律的认同感与归属感，从而更加自觉地遵守法律，这也正是白居易这篇《丁为郡案》的题中之意。

---

① 曾代伟：《中国法制史》，84 页，北京，法律出版社，2012。

故爲國者以仁爲宗，以刑爲助，周用仁而昌，秦用刑而亡，此之謂也。

谏制狱酷刑疏

（唐）周矩

　　顷者小人告讦，习以为常，内外诸司，人怀苟免。姑息台吏①，承接强梁。非故欲其然，规避诬构耳。又推劾之吏，皆以深刻为功，凿空争能，相矜以虐，泥耳笼头，枷研楔毂②，摺胁签爪，悬发熏鼻，卧邻矢溺，曾不聊生，号为"制狱"③。将或累日节

古时酷刑

食，连宵缓问，昼夜摇撼，使不得眠，号曰"宿囚"④。此等既非木石，且救目前，苟求赊死。臣窃听舆议，皆称天下太平，何苦要反？岂被告者尽是英雄以求帝王耶？只是不堪楚毒自诬耳。何以核之？

　　陛下试取所告状，酌其虚实者，付令推之，微讯动以探微情。所推者必上下其手，希圣旨也，愿陛下察之。今满朝侧息不安，皆以为陛下朝与之密，夕与之仇，不可保也。闻有追摄，与妻子即为

① 台：官署名，如中台、御史台等。
② 枷研：古代酷刑，以重枷套在犯人脖子上研磨其皮肉。楔毂：用铁圈紧箍囚首，再加以楔子塞紧的酷刑。
③ 制狱：此指整治犯人的做法。
④ 宿囚：酷吏整夜折磨囚犯，逼其招供的做法。语出《旧唐书·索元礼传》。

死决。故为国者以仁为宗，以刑为助，周用仁而昌，秦用刑而亡，此之谓也。愿陛下缓刑用仁，天下幸甚。

【解析】

周矩的这篇《谏制狱酷刑疏》说的是酷吏和司法关系的问题。《新唐书·刑法志》说："古之为国者，议事以制，不为刑辟，惧民之知争端也。后世作为刑书，惟恐不备，俾民之知所避也。其为法虽殊，而用心则一，盖皆欲民之无犯也。"《说文》也说："法，刑也。"法、刑、仁、礼和道德等之间的关系，在中国古代是一种极其微妙又复杂的关系。汉以后的历朝历代多崇尚儒家之礼教道德，但是在治国统治上却多杂糅着法家思想。又比如，历代大多都鄙视作为执法者的判官或者帮人打官司的讼师，从事此二者的人多没留下什么好名声，大众主观上就经常会认为判官受贿判案是不公正的，讼师都是惹起官司的"讼棍"。翻看二十四史我们会发现里面有一类特殊的群体——酷吏，他们占据着史书里的《酷吏传》，他们大多颜面冷酷严厉，手段刚硬狠辣。他们其中当然不乏贯彻"明镜高悬"的公平正义之士，但更多的则是以严刑峻法闻名的残酷之吏。酷吏在遇到案件行使审判权的时候，常常以威逼诱吓或刑讯逼供的手法屈打成招，又在法律的名义之下给嫌疑人定罪量刑，此种酷吏和司法关系也算是封建时代的一种特殊产物了。

周矩是一个名不见经传的人物，但是他这篇上奏给武则天的《谏制狱酷刑疏》奏折却被《新唐书》、《旧唐书》以及《全唐文》收录，也算是青史留名了。《旧唐书·酷吏传》记载："载初元年十月，左台御史周矩上疏谏曰"，《新唐书》也同样记载："至载初，右台御史周矩谏后曰"，可以断定周矩这篇疏议是在载初元年（690年）上奏给武则天的。从周矩上疏的用意来看，他是想提醒当时已经称帝的武则天"国者以仁为宗，以刑为助，周用仁而昌，秦用刑而亡，此之谓也，愿陛下缓刑用仁"，不要大兴刑狱，而是该减少刑罚，施以仁义。为何周矩要上这样一道奏疏呢？据《新唐书·刑法志》记载，"自永徽以后，武氏已得志，而刑滥矣"，"武后已称制，惧天下不服，欲制以威，乃修后周告密之法，诏官司受讯，有言密事者，驰驿奏之。自徐敬业、越王贞、琅邪王冲等起兵讨乱，武氏益恐。乃引酷吏周兴、来俊臣辈典大狱，与侯思止、王弘义、郭弘霸、李敬仁、康暐、卫遂忠等集告事数百人，共为罗织，构陷无辜"。《旧唐书·刑法志》里也说得很明白，"然则天严于用刑，属徐敬业作乱，及豫、博兵起之后，恐人心动摇，欲以威制天下，渐引酷吏，务令深文，以案刑狱"。在《旧唐书》里还记录了陈子昂给武则天的奏折，陈子昂直书"故至于刑，则非王者之所贵矣。况欲光宅天下，追功上皇，专任刑杀以为威断，可谓策之失者也"。其直言滥用严刑的危害，矛头直指武后的高压严刑政策，通过"策之失者也"这样的语句，可见其态度比周矩的奏疏更为鲜明大胆。

武则天废唐而立周，自己称帝，为了巩固自己的帝位，大兴刑狱，用暴力手段打击异己势力。这样的事情在《新唐书·本纪第四·则天皇后》的传记中史官没有避讳而是有明确的记载："（载初）腊月丙寅，杀刘齐贤。一月戊子，王本立罢……甲午，流韦方质于儋州。二月丁卯，杀地官尚书王本立……丁亥，苏良嗣薨。五月戊子，杀范履冰。己亥，杀梁郡公孝逸。六月戊申，杀汴州刺史柳明肃。七月辛巳，流舒王元名于和州……壬午，杀豫章郡王鹉。丁亥，杀泽王上金、许王素节。甲午，赦永昌县。癸卯，杀太常丞苏践言。八月辛亥，杀许王素节之子璟、曾江县令白令言。甲寅，杀裴居道。壬戌，杀将军阿史那惠、右司郎中乔知之。癸亥，杀尚书右丞张行廉、太州刺史杜儒童。甲子，杀流人张楚金。戊辰，杀流人元万顷、苗神客。辛未，杀南安郡王颖、鄜国公昭及诸宗室李直、李敫、李然、李勋、李策、李越、李黯、李玄、李英、李志业、李知言、李玄贞。九月乙亥，杀钜鹿郡公晃、麟台郎裴望及其弟司膳丞琏。"仅载初元年这一年时间，武则天就杀了这么多的权贵大臣和李唐宗室，史官用这一大段文字记载当年几月杀何人，而不记其余，寥寥数语中流露出武周朝当时的肃杀之气，故而周矩在这篇奏疏中说"今满朝侧息不安"，"小人告讦，习以为常，内外诸司，人怀苟免"。官居御史的周矩正是看到了这样的情形于国于民都不利，所以在这年的十月写下这篇奏疏呈给武则天，希望她"缓刑用仁"。武则天看了周矩这篇奏疏之后，《旧唐书》记载，"则天从之，由是制狱稍息"，《新唐书·酷吏传》记载，"后寤，狱乃稍息，而酷吏浸浸以罪去"，但是《新唐书·刑法志》说，"武后不纳"，而是

"周兴、来俊臣等诛死，后亦老，其意少衰，而狄仁杰、姚崇、宋璟、王及善相与论垂拱以来酷滥之冤，太后感寤，由是不复杀戮"。就是说，周矩上疏后武则天并没有立即停止杀戮，而是到了后来周兴、来俊臣等酷吏死后她才"缓刑用仁"。从新旧唐书对武后的传记来看武后执政后的行为，在载初元年之后她并没有停止杀戮，其后还是多有杀戮行为，所以《旧唐书》说的"则天从之"和《新唐书》说的"后寤，狱乃稍息"，应该不是指周矩上奏疏议后武则天就立刻听从了周矩的意见，而是过了相当长一段时间才"缓刑用仁"。

但是不管是当时还是后来"缓刑用仁"，武则天重用酷吏排除异己在她称帝之初是一重要事件。她所重用的酷吏最有名的要属来俊臣、周兴和索元礼三位了，此三者审讯案件所用手段之毒辣残酷可谓后代酷吏少有企及。周矩在他这篇奏疏中也有提及酷吏们的"制狱"和"宿囚"两种刑讯逼供手段。《全唐文》收录周矩这篇奏疏时给这篇奏疏起《谏制狱酷刑疏》之名，并把刑讯逼供的手法"号为'制狱'"，但是在《旧唐书》和《新唐书》里只是记载周矩上奏疏，没有给此奏疏起名，刑讯逼供的手法是"号为'狱持'"而不是"制狱"。《新唐书·刑法志》则记载："左台御史周矩上疏曰：'比奸憸告讦，习以为常。推劾之吏，以深刻为功，凿空争能，相矜以虐。泥耳笼头，摺胁签爪，悬发熏鼻，卧邻矢溺，刻害支体，糜烂狱中，号曰'狱持'；闭绝食饮，昼夜使不得眠，号曰'宿囚'。残贼威暴，取决目前。被诬者苟求得死，何所不至？为国者以仁为宗，以刑为助，周用仁而昌，秦用刑而亡。愿陛下缓刑用仁，天下幸甚！'""制狱"和"狱持"是相区别的两种制度：制狱是指一类案件，是由皇帝下诏书指定专人督办审理的案件，又称"诏狱"；"狱持"则是指狱吏以种种酷刑虐待囚犯的手段。根据周矩奏疏说的"泥耳笼头，枷研楔毂，摺胁签爪，悬发熏鼻，卧邻矢溺"内容可知，应该是"狱持"，即酷刑总称。对此，《旧唐书》来俊臣传记中有清晰记载："多以俊臣每鞫囚，无问轻重，多以醋灌鼻，禁地牢中，或盛之瓮中，以火圜绕炙之，并绝其粮饷，至有抽衣絮以啖之者。又令寝处粪秽，备诸苦毒。"而刑讯的工具更是别出心裁，来俊臣和索元礼"又作大枷，各为号：一、定百脉，二、喘不得，三、突地吼，四、着即臣，五、失魂胆，六、实同反，七、反是实，八、死猪愁，九、求即死，十、求破家。后以铁为冒头，被枷者宛转地上，少迁而绝。凡囚至，先布械于前示囚，莫不震惧，皆自诬服"。"宿囚"就是想尽一切办法不让犯人睡觉。《新唐书》还记载索元礼有一种残忍的刑讯手段叫作"晒翅"："铁笼絷囚首，加以楔，至脑裂死。又横木关手足转之"。《旧唐书》记载来俊臣也使用这种方法对付犯人："有铁笼头连其枷者，轮转于地，斯须闷绝矣"。

有此等酷吏在实施如此严峻刑法，无怪乎可以杀人如麻，以至于满城风雨，为官者如履薄冰，人人自危，所以周矩会在奏疏中说"闻有追摄，与妻子即为死诀"，意思是只要听说将要被捕去讯问，就会马上与妻子和儿女等家人作临死前的告别。这应该是实事而非妄言，《旧唐书》也说："朝士多因入朝，默遭掩袭，以至于族，与其家无复音息。故每入朝者，必与其家诀曰：'不知重相见不'"。但是，我们要知道的一点是，酷吏在刑讯过程中所使用的刑罚多是法外之刑，唐朝的法律是没有规定"狱持"和"宿囚"等刑罚的。

请君入瓮

这些惩罚都是酷吏自己在审讯过程中创立的，如"宿囚"就是由索元礼所创。并且酷吏大多时候是作为统治者的工具或者棋子，所以其下场多悲惨，比如周兴，他创造了"内之大瓮，炽炭周之"（把犯人放置瓮中，在瓮周围烧火炙烤犯人）的刑讯逼供手法，当他自己身陷囹圄，来俊臣作为周兴案的审判官欲借用这种方法拷问周兴，酷吏周兴在酷刑面前只有认罪伏法，这也就是"请君入瓮"的典故来源。

《礼记》载"刑不上大夫"，官宦阶层或者皇亲国戚犯罪，有时会享有特权，或者被交由专门机构处理，对于这一类犯罪的处理是非常谨慎的。但在周武一朝，我们看到的是刑法的作用发挥到了极致，不论是官宦还是皇亲都受到打击，而酷吏主要打击和审问的对象正好就是官宦和皇亲国戚，一般平民犯罪的刑事案件都不由酷吏审理。但是打击的面过广的话，对于政权的稳定和统治的维持是有很大的影响的，周矩看到了这一点，认为"周用仁而昌，秦用刑而亡"，所以建议武则天应该"以仁为宗，以刑为助"。应该说，如果将统治所采取的政策、方法都看作是工具的话，一个统治者如果只是采用法律这一种工具，那么绝不会带来"法治"社会，相反会将统治带入专制之下，产生政权的动荡，第二次世界大战前后的德国就是典型例子。周矩在这篇奏疏中所举的例子是我国秦朝，秦国时采韩非子和商鞅的法家思想变法而强大，到秦朝时，始皇帝更是将法家思想运用到登峰造极的地步，刑法繁密而严峻，苛政猛于虎，在高压统治下人民难以生存，因此爆发起义而推翻统治，所以周矩说"秦用刑而亡"。中国古代统治者更多的是以"内儒外法"的方式维持其治理，孔子就说过"政者，正也，子帅以正，孰敢不正"，"为政以德"等至理名言。孟子也说"君仁莫不仁，君义莫不义，君正莫不正，一正君而国定矣"。这话说得就更加明白了。武则天之前的唐太宗也讲了这个道理："若安天下，必须先正其身，未有身正而影曲，上治而下乱者。"武周时期，武则天初掌政权，也许因有篡唐立周的嫌疑，所以她采取暴力的方式打击反对者，以此巩固政权，但其做法也应限制在一定范围和一定时间之内，不宜长期用酷吏施行高压统治。这种高压统治所带来的影响是巨大的，《新唐书·刑法志》就说："及周兴、来俊臣等诛死，后亦老，其意少衰，而狄仁杰、姚崇、宋璟、王及善相与论垂拱以来酷滥之冤，太后感寤，由是不复杀戮。然其毒虐所被，自古未之有也。"狄仁杰、姚崇、宋璟、王及善等都位极人臣，却都因酷吏蒙冤。

周矩在载初元年十月上此奏疏，谏言"仁而昌，刑而亡"之理，希冀武后缓刑用仁，但是武后并没有闻此奏疏旋即停止她的杀戮，其后几年还是杀戮不止，直到酷吏死去，她自己也老了，周矩的谏言才成为现实。但是无论如何，在人人自危的载初元年，周矩有勇气上此奏疏，我们只得对其报以敬佩。这篇奏疏是武则天执政前期的一个写照，无怪乎《旧唐书》和《新唐书》两本史书都要收录他的这篇奏疏，使其名留千古。

驳赦论

（五代） 张允

《管子》云："凡赦者，小利而大害，久而不胜其祸；无赦者，小害而大利，久而不胜其福。"① 又汉纪云："吴汉疾笃，帝问所欲言，对曰：唯愿陛下无为赦耳。"② 如是者何？盖行赦不以为恩，不行赦亦不以为无恩，为罚有罪故也。

窃观自古帝王，皆以水旱则降德音而宥过，开狱牢以放囚。冀感天恩，以救其灾者。非也！假有二人讼，一有罪一无罪，若有罪者见舍则无罪者衔冤。衔冤者彼何疏，见舍者此何亲乎？如此则是致灾之道，非救灾之术也。自此小民遇天灾则喜，皆相劝为恶，曰国家好行赦，必赦我以救灾。如此则是国家教民以恶也。且天道福善祸淫，若以舍为恶之人，而便变灾为福，则又是天助其恶民也。细而灾之，必不然矣。或曰：天降之灾，盖欲

张允（885—950），五代后汉著名人物

---

① 语出《管子·法法》。原文与此略有不同。
② 吴汉：东汉光武帝时任大司马，封广平侯。语出《后汉书·吴汉传》。

警戒人主，节嗜欲，务勤俭，恤鳏寡，正刑罚，不滥舍有罪，不僭杀无辜，使美化行于天下，圣德闻于上。则虽有水旱，亦不为沴矣。岂以滥舍有罪，而反能救其灾乎？彰其德乎？是知赦之不可行也，明哉明哉！

【解析】

张允，五代后汉镇州束鹿人。他出生于唐僖宗光启元年（885年），从小就用功读书，是一个很有学问的人。936年石敬瑭建立后晋称帝后，张允见石敬瑭屡屡大赦天下，天福三年（938年）二月，时任右散骑常侍的张允就写了一篇《驳赦论》献上。"论"是指一种论文文体，按《韵术》，"论者，议也"。据《昭明文选》所载："论有两体，一曰史论，乃忠臣于传末作议论，以断其人之善恶。如《史记》后的太史公曰。二曰政论，则学士大夫议论古今时世人物或评经史之言，正其谬误。"如《六国论》、《过秦论》等。此篇《驳赦论》，从字面上我们不难理解，就是对"赦罪"这一行为的批判驳斥的一篇议论文。皇帝也看到了张允的这篇奏议，《旧五代史》对此的记载是"帝览而嘉之，降诏奖饰，仍付史馆"。皇帝看后觉得写得不错，就准备把他推出来，当作众臣的榜样，意为要经常对自己提些有建设性的意见。可见张允的文章力排众议，得到当时权威的认可。作为二十四史之一的《旧五代史》作张允传，虽只寥寥数语，但对他作唯一详细记载的正是张允的这篇《驳赦论》，从而使得张允名留青史。

张允在《驳赦论》的开头即开宗明义，第一句就表达了他对赦罪行为的观点，他引用管子的文章说：赦罪的结果总是利小而弊大，经常实行就会祸患无穷；不赦罪则害少利多，久不实行便会国泰民安。他举例后汉书记载大司马吴汉病重时，光武帝曾经问他还有什么遗愿，吴汉回答光武帝说："希望陛下不要实行赦罪。"为什么张允不赞同赦免犯人罪行呢？他认为君主实行赦免并不能体现其恩德，不行赦免也不意味缺少恩德，而对犯罪者按律定罪惩罚，这本来就是天经地义合情合理的做法。张允认为历代帝王在遭遇自然灾害时，就大赦天下宽宥罪过，希望以此感动上天而解救灾害，但是这种做法是不对的，假如有两个人打官司，一个人有罪，一个人没有罪，一旦有罪的人被释放，无罪的人就要饱受冤屈了，而赦罪在这个时候就使得含冤者被疏远，有罪者被亲近。这样的做法只能招致灾祸，绝不是救灾的办法。而且这样的做法会使得一些刁民每逢天灾就高兴，因为国家总会在这个时候大赦天下，这样的赦免是国家教人们违法作恶。张允总结得出，上天降下灾害，是想警戒君主，要节制欲望，注重勤俭，抚恤贫弱孤寡，修正刑罚，使得真善美的教化风行天下，君主的恩德上闻于天，那么即使有天灾也不会造成破坏和危害，没有因为宽宥有罪之人就能解救灾害的道理。由此可见，赦罪是不可以实行的。

后晋是五代之一，由高祖石敬瑭所创建，但同时也是个短命的王朝，历二帝，前后约十一年。后晋建国后一直处于动乱状态，初期后晋律法行后唐明宗朝法制即清泰元年的"编敕"。天福四年（939 年），将后唐明宗朝已"编集"及编余而"封锁"不行的敕文，重新选 386 道编成《天福编敕》31 卷。《旧五代史》中记载：晋天福初，晋高祖即位，屡赦天下，"允以国朝频肆赦，乃进《驳赦论》"。晋高祖当时还是喜欢臣子的直言进谏的，"览之大喜"。但是石敬瑭勾结契丹，认契丹皇帝为父，并以幽云十六州为代价，在契丹的扶持下于洛阳登基称帝，他割地称儿的做法受到一些人的反对，包括后晋高祖过去的亲信。后晋高祖直到驾崩也没有改变他对契丹依附的政策。但后晋内部许多地方发生叛乱，后晋高祖的两个皇子在这些叛乱中被杀，这些事情都给他带来了极大的打击。为了对付这些叛乱，后晋高祖石敬瑭加重惩罚的法律，引入了许多毒刑。由此可见，对犯罪的赦免也仅仅是在后晋的初期出现过的情况，这个短命的王朝历经两帝都在外族的威慑下风雨飘摇。

但是我们不能忽视张允对法律施行上的正确认知：法律作为制度，按照其内容来实施才能实现法律的生命，社会才会获得安定性，犯死罪者按照法律应该杀则杀之，该流刑或徒刑则判处流刑或徒刑，做到令行禁止才能保障法律的权威。不能遇天灾就大赦，对于已判死刑的死刑犯采取赦免的做法，这对以后的犯罪会起到误导的作用。经常性的大赦，会让一些刁民存侥幸心理，借天灾去做一些枉法而损害他人利益的事情，长此以往社会风气会因此变坏。律需要稳定，已经颁布的法律需要人民遵守。统治者尤其是高高在上的皇帝更需要维护法律的统一和稳定，不能单凭个人的喜好，朝令夕改，随意赦免囚犯，造成法律的动荡和人心的侥幸。保持法律的统一性是法律典章制度实行的基本原则之一，这一结论是我国现行许多法理学著作的共识。何为法律统一？通常观点认为，法律的统一性或曰一致性包含四层含义：第一，法律意思的单一性，唯此方能实现"相同情况相同对待"；第二，法律权威的客观性，唯此方能避免有权者霸道横行；第三，法律规则的明确性，唯此方能彰显法律的预测功能，使当事人通过法律获得对日常生活的稳定预期；第四，法律适用的未来性，唯此方能杜绝产生溯及既往适用法律的可能性。① 张允的法律观点反映了他对法律意思的单一性、权威的客观性的认知，在人类由野蛮到文明、由人治走向法治的漫长历史岁月中，法律统一就像一根黄金纽带始终缠绕其间，忠诚如一地为法治文明导航。历史经验证明，没有法律统一，文明就无法战胜野蛮，法治就无法取代人治。在古希腊，零碎杂乱的城邦法使法律始终无法具备统一性基石。法律不统一的后果就是法律无法获得应有的权威，社会最终还得靠公民个人的善念来治理。不统一的法律只能成为多元化民意的附属品，这样的社会无论多么民主也逃脱不了人治的戕害。当雅典的民主容不下一个苏格拉底而把他处死时，法律的悲剧和城邦的悲剧也就同时发生了。② 斯多葛学派对此作出了深刻的反思。他们设想出一种统一的法律——"自然法"，并使之成为实在法的上位法。这为后来罗马万民法的实践奠定了思想基础。罗马人正是基于自然法的法律统一观念，推演出了人与人的平等观念及法治观念，从而建立起统一、普遍、超民族的法律体系，并为西欧大陆提供了法律统一的原创观念和基本理论。在此意义上，法律统一正是罗马法对于人类法治文明的最大贡献。③

法律实施是法律在社会现实生活中的具体运用和实现，亦称法律的实行或法律的实现。如果说法律价值与法律规范的统一都是应然层面的法律统一，那么，法律实施的统一则是实然层面的法律统

① 参见刘星：《法律是什么》，239 页，北京，中国政法大学出版社，1998。
② 参见王人博、程燎原：《法治论》，238 页，济南，山东人民出版社，1998。
③ 参见苏彦新：《罗马法在中世纪西欧大陆的影响》，载《外国法译评》，1997（4）。

一。在今日中国，张允的思想也是有重要的时代价值的，他强调法律实施的统一，不能随意赦罪，也就是要保持法律的权威。他说："哪有随意宽赦罪人，就能解救灾害，就更能显扬君主恩德的呢？对两个犯罪的人的处罚如果不能公平公正，就会招来灾祸。随意的变更刑罚是国家对人民的纵容，教坏了民众。"

如今我们要保持法律实施的统一，不仅需要人们的自觉精神，更需要执法者的严格遵守。尤其是在一个法治社会里，公共权力必须置于法律的笼子之中。权力一旦离开了法律，便是对法治的不同程度的损害。对违法行为——无论是何人实施的，应当如何进行处罚，以及必须给予怎么样的制裁，执法人员并非可以随心所欲，而全部是由法律予以明确规定的。这些规范自然是对潜在犯规者的警示，是对违法者惩罚的依据，同时也是对执法者的外在强制。如果这种法律规范对违法者和执法者具有不相同的功能，说明后者消极执法，造成执法违法现象的发生。因此，执法者的履职不仅不能被动接受法律规制，相反地我们还要对他们的自觉精神提出更高更严的要求。卡多佐在《司法过程的性质》一书中说得好："法院手中的权力很大，并且——如同一切权力那样——容易被滥用；但是，我们又不打算在权力授予问题上畏缩不前。"因为，从长远看来，"除了法官的人格外"，埃利希说，"没有其他东西可以保证实现正义"。执法的正义，来自于正义地执法，是执法者良知的使然。如果执法者守法的自觉程度逊色于普通百姓，法律的实施仍然要依赖刑罚的恐吓，就会陷入实施强制的人却要被强制的怪圈之中。这既是执法者的堕落——你们内在的善到哪里去了呢，还是国家的不幸——被动消极执法是亵渎法律的渊薮。更为严重的是，"如果公职人员把自己的意志置于法律之上，管理制度就会染上不治之症"（温斯坦莱语）。徇私舞弊和滥用职权，其危害甚于平民百姓的一般违法行为。正是从这个意义上，我们说执法本身其实就是一种特殊的守法，而且是更为重要的守法，在其中自觉精神就显得尤为珍贵。不仅如此，对于我们这个有着如此漫长的封建专制历史、缺少法治文化的国家而言，强调执法者守法的自觉精神，具有特别重要的现实意义。由于文化的延续性，官本位、权力至上的腐朽落后意识，很难在一个较短的时间里被彻底清除。因此，要使法律真正具有生命力，强化执法者的职业道德修养，增强执法者的法治意识，无疑是一个必要条件。①

总之，以铜为鉴，可正衣冠；以古为鉴，可知兴替。建设社会主义法治国家，最重要的不是法律制度是否完备，而是遵守这些法律法规的人是否具备法律意识和法律修养，能够自觉主动维护好法律秩序。一部好的法律如果不能得到严格的遵守也只是一张废纸，如果任意变更法律，更会给法治社会带来难以愈合的创伤，因此，建设法治国家，其根本还是在于培养公民的法律意识，尤其是执法者的法律统一意识。

---

① 参见苗勇：《法律实施需要自觉精神》，载《法制日报》，2013－03－20，10 版。

若夫縱而來歸而赦之，可偶一爲之耳。若屢爲之，則殺人者皆不死，是可爲天下之常法乎？

纵囚论

（宋）欧阳修

信义行于君子，而刑戮施于小人。刑入于死者，乃罪大恶极，此又小人之尤甚者也。宁以义死，不苟幸生，而视死如归，此又君子之尤难者也。方唐太宗之六年①，录大辟囚三百余人②，纵使还家，约其自归以就死，是以君子之难能，期③小人之尤者以必能也。其囚及期，而卒自归无后者，是君子之所难，而小人之所易也。此岂近于人情？

或曰："罪大恶极，诚小人矣。及施恩德以临之，可使变而为君子。盖恩德入人之深，而移人之速，有如是者矣。"曰：太宗之为此，所以求此名

欧阳修（1007—1072），字永叔，号醉翁，晚号六一居士

---

① 唐太宗之六年：贞观六年（632年）。
② 录：录囚，指封建君王或地方官吏审查囚徒的罪状。《旧唐书·太宗本纪下》载："十二月辛未，亲录囚徒，归死罪者二百九十人于家，令明年秋末就刑。其后应期毕至。诏悉原之。"这一事件被称为"唐太宗纵囚"。
③ 期：期望。

也。然安知夫纵之去也，不意其必来以冀①免，所以纵之乎？又安知夫被纵而去也，不意其自归而必获免，所以复来乎？夫意其必来而纵之，是上贼②下之情也；意其必免而复来，是下贼上之心也。吾见上下交相贼以成此名也，乌有所谓施恩德与夫知信义者哉？不然，太宗施德于天下，于兹六年矣，不能使小人不为极恶大罪，而一日之恩，能使视死如归而存信义，此又不通之论也。然则何为而可？曰：纵而来归，杀之无赦；而又纵之，而又来；则可知为恩德之致尔。然此必无之事也。若夫纵而来归而赦之，可偶一为之耳。若屡为之，则杀人者皆不死，是可为天下之常法乎？不可为常者，其圣人之法乎？是以尧、舜、三王之治，必本于人情，不立异以为高，不逆情以干誉③。

【解析】

欧阳修，唐宋八大家之一。后人将其与韩愈、柳宗元和苏轼合称"千古文章四大家"。他主张文章应"明道、致用"，对宋初以来靡丽、险怪的文风表示不满，并积极培养后进，是北宋古文运动的领袖。曾与宋祁合修《新唐书》，并独自撰《新五代史》，留有《欧阳文忠集》。

《纵囚论》是欧阳修的一篇史论文章。评论唐太宗李世民假释死刑囚犯，要求犯人被释归家后又全部按时返回，从而赦免他们的罪行。唐太宗纵囚，在历史上非常有名。④ "贞观六年，亲录囚徒。阅死罪者三百九十人，纵之还家，期以明年秋即刑。及期，囚皆诣朝堂，无后者。太宗嘉其诚信，悉原之"⑤。但是对这次纵囚的是非功过，后人的评价却很不一致。唐代白居易在《新乐府·七德舞》中说"怨女三千放出宫，死囚四百来归狱"，以此作为范例说明唐太宗的恩德予民。但宋代欧阳修在这篇《纵囚论》中，则责备唐太宗这次纵囚根本不合情理，不过是沽名钓誉的作秀，"立异以为高，逆情

---

① 冀：希望。
② 贼：窃取，引为窥伺、利用。
③ 逆：违背。干：求。
④ 参见朱德魁：《从纵囚的论争看唐宋法制的宽严》，载《贵州民族学院学报》（社会科学版），1987（4）。
⑤ 《新唐书纠谬》卷第二。

以干誉"。并且在文章最后提出自己对这种做法的担忧:"若夫纵而来归而赦之,可偶一为之耳。若屡为之,则杀人者皆不死,是可为天下之常法乎?"意思是:如果杀人这种行为常常发生,然而杀人的人都不会被杀死,这难道就是管理天下的法律吗?但我们追根溯源,考察唐太宗当时的情形,其本意是否真的如此呢?

唐太宗贞观六年纵囚,是由"虑囚"引起,而以特赦告终。实行特赦乃是由于"纵之还家"的感化和"期以明年秋即刑"的考验收到了成效。所以,要判定唐太宗这次纵囚是否是沽名乱法之举,需要对唐太宗的虑囚、特赦,以及对于"狱成待决"的死罪囚犯能否实行感化政策,特别是能否用"纵之还家,期以明年秋即刑"的政策来感化罪犯,进行一一考察。

首先,"虑囚"又称录囚,是指由皇帝或者有关官员定期或不定期地向囚犯讯察其罪状和法官审判案件的情况。在我国古代封建主义法制中,它是一种常见的司法检查制度,从汉代起,就有这一制度。实行这一制度,可以给人以统治者慎法恤刑的假象,起到稳定民心的作用。从本质上说,它是一种政治欺骗。但是,从它的具体效果而言,又的确可以减少冤狱和滥刑,具有一定的积极意义。唐代的虑囚制度,是从前代的虑囚制度发展而来的,而较前代完备。在唐代,既有皇帝的不定期虑囚,又有大理寺和尚书省刑部的定期虑囚。皇帝进行虑囚,被看作是重要的政务,每有虑囚,必入实录。如唐太宗的父亲唐高祖在位时,曾经虑囚 4 次;唐太宗在位时,曾经虑囚 10 次;唐太宗的儿子唐高宗在位时,曾经虑囚 16 次,诸如此类的最高权威的虑囚事件还是很多的。

在封建社会中,最高司法权由皇帝所独掌。① 唐太宗在这次虑囚之后,如果认为判罪全部得当,则可以命令把这 390 个死罪囚犯全部处决,这当然是合法的。他如果认为判罪全部不当或者部分不当,命令把他们全部或者一部分予以减刑或者释放,也是合法的。他如果认为判罪全部得当,而又发布特赦把他们全部释放,仍然是合法的。对此,《唐律疏议》卷二载:"如有特奉鸿恩,总蒙原放,非常之断,人主专之。"但是,唐太宗并未实行以上三种合乎常规的办

---

① 参见吴澄、于浩成:《从欧阳修"纵囚论"谈起》,载《法学杂志》,1981(5)。

法，而采取了较为特殊的处理办法。对于这390个死罪囚犯，他首先进行了"纵之还家"的感化，同时又进行"期以明年秋即刑"的考验，经过考验，证明这些死罪囚犯确实有回心向善、认罪伏法的表现，他才正式作出宽大处理，宣布予以赦免。这一做法，并未超越当时的法典所认可的君主的司法权限，这是毫无疑问的。至于这一做法究竟是否合乎情理，其所取得的成效究竟是否真实，我们不能根据空洞而武断的"以君子之难能，期小人之尤者以必能"、"上下交相贼"之类的先验式的论断来进行评价，而必须把它放在具体的历史背景下进行具体分析。

第二，这次纵囚是在唐王朝国家机器的力量空前强大、封建法制空前健全、统治空前稳定的政治形势下进行的。在这样的政治形势下，这些死罪囚犯被纵之后，如果不如期归来，便会罪上加罪。即使是隐姓埋名，也绝没有好日子过，而且还会累及亲属。因此他们的如期归来，不能完全被认为是唐太宗的感化政策所致，同时也是由于当时的形势所迫。从这个意义上看，唐太宗的这次纵囚之举，并不仅仅是对他的感化政策进行考验，更重要的乃是对他的统治力量和政治威信进行考验。

第三，贞观六年这次虑囚，并不是唐太宗第一次虑囚。他于玄武门之变即位后，当年就进行过虑囚（武德九年十二月癸酉）。之后，贞观二年、贞观三年，都曾进行过虑囚。贞观二年的虑囚，是在朝堂上举行，可见他把此事看得何等重要。贞观三年，一年之中进行过两次虑囚。通过这些虑囚活动，他的慎法恤刑的思想已为人所共知。这些罪囚如果能用如期归来，主动接受刑罚的实际活动，以证明自己确实已经认罪伏法、去恶从善，未必不能博得唐太宗的赞许，从而获得进一步的宽宥。这是完全合乎情理的想法，并不是什么"下贼上之心"。所以，就贞观六年这次虑囚说，既非立异之事，也非求名之举，而只能被认为是唐太宗勤于政务、重视狱事的表现。

最后，关于对死罪囚犯能否实行感化政策和能否收到感化政策之效的问题，这不是一个单纯的理论问题，而需要用历史的眼光考察感化政策的价值与作用。诚然，国家与法律都是阶级统治的工具，它们本身都意味着暴力而不意味着仁慈。任何一个历史时期的任何统治阶级，都不会把感化政策当作实行阶级统治的主要手段。但是，在阶级社会里，统治阶级的思想就是统治的思想，因而统治阶级与被统治阶级的道德观念与法律意识总有其相同之处。感化政策的实行，不仅可以弥补暴力作用之不足，在某些情况下，甚至可以收到人们意想不到的良好效果。曹植在《求自试表》中就曾举过两个因实行感化政策对犯死罪者特赦而收到了奇效的典型事例："绝缨盗马之臣赦，楚赵（应为楚秦）以济其难"。"绝缨"是指楚庄王不治调戏他的美人的人死罪，并且以酒尽欢。后来楚晋交战，曾经调戏过美人的人拼死作战，"五合五获，以报庄王"。而"盗马"是指秦穆公不治偷盗他乘马的人死罪，并且赐以饮酒。后来秦晋交战，曾经盗马之人奋力疾斗，"遂大克晋，及获惠公（指晋惠公）以归"。调戏国君的美人，偷盗国君的乘马，在当时都是死罪，但楚庄王与秦穆公不以常法治罪，而施行法外之仁，不但使得矛盾的性质很快得到转化，而且收到了很大的政治利益。我国从汉代到清代，两千年间恩威并施，宽猛相济，其已成为历代统治阶级的统治手段。这是符合统治规律的表现，而不是历史的偶然。由此可见，对于历代封建统治者所实行的感化政策，不宜笼统地加以否定，具体到封建统治者对死罪囚犯所实行的感化政策，也不宜笼统地加以否定。

欧阳修在《纵囚论》中认为：凡是犯死罪者，都是罪大恶极的小人，在他们身上，根本不存在接受感化的可能性，即使"施恩德以临之"，也绝不可能使他们"变而为君子"。欧阳修这一观点，乃是封建士大夫的阶级偏见的自然表露，同客观实际情况不能完全相符。唐太宗贞观年间，社会经济情况空前良好①，"斗米三钱，行旅不费粮"。社会关系很简单，加上经济情况良好，因此当时犯罪的缘由、手段和社会危害性，比起资本主义社会里"民之为奸，有万世所未尝梦见者"的情况，实可说有天渊之别。在这种情况下，犯死罪者，在很大程度上是由封建主义的刑网繁密所致，并非他们都有取死之咎。对于这些人，即使用封建统治阶级的政治标准与道德标准进行衡量，也不能都断定为"罪大恶极"的"小人之尤者"。在当时繁密的刑网之下，触犯死罪者并非都是人群中的害群之马。

---

① 参见李淑芳：《纵囚新论》，载《株洲师范高等专科学校学报》，2002（3）。

而即使是"罪大恶极"的"小人之尤者",统治集团出于有效地维护统治秩序的需要,对他们也还是要恩威并施,寓感化于震慑之中。上有感化,下有转变,这本是情理之常,并不是什么"上下交相贼以成此名"。

最后,还有一个值得注意的问题。唐太宗这次纵囚,本来是一种假释。经过一定的考验之后,才由假释改为真释。所以,尽管这次纵囚并未形成假释制度,它同1829年首创于澳大利亚的近代刑法中的假释制度,在性质、内容、条件、执行方法等方面,都有很大的差别,但是,在世界法制史上,第一次实行假释的国家是中国,第一个实行假释的人是唐太宗,却是无可置疑的事实。

总之,唐太宗于贞观六年十二月所实行的特赦,既是他统治力量强大的证明,又是他慎法恤刑的表现,同时也是他努力实行感化政策的结果(也就是白居易在《策林》中所说的"太宗化下,而人不犯"),在当时的历史条件下,不失为一个英明的帝王所采取的开明的政治措施,而不宜贬之为沽名乱法之举。不过,就欧阳修提到的纵囚次数而言,他的见解是有道理的,虽然这与大赦不同,但毕竟也是不可多次实行,多次实行也会伤害法制。对于这一点,唐太宗也有清醒的认识。他曾对侍臣说:"夫谋小仁者,大仁之贼。故我有天下以来,绝不放赦。今四海安宁,礼义兴行,非常之恩,弥不可数。将恐愚人常冀侥幸,惟欲犯法,不能改过。"最终唐太宗之世,也只实行过一次纵囚,真的做到了"弥不可数"。

复仇状

（唐）韩愈

元和六年九月①，富平县人梁悦为父报仇杀人，自投县请罪。敕：复仇杀人，固有彝典②。以其申冤请罪，视死如归，自诣公门，发于天性。志在徇节，本无求生，宁失不经，特从减死。宜决杖③一百，配流④循州。由是有此议：

右：伏奉今月五日敕：复仇，据《礼经》则义不同天⑤，征法令则杀人者死。礼法二事，皆王教之端，有此异同，必资论辩。宜令都省⑥集议闻奏。朝议郎行尚书职

韩愈（768—824），文学家、政治家

---

① 元和：唐宪宗年号。
② 固有彝典：自魏晋以后各朝皆有禁止复仇杀人的法令。
③ 杖：杖刑。用竹板或荆条抽打犯人。
④ 流：流放犯人的刑罚方法。
⑤ 《礼记·曲礼上》载："父之仇，弗与共戴天；兄弟之仇，不反兵；交游之仇，不同国。"
⑥ 都省：唐改汉尚书省为都省，后来以都省指宰相官职。

方员外郎上骑都尉韩愈议曰①：伏以子复父仇，见于《春秋》②、见于《礼记》③、又见《周官》④，又见诸子史，不可胜数，未有非而罪之者也。最直详于律，而律无其条，非阙文也。盖以为不许复仇，则伤孝子之心，而乖先王之训；许复仇，则人将倚法专杀，无以禁止其端矣。夫律虽本于圣人，然执而行之者，有司也。经之所明者，制有司者也。丁宁⑤其义于经，而深没其文于律者，其意将使法吏一断于法，而经术之士得引经而议也。《周官》曰："凡杀人而义者，令勿仇，仇之则死。"⑥义，宜也⑦，明杀人而不得其宜者，子得复仇也。此百姓之相仇者也。《公羊传》曰："父不受诛，子复仇可也。"⑧不受诛者，罪不当诛也。又《周官》曰："报仇雠者，书于士，杀之无罪。"⑨言将复仇，必先言于官，则无罪也。今陛下垂意典章，思立定制。惜有司之守，怜孝子之心，示不自专，访议群下。臣愚以为复仇之名虽同，而其事各异。或百姓相仇，如《周官》所称，可议于今者；或为官吏所诛，如《公羊》所称，不可行于今者；又《周官》所称，将复仇先告于士，则无罪者。若孤稚羸弱，抱微志而伺敌人之便，恐不能自言于官，未可以为断于今也。然则杀之与赦，不可一例，宜定其制曰：凡有复父仇者，事发，具其事申尚书省⑩，尚书省集议奏闻，酌其宜而处之。则经律无失其指矣。谨议。

【解析】

韩愈和柳宗元在政治见解上是属于"道不同"的人，但是在文学上却又是同道之人，韩愈和柳宗元都是唐代古文运动的倡导者，

① 尚书职方员外郎：唐设六部，各部长官称尚书。兵部下有职方郎中、职方员外郎之职，主掌地图、军制等。上骑都尉：唐制中上骑都尉、骑都尉官职，以为勋官，为维持治安的武官。

② 《春秋》：此指《春秋公羊传》。

③ 《礼记》：汉人辑录的礼义制度的选集，儒家经典之一。

④ 《周官》：即《周礼》，相传为周公所作，儒家经典之一。

⑤ 丁宁：同"叮咛"。

⑥ 引自《周礼·司徒·调人》。

⑦ 《周礼》注疏："义，宜也，谓父母兄弟师长尝辱焉而杀之者，如是为得其宜"。

⑧ 语见《春秋公羊传·定公四年》。

⑨ 语出《周礼·司寇·朝士》。

⑩ 尚书省：朝廷最高行政机构，下统六部。

所以他与柳宗元并称"韩柳"。柳宗元写了《驳复仇议》，而韩愈针对复仇的问题也写了一篇文章，就是这篇《复仇状》。宋代苏轼评价韩愈是"文起八代之衰"，明代也推韩愈是"唐宋八大家"之首，有"文章巨公"和"百代文宗"之名，故《新唐书·韩愈传》说："愈之才，自视司马迁、杨雄，至班固以下不论也。当其所得，粹然一出于正，刊落陈言，横鹜别驱，汪洋大肆，要之无抵捂圣人者。其道盖自比孟轲，以荀况、杨雄为未淳，宁不信然？"韩愈的经历，在贞元年间其多以参加考试谋官以及开展古文运动为主，其间也有因上书《论天旱人饥状》被贬官连州阳山令的经历。元和元年（806年）六月，韩愈奉召回长安，官授权知国子博士，此后至元和十四年（819年）因向宪宗上《论佛骨表》而被贬潮州刺史。《新唐书》记载："执政览之，奇其才，改比部郎中、史馆修撰。转考功，知制诰，进中书舍人。"在元和年间韩愈的官职多有升迁变化，相继任职方员外郎、国子博士，正是在他任职方员外郎之时的元和六年（811年），富平县人梁悦为了报其杀父之仇，杀了仇人秦果，梁悦杀了秦果之后自己到县衙自首请罪。因为这样一起"梁悦复仇案"在当时引起轰动，官居职方员外郎的韩愈则上此奏状陈述自己的见解，也就有了这篇《复仇状》。前面我们提及陈子昂的《复仇议状》和柳宗元的《驳复仇议》，两者或想"编之于令，永为国典"，或想"请下臣议附于令"，但是谁又能料到，最后是韩愈的这篇《复仇状》被全文载于《旧唐书·刑法志》中。为何修编史书的史官们要将韩愈之文收入其中使其名留青史，而非陈子昂或柳宗元？后两者的文章在文学造诣上并不下于韩愈之文，个中缘由值得我们细细分析一番。

《旧唐书·刑法志》云："古之圣人，为人父母，莫不制礼以崇敬，立刑以明威，防闲于未然，惧争心之将作也。故有轻重三典之异，宫墨五刑之差，度时而施宜，因事以议制。大则陈之原野，小则肆诸市朝，以御奸宄，用惩祸乱。兴邦致理，罔有弗由于此者也。"刑法作为"以御奸宄，用惩祸乱"和"兴邦致理"的大典，立刑明威，需要严格执行刑法，这样才能将国家治理到秩序井然。具体到刑罚上，对于杀人之罪，古代的刑法一般贯彻杀人者死的思想（我们在此不评价此思想之弊端，因为此思想在古代是有其生存的土壤的），那么对于杀人的犯罪行为本该按照刑法之规定来惩治杀人犯。但是恰恰是在此种犯罪的处理上，我们看到了刑法实施的特别之处。在处理杀人的犯罪问题上，我国古代回避不了的一个问题就是复仇杀人的案件，复仇杀人也属于杀人案件的一种，按法律之规定对杀人就该处以死刑，但复仇又和礼、孝、义等伦理道德有千丝万缕的关系，在讲究伦理纲常的古代社会，情理在很多时候是优于法理的，那么对于复仇案件的杀人犯就不能简单杀之结案。复仇的问题由来已久，正如韩愈自己坦言："伏以子复父仇，见于《春秋》、见于《礼记》、又见《周官》，又见诸子史，不可胜数，未有非而罪之者也。"那么按理说，这就不是一起新发生的疑难案件，而是早已有之的旧案件。但是不管是《春秋》或者《礼记》还是《周官》，对于复仇的讨论是不一样的，且古代的律法一般不规定复仇，其原因在韩愈看来应该是若规定复仇可能会伤害孝子之心而影响伦理纲常；若允许复仇，却又可能会使杀人的犯罪增加而导致社会不安定。《周官》曰："凡杀人而义者，令勿仇，仇之则死。"这就明确规定不能复仇。《公羊传》曰："父不受诛，子复仇可也。"这是说如果父亲本该无罪但被杀死，此时则可以复仇，复仇在一定程度上被肯定。另外《周官》曰："凡报仇者，书于士，杀之无罪。"这是说复仇之前应先向官府登记，让官府知道复仇这件事情那么复仇行为就是无罪的，复仇有特殊司法程序安排。这充分说明复仇行为本身就是多种多样的，那么法律对于复仇也应该区别对待，韩愈在此正是看到了复仇行为的多样性。所以，韩愈"以为复仇之名虽同，而其事各异"，对待复仇的犯罪嫌疑人"然则杀之与赦，不可一例"，就是说要区别对待，具体案件具体分析。至于具体分析的措施，韩愈也在这篇奏议中明确提了出来，即"宜定其制曰：凡有复父仇者，事发，具其事申尚书省，尚书省集议奏闻，酌其宜而处之，则经律无失其指矣"：复仇案件发生后，当地官员应将案件原委详细记录，上报尚书省，经尚书省研究后上奏皇帝，再根据具体情况加以处理。这样做到"礼"与"法"两者兼顾。

在这里韩愈其实是提出了一个很大胆的建议，其做法其实是对刑事诉讼制度的一个冲击，或者说是在一般的刑事诉讼制度下规定一个特例。唐朝在中央设大理寺、刑部和御史台三大司法机构，大理寺审理中央百官及京师徒刑以上案件；刑部主管罪囚且有权"复按大理及天下奏谳"的案件，即有权复核大理寺审理的案件和全国各地上报来的疑难案件；御史台是监察机关。在地方的话则是州县的刺史和县令掌管司法权，管辖处理本地发生的案件。还需提及的是唐朝的死刑复核制度，死刑复核在唐朝已经达到完善。唐律规定，死刑案件均要上报刑部复核，经中书门下省的政事堂会议详议，并奏报皇帝批准才具有法律效力。根据唐朝的机构设置，我们可以知道尚书省是没有司法权的，在唐朝尚书省是最高行政机构，享有的是行政执行权。所以，我们可以推测韩愈的建议是对于复仇案件仿效死刑奏报制度，对此类案件做特别的程序处理。因为复仇案件涉及杀人行为，一般是可以判处死刑的，依照此理，审理这一类案件应将卷宗整理上报中央的尚书省，再由尚书省报皇帝，之后再执行。另外，唐朝尚书省下设六部，刑部即为其一，韩愈所说的报尚书省应该具体是指尚书省中之刑部才对。这样对于复仇这类特殊的刑事案件，其诉讼程序是仿效死刑奏报制度来处理，将复仇案件的审判权集中在中央，由尚书省（刑部）集体研究之后上奏皇帝裁决。复仇案件的审判官不是地方官吏，也不是中央刑部等司法机关，而是处于权力中心的皇帝，由皇帝对复仇案件具体情况具体分析，以此达到伦理纲常和制度法律间的平衡。但是，我们也必须看到韩愈所提的建议对正常司法制度的一种侵害，复仇案件本属刑事案件，其司法审判权也该属于案件的发生地，如此将司法权集中到中央的做法是对地方司法权的一种侵害；另外，这种本该按律判处死刑的犯罪却没有经判决就上报中央复核，中央复核之后一般作的判决又不是死刑，而多为罪减一等为流刑，这属于法外施恩，是死刑奏报制度之外的特殊奏报复核制，属于对死刑奏报制度的一种冲击。

那么韩愈的提议是否真的在司法实践中获得施行了呢？《旧唐书·刑法志》里记录了康买得案，此案距韩愈写此《复仇状》过去了十年。京兆府张莅欠了羽林官骑康宪钱米。康宪去向张莅讨要，双方发生争执。康宪的儿子康买得当时才十四岁，将救其父。其拿木锸击张莅的脑袋，张莅三天后死了。"准律，父为人所殴，子往救，击其人折伤，减凡斗三等。至死者，依常律。即买得救父难是性孝，非暴；击张莅是心切，非凶。"就是这样一起案件，如何来定康买得的罪和所适用的程序为何成为关键。《旧唐书》记载："（长庆）二年四月，刑部员外郎孙革奏"，即此案由刑部官员研究后上奏皇帝。刑部员外郎孙革在奏议中说："《王制》称五刑之理，必原父子之亲以权之，慎测浅深之量以别之。《春秋》之义，原心定罪。周书所训，诸罚有权。今买得生被皇风，幼符至孝，哀矜之宥，伏在圣慈。臣职当谳刑，合分善恶。"唐穆宗看了此案之后，对此案下诏敕："康买得尚在童年，能知子道，虽杀人当死，而为父可哀。若从沉命之科，恐失原情之义，宜付法司，减死罪一等。"唐穆宗是从孝道伦常来评价康买得的行为的，而非从法律的角度来推理论证，所以处理结果不是按律当斩，而是"减死罪一等"判处流刑。应该说唐朝此后处理类似复仇案件正是依照韩愈的建议，由中央来对这类案件作出裁决，复仇案件在刑事诉讼程序中获得了特殊的审判程序。

任何制度的合理性都属于一定的社会历史范畴，任何制度也应该是自根自生的，只有立足于当时的政治社会土壤之中的制度建设才是成功的。并且制度的变革也该遵循此理，只有社会需求达到一定的程度，制度的变革才会成功。而韩愈正是深谙此理，在这一点上他比陈子昂和柳宗元要高明很多，陈子昂是重法而轻礼，而批评陈子昂的柳宗元却走了相反的路，柳宗元是重礼而轻法。然而我国古代，虽然很重视礼教纲常，但是统治者一向是知道法律制度对统治的重要性的，所以奉行的统治之术是"内儒外法"。对此《旧唐书·刑法志》也说："兴邦致理，固有弗由于此者也"。那么偏废"礼"或者偏废"法"的做法都是不可取的，韩愈的建议"经律无失其指矣"，正是在经义和律法间达到了二者皆偏重。韩愈在此认识之下，提出了他自己关于处理复仇案件的特殊程序，仿效死刑上奏复核制度，韩愈的建议可谓"复仇案件上奏复核"制，其提出的"具体案件具体分析，罪减一等"的一般做法做到了情理和法理的结合。而这也许正是韩愈的《复仇状》可以载入史册名留青史的原因，而陈子昂和柳宗元的文章则只能稍逊风骚了。

訟也者，事勢之所必趨，人情之所斷不能免者也。

讼论

（明）崔述

　　天下之患，莫大乎其名甚美而其实不可行。白圭①二十而取一，孟子曰："欲轻之于尧舜之道者，大貉小貉也。"② 许行③使市贾不二，孟子曰："物之不齐，物之情也。巨屦小屦同贾，人岂为之哉?"④ 圣人非不知薄取民而一市贾之为美名也，顾以其势断不能行，姑取其美名焉而已。而人心风俗必受其大害，是以其论常不敢过高也。

　　自有生民以来，莫不有讼。讼也者，事势之所必趋，人情之所断不能免者也。故《传》曰："饮食必有讼。"⑤ 柳子厚曰："假物者必争，争而不已，必就其

崔述（1739—1816），
字武承，号东壁

------

① 白圭：名丹，字圭，战国时任魏惠王的大臣。善于修筑堤防，治理水利。主张征收生产物的二十分之一作田税，以减赋轻税为名声。
② 引文见《孟子·告子下》。貉：同"貊"，北方民族名，其税率为二十抽一。而尧、舜至夏、商、周的税制都是征收生产物的十分之一。
③ 许行：战国时农家的代表人物，主张君臣并耕，自食其力。
④ 引文见《孟子·滕文公上》。屦：单底鞋。
⑤ 引文见《周易·序卦》。

能断曲直者而听命焉。"① 讼之来也久矣。舜避尧之子于南河之南②，天下诸侯讼狱者，不之尧之子而之舜。鲁叔孙昭子受三命③，季平子④欲使自贬，昭子朝而命吏曰："婼将与季氏讼，书辞无颇。"唐虞之时何时也，诸侯犹不免于讼，昭子，贤大夫也，亦不能以无讼。然则是讼也者，圣人之所不责，而亦贤人之所不讳也。

西汉之世，好言黄老⑤，始有以不与人讼，博长厚之美名者。然亦其时风俗淳古，放得以自安于闾里。唐宋以降，日以浇矣。乃为士者幸藉门户之荫，不见侮于市井小儿，遂以人之讼者为卑鄙而薄之；而惮于听讼之吏，因遂得以是借口，有讼者则以为好事，怒之责之，而不为理，呜呼！是白圭之取民而许行之治市也。

何以言之？凡有血气者皆有争心，必此争而彼甘于让，斯已耳；苟不甘于让，则必讼之矣。故陵人者常不讼，而陵于人者常讼，其大较也。且争而甘于让者，惟贤与孤弱者耳。然理固有当让，有不当让；势固有能让，有不能让。所争者非一人之得夫，则不当让；让之而争者不已，让之而争者得逞。人皆从而效之，则亦不能终让。故虽贤与孤弱者亦不能尽无讼也。夫使贤者常受陵于不肖，而孤弱者常受凌于豪强，而不之讼，上之人犹当察而治之，况自来讼而反可尤之乎？

今不察其曲直，而概不欲使讼，陵人者反无事，而陵于人者反见尤，此不惟赏罚之颠倒也，而势亦不能行。何者？人之所以陵于人而不与角者，以有讼可以自伸也，不许之讼，遂将束手以待毙乎？抑亦与之角力于蓬蒿之下也？吾恐贤者亦将改行，而孤弱者势必至于结党，天下之事从此多，而天下之俗从此坏矣。余幼时见乡人有争则讼之县，三十年以来不然，有所争皆聚党持兵而劫之，曰："宁使彼讼我，我无讼彼也"。唯单丁懦户，力不能抗者，乃讼之官耳。此无他，知官之恶讼，而讼者未必为之理也。民之好斗，岂非欲无讼者使之然乎？逮至近年，风俗尤敝，里巷之间，别有是非，反经悖律，而自谓公。以斗伤为偶然，以劫夺为小事。立后，则疏族与

---

① 引文见柳宗元：《封建论》。
② 尧之子：名丹朱。南河：黄河在尧都城（今河南濮城东二十五里）之南，故称南河。
③ 事见《左传·昭公十二年》。叔孙昭子：即叔孙婼，谥昭子，春秋鲁大夫叔孙穆子的庶子。三命：周代官爵分九个等级，称九命。公侯伯之卿为三命。
④ 季平子：即季孙意如，春秋鲁大夫，谥号平，季孙宿之孙。
⑤ 黄老：黄帝与老子，他们被尊为道家学派的创始人。

同父无殊；争田，则盗买与祖业不异。推此而论，不可枚举。至于姑①残其媳，弟侮其师，窃田禾，毁墓木，尤恬不以为怪。诉之宗族，宗族以为固然；诉之里党，里党以为固然。彼固不识字，即识字而亦不知律为何物也。不得已而讼之官，则官以为好事，而里党亦共非之，是以豪强愈肆，而善良常忍泣而吞声。无讼则无讼矣，吾独以为反不如有讼之为善也。

昔韩文公②为都县，雅重卢仝③，卢仝为比邻恶少所苦，使奴诣县讼之，公不惟不薄仝，反称其贤，而自引为己罪。彼韩公者岂独喜人之讼哉？诚少历艰难，而悉寒士之苦故也。然则今之君子，或亦生富贵之中，席祖父之势，居仁里④，处顺境，未尝身杂保佣，目睹横逆，故不知涉世之难，而妄为是高论耳。不然，何其不近人情乃至是也。

或曰："子未睹讼之害耳，书役之鱼肉，守候之淹滞，案牍之株连，有听一人一朝之讼，而荒千日之业，破十家之产者矣，况有讼而诬焉者乎？"曰："此诚有之，然此谁之过耶？苟官不护其下，书役安得而鱼肉之，讼至而即听，当逮而后逮之，何淹滞株连之有哉？此乃之不臧，反欲借口以禁人之讼，可乎？且讼而果诬，反坐之可也。不治诬者，而迁怒于他人，而禁其讼，是使直者代曲者罹殃也，偾⑤孰甚焉？"

曰："孔子曰：'听讼吾犹人也，必也使无讼乎。'⑥然则圣人之言亦非与？"曰："《大学》释之明矣。曰：'无情者不得尽其辞，大畏民志。'然则圣人所谓'使无讼'者，乃曲者自知其曲，而不敢与直者讼，非直者以讼为耻，而不肯与曲者讼也。若不论其有情无情，而概以讼为罪，不使之得尽其辞，曰：'吾欲以德化民。'是大乱之道也。且无讼之治，圣人犹难之。今之吏岂惟无德，且贪莫甚

---

① 姑：婆婆。
② 韩文公：韩愈，谥文，也称韩文公。早孤，由嫂抚养，经历过艰难困苦的生活。
③ 卢仝：唐代诗人，自号玉川子。家贫好读书，初隐少宝山，不求仕进。曾写《月蚀》诗，讽刺宦官当政。甘露之变，被宦官杀害。
④ 仁里：仁者居住的地方。《论语·里仁》："里仁为美。"后泛指风俗淳朴的地方为"仁里"。
⑤ 偾：通"颠"。
⑥ 引文见《论语·颜渊》。

焉。民之相争，固其所也，而欲使之无讼，舛矣。"

【解析】

崔述是乾隆二十八年（1763 年）的举人，曾任上杭罗源知县。著有《崔东壁遗书》，内以《考信录》32 卷最令学者注目。他为人清明，是清朝著名的辨伪学者。他担任县官期间，"治官如治家，不美食，不华服，不优伶宴会，卯起亥休，事皆亲理，日与士民接见，书役禀事皆许直入二堂，兼听并观，往往谈询移晷，而无敢以私者，是以苞苴自绝，而地方百姓情形无壅蔽，从人胥役俱无所容其奸。听讼不预设成见，俾两造证佐各尽其辞而后徐折之。数年，案无枉者"[①]。崔述既不笃信当时作为国家意识形态的程朱理学，亦与当时学界主流汉学相异趣，提出了以疑古辨伪考信为主要内容的学说思想。

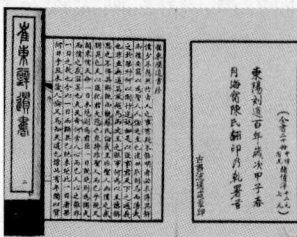

崔述的疑古思想在法学领域也有所体现。与传统理念以"息讼"、"无讼"作为社会理想和价值追求不同，崔述是中国古代士大夫中公开著文反对"非讼"的第一人，其思想对于学界的某些理论也具有极大的启迪意义。崔述在《讼论》这篇文章中主要阐述了其主张"争讼"的思想，他认为："讼也者，事势之所必趋，人情之所断不能免者也。"争讼，圣人不加以谴责，贤臣也不忌讳。在本文中，他列举了息讼者的观点，并一一加以驳斥。

第一，不与人讼，以博得长厚的美名。西汉时期，提倡黄老"清静无为"之术，世人以不争讼而博取长厚之美名。崔述认为想要依靠息讼而取得长厚之美名，大概也只能在风俗淳厚的社会才能实现，这就如白圭和许行所施行的政策一样，只存在于乌托邦似的理想中，是行不通的。崔述指出天下的弊端没有比谈论时美妙动听而实际上行不通更加严重的了，而"息讼"、"无讼"正是如此。他评价白圭和许行，白圭为减轻赋税而征收生产物的二十分之一作田税；许行统一市价。虽然他们的政策有轻徭薄赋、统一物价之益处，但其言之过高，实不可行。上述例子也进一步证明了息讼乃名美而实

---

① 顾颉刚：《崔东壁遗书》，941 页，上海，上海古籍出版社，1983。

不可行。

　　第二，争讼之人多卑鄙狭隘，好惹是生非。崔述认为："自有生民以来，莫不有讼。讼也者，事势之所必趋，人情之所断不能免者也。"我国古代由于受儒家大同思想的影响，主张"息讼"、"无讼"，中国传统观念也以好讼为耻。无讼被作为当时执法从政的社会理想和价值追求，而争讼则被视为不吉之事。崔述作为一个疑古者，对传统的"息讼"思想提出质疑。他主张争讼，认为诉讼的发生是势之所趋，情理所不能避免的。他认为争讼之事，发生由来已久，以尧舜之事为例，舜将皇位传于尧之子，并避于黄河南，但有诉讼之争，世人仍求之于舜。即使昭子为贤明之臣，亦不能免除诉讼。这说明争讼是自古以来圣人不加谴责、贤人不忌讳的事。而发生诉讼的主要原因包括经济和常情两个方面。经济方面是指人们生活所需的物质生活条件。在古代，由于生产力低下，生活资料和生产资料都不丰富，再加上当时的分配制度不公，纷争就必然存在。柳宗元也认为："假物者必争，争而不已，必就其能断曲直者而听天命焉。"① 人类要借助外物生活，势必就会引起斗争。至于常情，日本著名学者滋贺秀三认为中国"情"的含义包括三个方面：一是指与案件有关联的情节、情况以及含义。在纷争过程中出现的相关案件情形以及纷争走势都会导致诉讼的产生，这是案情。二是指活生生的平凡人之心，所谓"人同此心，心同此理"② 。崔述认为，凡是有血气的人都有争夺之心。如若双方都不愿退让，则必然出现争讼，这是人情。三是指人与人之间的友好关系。崔述认为，若贤明之士时常被不贤的人欺凌，孤独弱小的人被豪强恶霸压迫，而官府却不调查审理案件，只是鼓吹息讼，那么久而久之，贤明之士也将改变品行，孤独弱小的人势必拉帮结派，整个社会秩序将会非常混乱，这是社情，即人们在社会交往过程中的情理。

　　第三，诉讼危害颇多，不利于正义的实现。息讼者列举了诉讼产生的危害，认为审理案件的官吏会鱼肉百姓；主审官拖延案件；审理案件将会花费讼者的家产，也会浪费官府的资源；诉讼也有可

---

① 柳宗元：《封建论》。
② 《孟子·告子上》。

能会出现诬告的情形。崔述以韩愈任职期间的事迹来表明争讼。韩愈任地方官，对卢仝青眼有加。卢仝被无赖少年欺辱，他即将欺辱者状告至衙门。韩愈不仅不轻视卢仝，反而夸他贤明，肯定了他争讼这一做法。崔述以此为例来证明官府应当受理诉讼案件。关于上述的息讼者罗列的关于诉讼的危害，崔述认为这一切都是因为法制不健全的原因。作为社会的管理机构，司法官吏在审理案件的过程中应当正确地适用法律，积极高效地审理所讼之事，不应违法渎职，且对于诬告的情形应当及时治罪。

息讼制度在我国封建专制时代有着非常久远的历史，整个封建社会，不论贵族还是民众都主张息讼，反对争讼。息讼思想的产生有着深刻的经济和社会背景。首先，在社会方面，身份等级制度森严，长卑有序。在封建宗法社会中，尊长卑幼，实行嫡长子继承制度，卑幼者对尊长者绝对服从。另外，存在封建特权制度，特权阶层即使存在鱼肉百姓之事实，也可因其特权脱开法律的制裁。其次，在政治方面，息讼制度是夯实统治阶级专制统治的一个重要因素。如若民众争讼，国家用于断案的财政经费就会相应增加，这也增加了国家的财政负担。另外，争讼风气的盛行，司法腐败问题的凸显，也会使得原本冲突就较为尖锐的官民矛盾更为突出。最后，在文化方面，古代的文化教育提倡仁、礼，各个学派都主张息讼。道家提倡"无为而治"，老子曾说："我无为，而民自化；我好静，而民自正；我无事，而民自富；我无欲，而民自朴"①，主张民众应当什么都不做。儒家主张"礼之用，和为贵"，礼的推行应当以和为目的，和谐是民众和统治阶级一切行为的目的，息讼能减少纷争，达成人与人之间以及整个社会的和谐。即便是法家也主张"以刑去刑"，即用刑罚遏止刑罚，意指从重量刑，使百姓畏惧而不敢犯法。其最终的目的是以严酷的刑法使民众产生畏惧心理，从而不敢再犯法。由此可见，息讼制度的产生是我国封建专制社会各个方面作用的一个结果。崔述敢于质疑实行两千多年的一种制度，实为可贵。

崔述对于儒家传统经典有自己独特的见解，他对古儒学提出质疑，指责汉学家"但以为汉儒近古，其言必有所传，非妄撰者"，又

---

① 《道德经》第五十七章。

斥其"但据后人之训诂，遂不复考前人之记载"，指出汉朝的儒学实然与圣人之言不相近，故而不足信据。故其力主取证于经书无须通过汉人的注疏。他的"考信于六艺"之说，颇富有"回归原典"的意蕴。崔述曾说："古人之学贵精，后人之学贵博，故世益古则取舍益慎，世益晚则采择益淆。而文人学士又好议论古人是非，而不复考其事之虚实，不知虚实既明，则得失是非昭然不爽。故今为《考信录》，专以辨其虚实为先务。凡无从考证者，辄以不知置之，宁缺所疑，不敢妄言以惑世。若摘发古人之误，则必抉其致误之由，使经传之文不致终晦。"① 因崔述所提倡的思想于科举无益，与当时思想不合，故而被淹没了数百年。崔述提出争讼思想是基于古学，但也囿于古籍。有学者评价道："他立论的依据及其推理过程所使用的资料还只能是儒家的思想和典籍，如《易》、《大学》等，他虽然对孔子的'无讼'思想在原有的材料上进行了新的阐释。但是这些阐释仍具有极大的意义，他在儒家传统文化的框架内最大限度地批判了息讼的观点，但不能超越时代的局限和阐释问题所依据的'文本'应有的合理界限，更不可能从个人权利出发，明确提出'诉讼'乃当事人权利之保证的见解。但他批判了传统的息讼制度，为法学的发展开辟了一个新的视野。"②

　　崔述之后，受西方资产阶级法律思想的影响，许多进步学者排斥正宗儒学思潮，开始探究传统儒家思想。崔述的思想也影响了顾颉刚，他进一步地发展了崔述之学，提出"层累地造成"古史观，不仅将中国儒学史上的疑辨传统推向极致，从思想的最深处动摇甚至颠覆了两千多年的古史观念，而且发起了著名的"古史辨"运动。崔述的最大的贡献在于其疑古的思想，这种敢于打破封建思想的桎梏，对传统儒学发起挑战的精神，即使在今天也值得我们学习。而他提出的争讼思想对于当前学界研究法治和诉讼制度也具有极为重要的史学价值。

① 崔述：《考信录》。
② 陈景良：《崔述反"息讼"思想论略》，载《法商研究》，2000（5）。

五、古代行政法篇

为兄轼下狱上书

（宋）苏辙

臣闻困急而呼天，疾痛而呼父母者，人之至情也。臣虽草芥之微，而有危迫之恳，惟天地父母哀而怜之！

巨早失怙恃①，惟兄轼一人相须为命。今者窃闻其得罪，逮捕赴狱，举家惊号，忧在不测。臣窃思念，轼居家在官，无大过恶。性是赋性愚直，好谈古今得失，前后上章论事，其言不一。陛下圣德广大，不加谴责。轼狂狷寡虑，窃恃天地包含之恩，不自抑畏②。顷年，通判杭州及知密州，日每遇物，托兴作为歌诗，语或轻发。向者曾经臣僚缴进，陛下置而不问。轼感荷恩贷，自此深自悔咎，不敢复有所为，但其旧诗，已自传播。臣诚哀轼愚于自信，不知文字轻易，迹涉不逊，虽改过自新，而已陷于刑辟，不可救止。

苏辙（1039—1112），字子由

---

① 怙恃：出自《诗经·小雅·蓼莪》"无父何怙，无母何恃"的诗句，后取怙恃为父母的代称。

② 畏：《礼记·檀弓上》："死而不吊者三：畏、厌、溺。"疏："畏谓有人以非罪攻己，己若不有以解说之而死者。"

　　轼之将就逮也，使谓臣曰："轼早衰多病，必死于牢狱。死固分也，然所恨者，少抱有为之志，而遇不世出之主，虽龃龉于当年，终欲效尺寸于晚节。今遇此祸，虽欲改过自新，洗心以事明主，其道无由。况立朝最孤，左右亲近必无为言者，惟兄弟之亲，试求哀于陛下而已。"臣窃哀其志，不胜手足之情，故为冒死一言：

　　昔汉淳于公得罪，其女子缇萦请没为宫婢，以赎其父。汉文因之，遂罢肉刑。今臣蝼蚁之诚，虽万万不及缇萦，而陛下聪明仁圣，过于汉文远甚。臣欲乞纳在身官，以赎兄轼，非敢望末减其罪，但得免下狱死为幸。兄轼所犯，若显有文字，必不敢拒抗不承，以重得罪。若蒙陛下哀怜，赦其万死，使得出于牢狱，则死而复生，宜何以报？臣愿与兄轼洗心改过，粉骨报效，惟陛下所使，死而后已！

　　臣不胜孤危迫切，无所告诉，归诚陛下，惟宽其狂妄，特许所乞。臣无任祈天请命，激切陨越之至！

【解析】

　　此篇文章的作者是唐宋八大家之一的苏辙，眉州眉山（今属四川）人，与兄长苏轼及父亲苏洵合称"三苏"。仁宗嘉祐二年（1057 年）与苏轼一起中进士，曾任大名府推官。熙宁五年（1072 年），出任河南推官。熙宁三年（1070 年）上书神宗，反对王安石变法。元丰二年（1079 年），其兄苏轼因作诗"谤讪朝廷"被捕入狱。他自请免职为兄赎罪，未获准许，后被贬为监筠州盐酒税。这篇《为兄轼下狱上书》正是他为苏轼求情所作之文。

　　首先，作者认为"轼愚于自信，不知文字轻易，迹涉不逊"，又言"兄轼所犯，若显有文字，必不敢拒抗不承，以重得罪"。虽然表面上把苏轼犯罪的原因归结于所发表的言论不当，有诽谤他人之嫌，但暗示这背后真正的原因则涉及北宋特有的台谏制度和文官集团的党派斗争。

　　台谏是御史台和谏院的合称，《宋史》有云："御史台掌纠察官邪，肃证纲纪。大事则廷辨，小事则奏弹。其属有三院：一曰台院，侍御史隶焉；二曰殿院，殿中侍御史隶焉；三曰察院，监察御史隶焉。"① 御史台行使刑事审判权的途径主要是：（1）审理本台受理的案件，或复审中央其他审判机构和各路提刑司未能审结的疑难案件；（2）审理地方重大案件；（3）接受皇帝的意旨，审理诏狱。② 所谓"诏狱"，是指群臣犯法案件、法官受贿案件，由皇帝亲自下旨查办，往往由御史台、大理寺和刑部派出官员共同审理。即"群臣犯法，体大者多下御史台，小则开封府、大理寺鞠治焉"③。御史台作为封建中央的监察机关，自秦完成大一统后就一直存在。唐代设置谏官，目的在于纠劾天子，但随着专制制度的不断强化，谏官逐渐演变为皇帝掣肘政府施政的力量。④ 宋太祖"杯酒释兵权"后，一方面用高额俸禄优待士大夫，另一方面又设立相应机构来分割宰相权力，防止朝臣专权。此时的台谏机构随着监察职权的不断扩大，在职责上逐渐混同，谏官"往往并行御史之职"，台官也行谏议之权。文本规定方面，宋朝的监察法主要表现为皇帝的诏、敕、令，有关监察的诏、敕、令散见于《庆元条法事类》与《宋大诏令集》。⑤

宋初，太祖赵匡胤力求建立一个稳定的官僚机构，以巩固中央的统治，故而赵氏后世子孙受其影响，都十分看重文官集团。苏轼曾进言，希望对台谏之言进行甄别，指出："历观秦、汉以及五代，谏诤而死，盖数百人。为自建隆以来，未尝罪一言者，纵有薄责，旋即超升，许以风闻，而无官长，风采所系，不问尊卑，言及乘舆则天子改容，事关廊庙则宰相待罪。故仁宗之世，议者讥宰相但奉行台谏风旨而已。圣人深意，流俗岂知。台谏固未必皆贤，所言亦未必皆是，然须养其锐气而借之重权者，岂徒然哉，将以折奸臣之萌而救内重之弊也。"⑥ 宋氏君主虽觉得言官言过其实，为害政治，但并未施以相应的法律来惩戒，以至于政治反为读书人好务虚所累，浮议之风愈演愈烈，不仅引发文官集团频繁的分裂与重组，还导致政府部门难以有一个稳定的组织来推行国家政策，甚至最终酿成党

---

① 《宋史》卷164《官职四》。
② 参见李文玲：《中国古代刑事诉讼法史》，249页，北京，法律出版社，2011。
③ 《宋史》卷150《刑法》。
④ 参见张晋藩：《中国法制通史》，第5卷宋，94页，北京，法律出版社，1999。
⑤ 参见张晋藩：《中国法制通史》，第5卷宋，96页，北京，法律出版社，1999。
⑥ 《苏轼文集》卷25《上神宗皇帝书》。

争的结果。① 神宗时期随着王安石变法的展开，官僚士大夫之间的政治对立情绪日趋尖锐，台谏成为诱发党争、掀动政潮的工具。

台谏在党争中的惯用手段是以文字罪人，但文字狱却并非始于北宋。早在汉宣帝时，杨恽即因"田彼南山，芜秽不治"一诗，被罗织为讥毁朝政，遭腰斩厄运。② 至北宋庆历台谏纠劾王益柔《傲歌》为"谤及时政"③，遂炮制出"进奏院案"。作为元丰年间最大的文字狱，苏轼受牵连的"乌台诗案"则是证据确凿。乌台，即御史台。据《汉书·朱博传》记载，御史台中有柏树，乌鸦数千栖居其上，故称御史台为"乌台"，亦称"柏台"。自新党变法以来，苏轼一直持反对意见，并诉诸诗歌，以诗词为形，表达讥刺之意。其中有的一针见血地指出了新法的弊端，有的则"所言差谬，少有中理者"④。更甚者，广为流传。其《湖州谢上表》曰："知其愚不识时，难以追陪新进；察其老不生事，或能牧养小民。"对宋神宗任用小人，继续推进新法，表达了强烈的不满。殊不知自己的不满已经触犯到神宗变法图强的政治构想。监察御史里行何正臣、舒亶，国子博士李宜、御史中丞李定等人纷纷指控苏轼写诗文讪谤朝政、反对新法、指斥皇帝，要求处置苏轼。而台谏弹劾苏轼"讥切时政"，则无疑恪守了"人主之耳目"的职责。幸而，太祖在世时曾立下不杀士大夫的国策，苏轼最后才能幸免一死。其弟苏辙奏请朝廷赦免苏轼，依文中所言，其愿意纳还一切官位为兄长赎罪，他最终遭受降职的处分，被调到高安，任筠州酒监。

神宗之后，炮制文字狱已不完全是台谏所为，对文字的纠劾权也非台谏广泛使用，因此文祸联结，甚至发展到全面的文字之禁，以文字杀戮文士的地步。⑤ "蔡京擅政，专尚王氏之学，凡苏氏之学悉以邪说而禁之。"⑥ "苏洵、苏轼、苏辙、黄庭坚、张耒、晁补之、秦观、马涓《文集》、范祖禹《唐鉴》、范镇《东斋纪事》、刘攽

---

① 参见桑子：《宋代文官集团研究》，76页，北京，中国社会科学出版社，2011。
② 参见《汉书》卷66《杨恽传》。
③ 苏舜钦：《苏舜钦集编年校注》，卷9《与欧阳公书》。
④ 《苏轼文集》卷51《与腾达道书》。
⑤ 参见沈松勤：《宋代政治与文学研究》，41页，北京，商务印书馆，2010。
⑥ 《靖康要录》卷5《丛书集成初编》本。

《诗话》、僧文莹《湘山野录》等印版，系行焚毁。"① 这使得本来蓬勃发展的学术与诗歌文化受到严重的摧残。

一般的诉讼成立的大前提是犯罪嫌疑人的犯罪行为，然后再由相应的证据与法律规范、案件事实进行演绎推理，最后根据法律规定作出裁判。文字狱却不是这样的，文字狱的背后往往笼罩着巨大的政治阴影，先有特定的对象，但又无法对其进行定罪，于是便从他的文字作品中寻找细枝末节的证据。文字狱的处理也是异常残酷的，逮捕、抄家、审讯、酷刑，最后则是重判，终身监禁或是贬职流放。宋朝的文字狱相比后世的明清两个朝代，程度较轻，也没有惩治文字狱犯罪的法律，《庆元条法事类》中监司长官对有些地方官员的失职行为可以根据法律规定自行处理，即所谓"按治"。有的则要"按劾以闻"，即上奏章等候上裁。苏轼涉及的"乌台诗案"正是所谓的"诏狱"，由神宗亲自下旨督办。罪名成立与否、以什么罪名进行刑罚也由皇帝个人所定，实质上并没有太多的法律依据。

钱穆先生在《中国历代政治得失》中说过："任何一项制度，绝不会绝对有利而无弊，也绝不会有弊而无利。所谓得失，即根据其实际利弊而判定。而所谓利弊，则指其在当时所发生的实际影响而觉出。"台谏制度作为宋朝一项具体的监察制度，设立的初衷是为了防止相权过度膨胀，独立监察中央和地方的大小官吏，代表皇帝行使监察之责。但是这一制度发展到后期却成为阻碍其他制度发展的一大毒瘤，可谓得不偿失，正印证了前述对于制度评价的辩证思考，同样也对我们今天制度建构具有一定的价值。

我国现行的行政监察制度，是指国家在行政机关系统内部设立专门的行政机关，对国家行政机关及其工作人员和国家行政机关任命的其他人员是否遵守国家法律和纪律予以检察、调查、处理或提出建议的制度。行政监察是行政机关内部的一种自律性监督，监察主体依法对行政主体及国家公务人员行使职权、履行职责的行为是否遵纪守法进行监督。② 现代国家强调主权在民，《中华人民共和国宪法》庄严宣告："中华人民共和国一切权力属于人民"。监督权是

---

① 《续资治通鉴》卷88。
② 参见王学辉主编：《行政法与行政诉讼法学》，204 页，北京，科学出版社，2008。

我国现行宪法所确立的公民的基本权利之一。同时,《宪法》第27条第2款规定:"一切国家机关和国家工作人员……接受人民的监督,努力为人民服务。"《中华人民共和国行政监察法》规定,国务院监察机关主管全国的监察工作。县级以上地方各级人民政府监察机关负责本行政区域内的监察工作。监察机关对监察对象执法、廉政、效能情况进行监察。监察机关对违反行政纪律的人员作出给予处分的监察决定,由人民政府人事部门或者有关部门按照人事管理权限执行。但行政监察机关与党的纪律检查机关合署以后,实行一个领导班子、一套工作机构、两个机关名称,独立的行政监察机关并不存在。

我国实行的是人民代表大会制的政治体制,行政机关由立法机关产生,对立法机关负责并受其监督;司法机关行使审判权,有权对行政机关的行政行为进行裁判审查;人民检察院是国家的法律监督机关,有权对行政机关的法律行为进行法律监督;为了保证依法行政,行政系统内部也设有相应部门对行政权的行使进行监督;人民政协、各民主党派、工会等社会团体、企事业单位、群众自治组织都可以对行政进行监督;公民依照宪法及法律规定可行使批评建议、申诉、控告和检举的权利;另外还有中国共产党的监督。可以说,多方位、多层次、多角度的监督,保证了行政权从取得到行使的整个过程都受到相应的规范。我国宪法和法律已经初步建立了依法行政的保障机制,无论是权力机关的立法和监督活动,还是行政机关自身的监督体制,抑或是司法机关对行政机关及其工作人员的监督机制,都对保障依法行政原则的贯彻落实发挥着重要作用。另外,为保证行政监督法律制度的有效运行,我国还制定了严格的程序性法律规范,如行政监察、审计、立法审查等都必须遵循各自的规范程序。

在监督行政机关依法行政时,还需注意公民的监督权与表达自由的界限问题。我国现行《宪法》第35条规定:"中华人民共和国公民有言论、出版、集会、结社、游行、示威的自由。"但公民在行使监督权过程中的行为和内容,都可能与其他权利或社会公共利益发生冲突,甚至会产生侵权、违法甚至是犯罪的后果。所以公民在行使表达自由时,不得危害国家利益、社会安宁以及公序良俗;如果出现违法的行为或内容，相对应的法律责任就会产生；表达或监督都要遵守法律的规定。

文章最后，作者提到："昔汉淳于公得罪，其女子缇萦请没为宫婢，以赎其父。汉文因之，遂罢肉刑。"《汉书·刑法志》记载，汉文帝十三年（前167年）齐太仓令淳于意有罪当处刖刑，其女缇萦为救父亲，上书汉文帝："刑者不可复属，虽后欲改过自新，其道无由也。"文帝怜悲其意，亦深感刑罚改革的必要，遂下诏"其除肉刑，有以易之；及令罪人各以轻重，不逃亡，有年而免，具为令"。从而进行了中国法制史上第一次重要的刑罚改革。[①] 对于古代奴隶制刑罚从野蛮向文明过渡，奴隶制五刑向封建制五刑过渡，起到重要的推动作用。

---

① 参见曾代伟主编：《中国法制史》，70页，北京，法律出版社，2006。

曩古歷代君臣，當天下之大任，閔生民之塗炭。

明大诰序①

（明）朱元璋

朱元璋（1328—1398），字国瑞，洪武帝

朕闻曩②古历代君臣，当天下之大任，闵③生民之涂炭。立纲陈纪，昭示天下，为民造福。当是时，君臣同心，志同一气。所以感皇天后土之监，海岳效灵，由是雨旸时若④，五谷丰登，家给人足。斯君臣之逝，遐⑤且久矣。育民之功，载诸方册，犹如见⑥存。君子读诵至斯，陡然情怀感激，仰慕于千万古之下，恨不目击耳闻，乐此升平，以为庆幸。

昔者元处华夏，实非华夏之仪，所以九十三年之治，华风沦没，彝⑦道倾颓。学者以经书专记熟为奇。其持心操节，必格神人之道，

---

① 《明大诰》：明太祖朱元璋亲自指导编纂的一部专为惩治吏民的特别刑事法规，共4编236条，以严刑峻法为其特点。
② 曩（nǎng）：从前。
③ 闵：即悯，怜悯。
④ 雨旸时若：风调雨顺之意。旸：阳光；若：顺。
⑤ 遐：远去。
⑥ 见：同"现"。
⑦ 彝：法则。

略不究衷。所以临事之际，私胜公微，以致愆深旷海，罪重巍山。当犯之期。弃市之尸未移，新犯大辟者即至。若此乖为，覆身灭姓，见存者曾几人而格非①。

呜呼！果朕不才而致是钦？抑前代污染而有此软？然况由人心不古致使而然，令将害民事理，昭示天下。诸司敢有不务公而务私，在外赃贪，酷虐吾民者，穷其源而搜罪之。斯令一出，世世守行之。洪武十八年十月朔序。

【解析】

明太祖朱元璋，父母早逝，家境贫寒，年幼时曾入寺为僧。1352 年率众投红巾军，参加元末的农民起义，攻下南京后采用"高筑墙，广积粮，缓称王"的战略方针，壮大军力，先后击破陈友谅、张士诚部，1368 年建立明朝，定都南京，建元"洪武"。

《明大诰》是朱元璋称帝后亲自编撰的一部案例文件汇编性的法典，也叫作《御制大诰》。《明大诰》的名称出自《尚书》的"大诰篇"，该篇是记叙周公东征殷遗民时，对臣民的训诫。"大诰"二字，即"陈大道以诰天下"之意。朱元璋颁行"大诰"的目的，是仿效周公"以当世事"警戒臣民，永以为训，也是为了用峻令防范和镇压人民的反抗。《明大诰》共 4 编 236 条，其中"大诰"74 条，"大诰续编"87 条，"大诰三编"43 条，"大诰武臣"32 条。颁布于洪武十八年（1385 年）到洪武二十年（1387 年）间。②

在中国封建社会的皇帝中，主张重典治天下者，历代不乏其人。然而，在他们之中，把重典政策高度理论化、法律化的最突出人物要数明太祖朱元璋。他称帝后半年，北伐军攻克大都，元朝灭亡。统一全国后，朱元璋采取加强封建专制主义统治的措施：改革中央和地方的行政机构，废除丞相制，六部直接由皇帝负责，调整军事机构，推行科举制度，加强法制，加强了皇帝的统治。明王朝建立之初，面临着许多严峻的社会问题。"连年战争，加以疾疫，十室九虚"，在籍民户"版籍多亡"，"田野荒芜"，"租税无所出"，经济陷

---

① 格非：纠正错误。
② 参见《中国大百科全书·图书情报档案卷·明大诰》。

于崩溃境地。统治集团内部为争权夺利，文臣与武将之间钩心斗角，互相排挤，官吏贪腐成风，"天下有司役民无度，四时不息"，加之豪强地主肆意榨取百姓，继而反抗新王朝，致使政局动荡。在如此严峻的社会矛盾面前，朱元璋采取了"宽""猛"并用的两手治国策略。在经济领域，他从农本思想出发，宽以待民，实行休养生息政策，通过"徙富民"、"抑豪强"、奖励开荒、移民吞田、减免赋役、兴修水利、鼓励种植经济作物等措施，使得明初经济得到一定的恢复和发展。在政治法律领域，朱元璋则采取"猛"的一手，他总结了历史上封建王朝，特别是元朝灭亡的教训，认为"姑息"是世乱的根源，指出："历代多因姑息，以至奸人惑侮"。他把元朝失去天下的原因归结为"宽松"二字，说"元氏昏乱，纪纲不立，主荒臣专，威福下移，由是法度不行，人心涣散，遂致天下骚乱"。基于这种认识，为了革除官吏贪腐和所谓的"民不从教"的时弊，他在"定礼乐"，"改衣冠"，"别章服"，"正纲常"，"明上下"，对臣民加强封建教化的同时，把"吾治乱世，刑不得不重"奉为治国方针。《明大诰》的问世，即是明初推行重典政策的产物。

就诰文内容的整体结构而言，它主要由三方面构成：一是摘录洪武年间，特别是洪武十八年至二十年间的"官民过犯"案件之要，用以"警戒顽愚"；二是设置了一些新的严刑峻法，用以严密法网；三是明太祖对臣民的"训诫"，即明太祖向人们阐发的"趋吉避凶之道"。在四编大诰中，所收集的案件、峻令、训诫达万件，"它们集中反映了明初社会政治制度、阶级关系、社会弊端等各个方面，体现了朱元璋的治理思想、措施和手段"。将案例、峻令、训诫汇集成法典，从形式上看和唐之编格、宋之编敕、元之典章等颇为相似，但是如果对其加以深入研究，我们可以看出《明大诰》的编纂有许多突出的特色①：第一，列举种种以酷刑惩治吏民的案例，公开肯定

---

① 参见杨一凡：《明大诰研究》，第四、五、六章，南京，江苏人民出版社，1988。

法外用刑的必要性、合理性。《明大诰》总共罗列族诛、凌迟、枭首案例几千件，斩首、弃市以下罪案例万余种，其中酷刑种类有族诛、凌迟、枭首、斩、死罪、墨面文身、挑筋去指、挑筋去膝盖、断手、斩趾、刖足、枷令、常号枷令、枷项游历、重刑迁、充军、阉割为奴等几十种。第二，它是一种"法外之法"，其规定更为严苛，大大加重了犯罪惩罚。《明大诰》中酷刑种类甚多，有大约三十余种，大多为明朝律法所未设。对同一犯罪，《明大诰》的规定要比明律大大加重。如有司滥设官吏或解物之际、卖富差贫等事，依明律杖一百，徒三年，而《明大诰》却用诛族之刑；按明律规定，各衙门文卷隐漏不报，杖八十，收粮违限杖一百，但《明大诰》对这二者均用凌迟，量刑之重远甚于明律的规定。第三，《明大诰》所收集的刑事案件，绝大多数属于惩治官吏的案件。《明史·刑法志》中说《明大诰》："其目十条：曰揽纳户，曰安保过付，曰诡寄田粮，曰民人经该不解物，曰洒派抛荒田土，曰倚法为奸，曰空引偷军，曰黥刺在逃，曰官吏长解卖囚，曰寰中士夫不为君用。"这是从犯罪的内容来分类的。若是从"官"与"民"各自犯罪案件的多寡来统计，这些条目中百分之八十以上是属于惩治官吏的。因此，虽然总的来说《明大诰》的打击矛头是针对全体官、民的，但其侧重面则是打击贪官污吏，"重典治吏"是《明大诰》所强调的主要方面。朱元璋的重典治吏思想，在《明大诰》中表现得格外突出。第四，朱元璋对《明大诰》的颁行和运用极为重视，不仅在序言中要求世世守行之，家传人诵，以为福寿之宝，而且将颁行的《明大诰》作为独立的条目，置于各条之后，要求所有臣民，"务必户户有之，熟观为戒，否则迁居化外，永不令归"。由此可见收藏《明大诰》与否、对《明大诰》的态度怎样，都成了判断是非和奖惩的依据。据《明史·刑法志》记载："（《明大诰》）皆颁学宫以课士，里置塾师教之。囚有大诰者，罪减等。于时，天下有讲读大诰师生来朝者十九万余人，并赐钞遣还。"读书人要学习《明大诰》的内容，更为荒唐的是，拥有《明大诰》的人犯罪了可以凭借一本《明大诰》就减轻处罚。朱元璋就是这样凭借君权，运用强制手段，在全国臣民中大张旗鼓地推行和实施《明大诰》的，这是在其他封建法典的推行中所没有的。

明王朝建立以后，朱元璋"惩元纵弛之后，刑用重典"，但是朱元璋的刑用重典政策，却没有达到预期目的，"治之虽严，而犯者自若"。对此，他不但没有从中得出应有的教训，反而"猜疑多生"，把形势估计得更为严重，认为这是对重刑政策推行不力、对贪官污吏和"奸顽之徒"打击不狠造成的。他说，"民经世乱，欲度兵荒，务习奸猾，至难齐也"，且认为只有靠严刑峻法"救之以猛"，才能"使人知所警惕，不教轻易犯法"。正是在过分地夸大了"乱世"的危机形势和迷信重刑可以"以刑去刑"的双重因素作用下，朱元璋决意继续大力推行其重刑政策。大量的事实表明，朱元璋在利用《明大诰》实行"重典之治"方面，确实是费尽了苦心，但这样做的社会效果最后还是使得盛极一时的《明大诰》落了个灰飞烟灭的下场。对于这个问题明实录等官修史籍极少涉及，但是我们也可以大概了解到。毫无疑问，朱元璋运用重刑打击贪官污吏和豪强地主，有利于减轻广大劳动人民所受的压榨和负担，也在短期内或在一定程度上起到了威慑贪腐现象的作用。明初吏治较之于元代和明代中后期，都要清明一些。当然，这种所谓"清明"，是与那种"上下贿赂公行如市"、荡然无复纪纲、极度腐败的局面相比较而言的。同时还应看到，它是明初实行的一系列吏治措施综合作用的结果。单就颁行《明大诰》本身的社会效果而论，由于朱元璋倡导的是无视正常法制的、无区别的、无节制的大行诛戮，因而人心不服，所取得的效果终究是有限，反而流弊很大，难以持久实行，也就没有达到朱元璋的预期目的。沈家本先生在评论朱元璋推行《明大诰》的得失时说："不究其习之所由而徒用其威，必终于威竭而不振也。"这种看法很有见地，也是符合历史本来面目的。

最后，连朱元璋自己也不得不承认，"其诰一出，恶人以为不然，仍蹈前非"，"犯若寻常"（《御制大诰三编》序）。然而由于朱元璋始终未能彻底摒弃他的"以威为治"的主张，因而直到他逝世，仍然很重视《明大诰》的推行。由于"大诰"倡导的是"对人极度蔑视"的封建强权主义和无节制的滥杀政策，理所当然它受到人民的反对。朱元璋死后不久，《明大诰》就被其继承者所抛弃。由此我们可以看出法律的生命在于它和社会的契合度，一部法律如果只是靠统治者的淫威而勉强适用，就算其暂时能够达到整治社会的目的，长久来看其弊端是不言而喻的。没有人民从内心对法律的敬畏，法律也只是一个器具而已，难以成为一种法治精神。如今颁布一部法律，要经过大量的社会调研，广泛地征询人民群众的意见，这种做法可以防止法律只是上层领导机构闭门造车的结果，在其实施时更好地为人民所信服。另外一点我们也不能忽视，那就是法律的稳定性。朱元璋在法律之外设置了太多的法外刑，这样就破坏了法律的整体性、严肃性和稳定性。如果法律随着个人喜好不断变化，这样的法律也必然不能长久。

今诸吏傲然自姿，任其陈请，不论勤惰，不察贪廉，充囊盈匣，然后乞一善地而去。

摘发巨奸疏
（节选）

（明）袁宏道

袁宏道（1568—1610），
晚明著名文学家

（其一）职等两奉明旨，心切冰兢，犹幸圣明不即罢斥，使得徐议其后。百年阴翳，一朝可使清明，此真千载一时也。夫此么么，虫豸耳，而至于上干圣虑，下烦白简①，堂堂曹司，岂有无官，木面石心，犹当汗泚②。若犹谓此辈盘踞根深，党众满堂，绍兴三窟，狡穴未可遽③除，前此选郎略加裁抑④，兴谣造谤，今犹未已。则是鉴衡之地，永为溷⑤垢之府，而官斯地者，幸以猫鼠为猎

① 白简：古时弹劾官员的奏章。《晋书·傅玄传》："玄天性峻急，不能有所容；每有奏劾，或值日暮，捧白简，整簪带，竦踊不寐，坐而待旦。"
② 汗泚：出汗，多形容羞惭。
③ 遽：立刻，马上。
④ 裁抑：制止，遏止。《后汉书·党锢传序》："是以圣人导人理性，裁抑宕佚，慎其所与，节其所偏。"
⑤ 溷：肮脏，混浊。

华之阶，倒置太阿①，阿顺②狼犬，不复知人间有羞恶事矣。夫今之议革者，效劳官耳。所谓效劳者：曰上本官，上纳章疏者也；曰本科，书写本章者也；曰门官，曰堂官，曰长班官，传呼引导者也；曰书火房，仆役使令者也。其人无他事权，止供奔走，蠲③除甚易。至有不居效劳之名，而享高厚之实，其得官更易于效劳数等者，都吏、当该是也，不可不并议也。夫都吏、当该，其本分职役也。平日瞒天作弊，招权纳贿，无所不至。未几，而乞考中、乞复考矣；又未几，而京卫经历、州判官矣。此而不问，是舍豺狼而问狐狸也。彼效劳诸人，身尝百苦，且多杂职，间有加纳丞、薄者，皆彼自有之官，比之外人，特其选除稍速而地稍善，已为人情所共愤。彼都吏、当该，攫金④白昼，坐拥高赀，视考中为本有，视州卫有司为固然，其为人心之愤，又当何如邪？

（其二）所以然者，各衙门皆有荆杖桭子所以惩奸，而吏部无也。疾言厉色，亦不敢加，而况于刑法乎！诚不知有何体面，而互相顾惜如此。则各署皂隶⑤之设，似不可不急议也。夫州县胥，月加考察，尚犹丛积弊端。今诸吏傲然自姿，任其陈请，不论勤惰，不察贪廉，充囊盈匣，然后乞一善地而去。彼又何乐而为善，何畏而不为恶乎？夫京官六岁一察，而又有不时之纠举，此辈独否，是其尊崇在京轶上矣。则每岁考核之法，似不可不急议也。职等每见堂翁，动以惩奸为谕，又蒙首谕朱国梁之奸，不可不防。今其奸露矣，果如堂翁所云矣。伏乞参送法司，严加究问，仍将考核警省吏书之法，与前效劳官一并议处。庶铨法情，而明旨不为故事矣。

---

① 太阿：宝剑名。倒拿着剑，把剑柄给别人。比喻把大权交给别人，自己反受其害。

② 阿顺：曲意顺从以博取他人的欢悦。《金史·本纪第六世宗》："以辅朕之不逮，慎毋阿顺取容。"

③ 蠲：除去，免除。

④ 攫金：盗劫财物。《列子·说符》："昔齐人有欲金者，清旦衣冠而之市，适鬻金者之所，因攫其金而去。吏捕得之，问曰：'人皆在焉，子攫人之金何？'对曰：'取金之时，不见人，徒见金。'"后以"攫金"谓盗劫财物。

⑤ 皂隶：古代称之为贱役。后专指旧衙门里的差役。《左传·隐公五年》："若夫山林川泽之实，器用之资，皂隶之事，官司之守，非君所及也。"

【解析】

袁宏道（1568—1610），晚明著名文学家，字中郎，袁宗道弟，袁中道兄。他在三袁中成就最高，系"公安派"主帅。提到袁宏道，人们大都津津乐道他在文学方面的成就。他于青少年时期就显露了卓越的才华和组织能力，16岁在县城南结文社，自命为社长，主张文学要表现个性和真性情，同时他在这江南文人荟萃之地，提出了"独抒性灵，不拘格套"的著名的"性灵说"，竖起了"公安派"文学革新运动的旗帜。但是少有人知道的是袁宏道一生多次为官，他的文风体现了他的为人，继而影响到他之后为官的作风。袁宏道为官期间改摄选曹，惩奸立法，颇有一番作为。

袁宏道生活在明朝后期，在明朝建国之初，太祖朱元璋为澄清吏治不惜使用重典。① 其在立法上采用"礼义纲常，御世之防"与"今制宜遵唐旧"的指导思想，在法律实践上举行"人心离散，祸在有司"与"重典治吏"的法制实践。朱元璋颁布《大诰》，建立起以《大明律》为中心的明朝法律体系，以法律修辞取代传统的政治修辞，法律在社会统治中的作用大大加强。通过确认回避制度、御史对于皇权政治的批评权以及确认以考试来选拔官吏，制约了皇权政治的权力和力量。《明史》上说："一时守令畏法，洁己爱民，吏治焕然不变。"由于吏治清明，经过洪、永、仁、宣，成就了中国历史上的又一盛世。明朝共历16帝276年，普遍认为明朝国祚由盛及衰是从万历开始。从万历初政治清平、国家富足到后期王道衰落、朝纲败坏，与最高统治者对于法制的破坏密切相关。明后期宦官肆虐，他们操纵厂、卫，除掌握司礼监及使厂、卫合流之外，另增设内行厂，比厂、卫更加凶狠残酷地荼毒臣民、干涉司法。同时引进爪牙，培植死党，逐步侵夺内阁大权，制造冤狱，使国家的司法机关成了它们的附庸。朝野上下，一切均为阉宦所左右。这一时期官吏形同虚设。《明史》、《循吏传》是专门记叙清官的，共收有明一代270余年清官40人（附传不计），而其中万历年间以前的清官就达30人，占总数四分之三。可见明朝前期清官多，而中后期清官少之又少。

吏治的沉浮是国家盛衰的晴雨表。被称为流寇的明末农民大起

---

① 参见毛佩琦：《"甲申"与晚明政治史的启示》，载《北京日报》，2004 - 04 - 12。

义，其爆发的直接原因是连续的旱灾，但根本原因是官民矛盾冲突。在这样的时代背景下，袁宏道个人的仕途经历也在历史的潮流中起起伏伏。袁宏道第一次为官是在万历二十年（1592年），举为进士，万历二十二年（1594年）九月其赴京调选，授吴县知县，翌年三月到任。吴县为苏州府的附郭县，"官务繁剧，赋税甲于天下，吏奸胥猾。袁宏道皆能洞悉其弊，并采取一定措施，革除秕政，且两袖清风，以身作则"。致仕在家的大学士申时行，对这位二十八九岁的县令称誉有加，钱希言《锦帆集序》有云："大都使君所为政者，先宽平，持大体，不以杀而以字。少师申公尝语余曰：二百年来，无此令矣！"袁宏道当政，有公安人正直刚烈、疾恶如仇的特点。当时吴县的税赋在全国最重，狡猾的胥吏涂改册籍，从民间多征赋税，百姓对此一无所知，袁宏道却一目了然，摘录其中若干条假造的名目，质问狡猾的胥吏说："这是怎么回事？"胥吏做贼心虚，不敢欺瞒，一一交代，低头认罪，袁宏道当场将他们绳之以法，并清除了额外征收的赋税，吴县的百姓奔走相告，十分高兴。袁宏道断案迅速，机灵敏捷，精明过人，被老百姓形象地称赞为"升米公事"。如果不是重大的案情，他就不使用严厉的处罚或使用以钱财赎罪等手段，只对犯法者使用杖刑表示一下惩戒罢了，因此公署门口的酒肆门可罗雀，最后关门大吉。当时县里的小吏，仗着是朝廷的人不干正事专门坑害百姓，盘剥乡里，袁宏道知道他们只会坏事，就不给他们分配公差，让他们没有借口盘剥百姓，时间一久，这些小吏觉得无利可图便纷纷离开。一年时间，袁宏道就把吴县治理得井井有条，人民安居乐业，心平气顺，以至于后来的苏州人对袁宏道念念不忘。

万历三十六年（1608年）暮春，袁宏道至京师就任吏部验封司主事，兼摄文选司主事，公务繁重了许多。面对明廷中央吏部选官积重难返的诸多弊政，袁宏道并非迂腐书生，而是能够有条不紊地澄清吏治，发奸撼伏，并立年终考察书吏之法；上书《摘发巨奸疏》，在上疏中，他直言不讳揭发当时文选司都吏朱国梁与郭元勾结蒙混图官之事，痛斥这种官场恶习，"玩弄司官，有如小儿，天下有如此铨司乎？"在明朝后期采用掣签授官法选拔官吏①，尽管这种方

---

① 参见刘渝龙：《明后期掣签法论述》，载《江西社会科学》，1996（10）。

法在前期收效一时，但施行到后期已经出现了很多弊端，类似这种买卖官职的事情并不少见。所谓"掣签授官法"，首先是施行于急选，然后援用于大选，在开选之前，吏部一方面得在各签上写明该选之地，并将签分别归入按北五省、中五省、南五省之分别而设置的北、中、南三个签筒中，同时将由本部划拟、经皇帝审批的选人当授何职填于榜上，在开选之日，吏部引选人至东阁进行唱名抽签，选人从榜上获官职，从签上定地方。明后期实施的掣签法本是吏部捍卫部权、与内阁抗衡的产物，在其施行之初，权贵们"请寄无所容"，收到了喜人的效果，一时选人盛称此法公正无私。由于吏部一方面将选官权委之于签，另一方面又不能真正按照掣签法的规定行事，这就使得外官遴选工作存在很大弊端。首先，这种方法使得选贤任能的原则变成一纸空文，选人不看其品德、能力如何，全都听天由命，常常出现贤能的人得到了恶地卑职，平庸的人得到了善地美缺；其次，选签制度后期，都是由吏部文选司官员制作官签和地签，这样就使得他们有了极大的权力可以弄虚作假、营私舞弊；最后，选人的出身也使得吏部执行掣签法的宽严程度不同，这样就是借掣签之名行择签之实。袁宏道在任期间正是遇到了当时文选司都吏朱国梁，其在急选之日，方才定签。朱国梁想拉拢袁宏道让他一起徇私舞弊，在掣签时帮忙，将贪污所得分与袁宏道，被袁宏道严词拒绝。袁宏道在上疏中描写了这一奸臣舞弊的场景："及掣签之时，国梁倚案而立，诡与选人争夺，所谓刘邦太者，竟得渔阳矣。神谋密算，如取诸奇，则其阳骗阴局者，又不知当几人也！职等闻之选人：每次大选，都吏、当该，所得不下数千余金。始犹以为过，及目击国梁此事，然后知其所得，有过于选人所云者……几二十年，实不见天下有如此凶狡之吏，亦不见天下有如此木偶之官。"可见他对这种制度流弊的痛恨，他上疏言说这种制度害民生，真乃第一弊政，主张革除积弊，严防类似朱国梁这样的奸臣，加强法治，对其行为严加究问。他主张建立考察书吏制度。他认为对州县的官吏每个月都考察尚且有众多的弊端，如今诸多官吏为官傲然，倘若没有一套得当的考察方法来约束，他们是不可能在任上造福百姓的。他认为京城的官吏考察办法应该改变"六岁一察"的制度，而采用"每岁考核"的方法，对于类似朱国梁的行径，他痛心疾首地上奏说："今其奸露矣，果如堂翁所云矣。伏乞参送法司，严加究问，仍将考核警省吏书之法，与前效劳官一并议处。庶铨法清，而明旨不为故事矣。"可见袁宏道为官始终有文人黑白分明和疾恶如仇的特点。

除了上文所提袁宏道在摄理选曹期间对当时积弊力主革除外，袁宏道还熟悉律令条文，处事明决，精于吏治。明代为了严惩恶吏悍卒，在法律上明文规定：对于犯有死罪的吏卒，允许各衙门长官先斩后奏。《大明律·明例·吏卒犯死罪》记载："凡在外各衙门吏典、祗候、禁子，有犯死罪，从各衙门长官鞫问明白，不须申禀，依律处决。然后具由申报本管上司，转达刑部，奏闻知会。"对于那些奸诈作恶的小吏，袁宏道往往以迅雷不及掩耳之势，将其拿下处决，从而加强了法治，使得他治理之下少有猾吏为非作歹。总的说来，袁宏道不仅文学方面是"三袁"中最有建树的，在法律思想上也有自己独到见解，为官能造福一方，为政能大胆抨击官场弊病，是不可多得的良才。

从古代的吏治到如今的反腐倡廉，官员的清廉关系到执政者的地位稳固，关系到国家的兴旺发达，正如郭沫若先生断言："无论灾荒或盗贼，事实上都是政治促成的。"这实在是一卓见。统治者为了自身的利益何尝不想长治久安？明宣宗曾登万岁山（即今北京北海琼华岛），说："此元之故都也。世祖知人善任使，信任儒术，爱养民力，故能浑一区宇，以成帝业，至顺帝，在位既久，肆意荒淫，怠于政事，纪纲法度荡然，因之失国。使顺帝能恭俭，长守世祖、仁宗之法，天下岂为我祖宗所有？"但是"三袁"生活的时代，尤其是万历朝中后期，由于政治、经济、社会思潮的变化，引起士子群体心态的巨大变化，在思想意识、人生追求等方面表现出与传统的背离。而且万历帝无德荒淫、贪财怠政，为供其挥霍而广派矿监税使四处捞钱，致使珰虎横行成为万历年间一大顽症；因在立太子问题上与辅臣不合，长达数十年怠政致使缺官不补，朝政混乱。袁宏道辞去吴县县令一职，固然是因为他对行政工作不胜其烦，但更让他烦心的是明后期官场的混乱和黑暗。他在给友人丘长孺的信中写道："弟作令，备极丑态，不可名状。大约遇上官则奴，候过客则妓。"在给好友沈凤翔的信中写道："人生作吏甚苦，而作令尤苦，若作县令，则苦万万倍，直牛马不如矣。何也？上官如云，过客如雨"，"朝夕趋承检点，尚恐不及。苦哉！苦哉！"可以看到袁宏道言辞辛辣，把官场的趋炎附势讽刺得入木三分：接待比自己大的官，要整日围前围后，点头哈腰；接待过往的公差，自己又像个娼妓，要笑脸迎送，见人说人话，见鬼说鬼话，脸面失尽。袁宏道展示了中国传统文人"不为五斗米折腰"的气节和对趋炎附势的不屑一顾，同时也是由于袁宏道深受以狂怪著称的思想家李贽的影响，虽然其不如李贽决绝，但其在入京以后，读书渐多，视野渐广，思想及性情都有所变化，不再对整个社会采取反抗的态度，而是在仕、隐之间徘徊。作为文人士子的袁宏道，其精神世界中本就有清净、淡泊的文士情怀，在其青年时代就表现出对陶潜人格的仰慕和对隐居生活的向往，但这种情怀由于高扬自我、追求个性所激发的强烈欲望而退缩心灵一隅，归心净土后的自我抑制使消极、退让的心境又占了上风。他生性酷爱自然山水，甚至不惜冒险登临。他曾说"恋躯惜命，何用游山？"于是袁宏道"顺天府任职越二年，补礼部仪制司主事，数月即请告归。后迁官至稽勋郎中，不久即谢病归里"，结束了他的为官生涯。

请开制度局议行
新政折

（清）康有为

奏为请速开制度局以改行新政、恭折仰祈圣鉴事：

窃臣自去年上书，条陈变法，其首重要，即在制度局，请设制度局，蒙皇上发交王大臣会议。近者面对，再详奏请，荷蒙圣明嘉许，及进呈《日本明治变法考》，于明治变法时，先开制度局一事，剀切详明，言之切至。连闻圣明垂注，频咨议臣，累经催问，乃至今累月，未闻议定施行，虽雷霆震厉，而群臣置若罔闻，臣窃异之。

康有为（1858—1927），近代著名政治家、思想家、社会改革家

今者涣汗大号，新政日颁，我皇上急于求治，勇于求言，虽大舜闻善，若决江河，不足数也。故有嘉谟则必行，有刍荛而必采，比之昔者，若盲聋之获明目，若白骨之忽昭苏，天下欣喜，想望自强。虽然，臣窃窃有忧之，颙颙不能不言之。则以医多而药杂，方乱而病生也。臣虽至愚，然尝讲求古今之治迹，斟酌中外之政法矣。

凡治病之方，有先后缓急之宜，轻重表里之别。医病即尔，治国尤然。其次序有先后者，必不可少乱，其条理宜繁详者，必不可阙一，辟若工程家之营大宫室也，先有大匠，绘定图说，基址若干，高下若干，堂室阶庭廊窗门柱若何，砖石土木灰钉漆铁若干，用何国之新式，参何国之异样，沽价需金若干，然后鸠工庀材，划界行基，立门构堂，乃可次第举也。

若夫绘图未定，则基界未画，堂室阶庭廊窗门柱未定样，砖石土木灰钉漆铁未知数，用何国式，皆未商定，但贸贸然日鸠工庀材，督其营筑。或言某堂室宜构，则听其言而构之；或言门庭宜筑，又听其言而筑之；或言某窗柱宜如何式，又听其言而制之；或言某土木铁石宜若何备也，又听其言购之。及其全功落成，则必门窗不通，堂庭相背，瓦缝不能交合，木榫不能互入，必至天光不蔽，道路不通，墙壁遮塞，岂徒贻笑邻里，亦且靡费失时。及乎猝有巨风淫雨之交侵，终至感寒而无所依蔽也。

岂惟经营一工程哉？即制一衣，事至微小，若不预计身度之，长短肥瘦宽狭，须料若干，若者为领为袖，若者上衣下裳，而漫听人言，谬执刀尺，随意剪截，应手零碎，缝以针线，缉而成工，被而衣之，必难蔽体。或障左肩而露右肘，或拖手足而失胸背，既失笑为狂疾，且难御夫风寒。今频颁新政，而不先开法度局以总裁之，定其千条万理之宜，明共先后缓急之序，而漫听群臣之条陈，遽为涣汗而颁下，枝枝节节，不相凑合，乱次而济，散无友纪，何以异于所笑营室裁衣者之所为也。

臣愚过虑，恐行之久而鲜效，必将为守旧者所藉口而反之也。且欧、美之新法，固中国所未有，人士未习也。骤取法之，推行之初，必多致误，即使考求极详，施行极细，犹恐以生疏失败，迁地难良，故在彼为良法者，在我或为苛政，此又非审慎至详，推勘至极，不易实施也。况守旧诸臣，忧疑惊惧，阳为奉令，阴实阻挠，皇上日月至明，雷霆至厉，而勋旧亲贵，遍于当路，似宜思有以位置安全之，免其怨望，以生危殆，此亦为政之略，宜兼筹并顾者也。

伏乞皇上躬秉乾断，立开制度局，造一国之才，而公议定之。统筹全局，乃次第施行，其于变法，庶能少弊。若夫吾国法律，与万国异，故治外法权，不能收复。且吾旧律，民法与刑法不分，商律与海律未备，尤非所以与万国交通也。今国会未开，宜早派大臣及专门之士，妥为辑定，臣前所亟亟请开法律局为此也。请附于制度局并设之，臣惓惓之愚，长虑过计，极言上陈，惟圣上留意幸察，伏惟皇上圣鉴。谨奏。

【解析】

由康有为等人领导的"戊戌变法"运动在中国近代历史上留下了浓墨重彩的一笔。这项运动自 1898 年 6 月 11 日轰轰烈烈地开始，到当年的 9 月 21 日戛然而止，历时仅仅 103 天。103 天后。赞成并推行变法的皇帝被软禁，两个主要的领导人逃亡海外，六位维新人士被处以死刑，约四十位官员被革职。

康有为的这封《请开制度局议行新政折》的奏折录自《戊戌奏稿》，所署日期是"七月"，没有具体时日，应该是康有为在 1898 年 7 月上书给光绪皇帝的，此时变法已经进入中期，一些具体的改革措施已经提出来，但是在实施上却还没有获得好的效果。应该说康有为的眼光是很敏锐的，他很快发现了变法的不力方面，因而上此奏折，建议设立制度局来领导改革措施的实施，不然改革将似无头苍蝇，处于一种无序状态。康有为等人推行的变法措施概括而言主要是：政府组织的改造、预算的编制、军队的现代化、教育制度的革新和文官制度的改组。除去军队的现代化外，其余的改革措施都涉及一个共同的话题：国家行政组织制度的改革。所以，"戊戌变法"不妨称之为一场有关行政组织体制的变法，或曰一场"编预算写宪法的改革"[1]。

当我们用"有关行政组织体制"的改革来看待这场发生在洋务运动失败之后、义和团和辛亥革命之前的变法运动的时候，康有为的这篇《请开制度局议行新政折》对此次行政组织体制的改革起着至关重要的作用。此次变法运动的主要方式是由皇帝颁布诏令自上而下地实施，好像诏令的颁布就等于工作已经完成，但是改革实际远不是这样简单的，何况是政治改革呢。康有为在推行他的变法思想的时候应该也看到措施实施的不力，而这篇《请开制度局议行新

---

[1] "编预算写宪法的改革"系黄仁宇语，参见黄仁宇：《中国大历史》，287 页，北京，三联书店，2007 年。

政折》的奏折即是他对变法改革措施实施的看法。他认为改革需要有一个"提纲挈领"的总领机构和中心，以此来理清变法的条理和变法措施实施的轻重缓急，从而避免在变法过程中"漫听群臣之条陈，遽为涣汗而颁下，枝枝节节，不相凑合，乱次而济，散无友纪"；在制度局的调度之下，也可不落口实给反对者，不使他们阳奉阴违。从变法措施的实施角度讲，设立制度局，可以使得变法措施顺利实施，引导从未接触过欧美新法的民众适应新法，不至于使欧美的良法在法律移植过程中成为苛政，即康有为在此奏折中说所的"犹恐以生疏失败，迁地难良，故在彼为良法者，在我或为苛政"。这样的话，制度局即是此次变法的实施机构，一切变法措施皆从此出。

那么制度局为何物呢？在"戊戌变法"之前，康有为第六次上书给光绪帝的《应诏统筹全局折》的奏折中，他阐明了制度局的内容。康有为首先即认为维新的三要义之三即"开制度局而定宪法"，"设制度局于内廷，选天下通才十数人，入直其中，王公卿士，仪皆平等，略如圣祖设南书房，世宗设军机处"①，并且在制度局下设十二局分管不同事务：法律局、度支局、学校局、农局、工局、商局、铁路局、邮政局、矿务局、游会局、陆军局、海军局。这和现在的在国务院之下设置外交部、教育部等部门类似，但不同的是属于立法部门的法律局在制度局之下，制度局则在皇帝之下。这即是康有为的制度局思想，其意在因为突然的改革会遇到很大的阻力，所以设立制度局总领改革纲要，制度局的设立乃是变法的根本。但这样的行政组织改革措施彻底颠覆了清朝以前的行政组织制度。康有为接触到"三权分立"学说，他说"近泰西政论，皆言三权：有议政之官，有行政之官，有司法之官。三权立，然后政体备"，但是三权分立的思想根本不能适用于当时的皇帝集权于一身的中国，所以康有为抛弃了此学说中限制皇权的重要方面，将"三权分立"的思想予以改造后适用：设制度局由皇帝总领，下设立法和行政等机关，制度局不是一个代表民意的立法机构，仅是皇帝的咨询机构。这样，

---

① （清）康有为著，汤志钧编：《康有为政论集》，211～217 页，北京，中华书局，1981。

从顽固派手中夺取的是议政权和立法权，但没有削弱皇帝的权力，从而获得了皇帝的支持。事实上，光绪帝后来也裁撤了比如詹事府、通政司、光禄寺、鸿胪寺、太仆寺、大理寺、粮道和盐道等衙门机构，以此推行行政组织的改革。

在国家考试制度上，康有为等人实施废除八股文，改试政治经济的策论，读书人入仕为官必须考实学，所以行政组织制度的改革配合考试制度的变化，两者形成康梁等人变法在政治上的主要措施。这两件事如果成功，那么中国应该会很快成为一个现代国家。但是恰恰是这两项措施招致权贵和读书人的激烈反对。虽然康有为设制度局的思想在设计上没有削弱作为统治者的皇帝的权力，但是却得罪了形成或者维护皇权的封建势力以及广大士族文人。康有为争取到皇帝一人对变法的支持，但是却失去了在这个帝国中作为精英的那部分人的支持。从这方面来说，康有为设制度局的思想还是太单纯了，以为"保皇"则可推行政治制度的改革。在康有为的观念中误以为中国传统政治只是皇帝专制，若皇帝听话，则可由皇帝专制变为皇帝立宪，所以康有为的看法是推行宪法和行政组织制度的改革，不必废除皇帝，但他没有看到皇帝背后的满族（部族政权）势力，低估了封建权贵和士族文人对改革的阻力。所以，康梁等人大刀阔斧推行的变法改革，从一开始就走上了一条错误的道路。康有为苦心设计的制度局制度，要裁撤冗员，因而得罪为官者和权贵；废除八股的考试制度改革，使得寒窗十载的读书人觉得所学竟前功尽弃！所以对康梁等人无不咬牙切齿。这些都为后来"戊戌变法"的失败埋下伏笔。

在我国历史上，当政权建立多年之后，统治出现问题，欲再来对行政组织制度和政治体制进行改革的，这样的改革鲜有成功者，王莽新政失败了，王安石变法失败了，"戊戌变法"也失败了。对行政组织制度进行变革，其自身所带有的阻力是很大的，其中的利益关系千丝万缕，改革措施的不慎，很有可能会破坏统治秩序或者招致强大的反对势力，因而导致改革的失败。这些失败的变法运动都是前车之鉴，不得不引起我们的深思。

康有为等人领导的"戊戌变法"很快就以失败告终，但是我们今天再来审视这场运动的时候，不能不对当初这些倡导改革，从而谋求国家富强的维新人士抱以敬佩之情。当时，我们在甲午战争中败于日本，国家处于风雨飘摇之中。正是在这个时候，康有为等人提出变法改革的思想，而这个针对行政组织制度改革提出的制度局设计方案，统筹全局，可谓石破天惊！在这篇奏折中，康有为还提出：我国的法律和西方国家不同，应该设立法律局，这样才可收回治外法权；应该将民法和刑法分开，制定海商方面的法律，这样才可和国外进行通商交流。这些都是制度局方案之下的重要内容。

康有为对行政组织体制改革提出的制度局设计的思想，应该说在后来的清末修律和民国甚至现在都得到部分实现：清末修律，我们将民法和刑法分立，移植了西方的法律制度；民国实施三权分立，设立考试院等，虽然不是对康有为制度局思想的实施，但在设计上也和康有为制度局的思想有某种暗合；今天，我们在国务院下成立各部委，对公务员招考实施申论和行政职业能力测试，这虽然不是直接对康有为制度局思想的实施，但其中也存在些许相似之处。从这方面来说，康有为对行政组织体制改革提出的制度局设计的思想，是极其超前的，也是极其先进的一种思想。

盖立宪者，国家有一定之法制，自元首以及国人，皆不能为法律外之行动。

异哉！所谓国体问题者（节选）

（清）梁启超

《诗》曰："民亦劳止，汔可小息。"自辛亥（宣统三年，1911年）八月迄今未盈四年，忽而满洲立宪，忽而五族共和，忽而临时总统，忽而正式总统，忽而制定约法，忽而修改约法，忽而召集国会，忽而解散国会，忽而内阁制，忽而总统制，忽而任期总统，忽而终身总统，忽而以约法暂代宪法，忽而催促制定宪法。大抵一制度之颁行之平均不盈半年，旋即有反对之新制度起而摧翻之，使全国民彷徨迷惑，莫知适从，政府威信，扫地尽矣。今日对内对外之要图，其可以论列者不知凡几。公等欲尽将顺匡救之职，何事不足以自效？何苦无风鼓浪，兴妖作怪，徒淆民视听，而诒国家以无穷之戚也！

吾言几尽矣，惟更有一二义宜为公等忠告者：公等主张君主国

梁启超（1873—1929），字卓如，号任公，维新派代表人

体，其心目中之将来君主为谁氏，不能不求公等质言之。若欲求诸今大总统以外耶？则今大总统朝甫息肩，中国国家暮即属纩，以公等之明，岂其见不及此？见及此而犹作此阴谋，宁非有深仇积恨于国家，必绝其命而始快？此四万万人所宜共诛也。若即欲求诸今大总统耶？今大总统即位宣誓之语，上以告皇天后土，下则中外含生之俦实共闻之。年来浮议渐兴，而大总统偶有所闻，辄义形于色，谓无论若何敦迫，终不肯以夺志。此凡百僚从容瞻觐者所常习闻，即鄙人固亦历历在耳。而冯华甫上将且为余述其所受诰语，谓已备数椽之室于英伦，若国民终不见舍，行将以彼土作汶上。由此以谈，则今大总统之决心可共见也。公等岂其漫无所闻，乃无端而议此非常之举耶？设念及此，则侮辱大总统之罪，又岂擢发可数？此亦四万万人所宜共诛也。

复次，公等曾否读约法？曾否读暂行刑律？曾否读结社集会法？曾否读报律？会否读一年来大总统关于淆乱国体惩儆之各申令？公等又曾否知为国民者应有恪遵宪典法令之义务？乃公然在辇毂之下，号召徒众，煽动革命［凡谋变更国体则谓之革命，此政治学之通义也］。执法者惮其贵近，莫敢谁何；而公等乃益白尽横行，无复忌惮。公等所筹将来之治安如何，吾不敢知；而目前之纪纲，则既被公等破坏尽矣。如曰无纪纲而可以为国也，吾复何言；如其否也，则请公等有以语我来。且吾更有愿为公等进一解者，公等之倡此议，其不愿徒托诸空言甚明也，其必且希望所主张者能实见施行。更申言之，则希望其所理想之君主国体，一度建设，则基业永固，传诸无穷也。夫此基业果遵何道始能永固以传诸无穷？其必自国家机关令出惟行，朝野上下守法如命。今当开国承家伊始，而首假涂于犯法之举动以为资，譬诸欲娶妇者，横挑人家闺阃以遂苟合，曰但求事成而节操可毋沾沾也；则其既为吾妇之后，又有何词以责其不贞者？令在共和国体之下，而曰可以明目张胆集会结社以图推翻共和；则他日在君主国体之下，又曷为不可以明目张胆集会结社以图推翻君主？使其时复有其他之博士提出别种学说，有其他之团体希图别种活动，不知何以待之？《诗》曰："毋教猱升木，如涂涂附。"谋国者而出于此，其不智不亦甚耶？孟子曰，"君子创业垂统，为可继也。"以不可继者诏示将来，其不祥不亦甚耶？昔干令升作《晋纪总论》，推原司马氏丧乱之由，而欢其创基植本异于三代。陶渊明之诗亦曰："本不植高原，今日复何悔？"呜呼！吾观于今兹之事，而隐忧乃无极也。

　　附言：吾作此文既成后，得所谓筹安会者寄示杨度氏所著《君宪救国论》，偶一翻阅，见其中有数语云："盖立宪者，国家有一定之法制，自元首以及国人，皆不能为法律外之行动。贤者不能逾法律而为善，不肖者亦不能逾法律而为恶。"深叹其于立宪精义能一语道破。惟吾欲问：杨氏所长之筹安会，为法律内之行动耶？抑法律外之行动耶？杨氏贤者也，或能自信非逾法律以为恶，然得毋已逾法律以为善耶？呜呼！以昌言君宪之人，而行动若此，其所谓君宪者，从可想耳，而君宪之前途，亦从可想耳。

【解析】

　　1915 年梁启超已经 42 岁了，当时的中国已经由清朝过渡到民国时期，具体而言当时是北洋的军阀们把持着政权，而北洋又以袁世凯为主。袁世凯自 1912 年 3 月任临时大总统，次年 10 月由国会选举成为第一任大总统，但这并不能满足其对权力的欲望。通过修改总统选举法，他将任期制改为终身制，一步步扩张自己的权力，最终到 1915 年的秋天开始轰轰烈烈的复辟帝制活动。袁世凯授意杨度组织团体，拉拢孙毓筠、严复、刘师培、李燮和、胡瑛等人，成立"筹安会"，所谓的"筹安会"打着学术团体的招牌，美其名曰"筹一国之治安"，"研究君主、民主国体何者适于中国"，但是其实质是一个政治团体，积极鼓吹和请愿实行君主立宪政体，为袁世凯复辟帝制鸣锣开道和制造舆论。在此之前，梁启超本来是比较看好袁世凯此人的，意图把袁世凯约束在资产阶级的法治轨道之内，但是到 1915 年的时候，袁世凯的长子袁克定意图拉拢梁启超作为复辟帝制的人员，当梁启超从中察觉袁世凯的意图之后，即表示反对，并由北京避走天津，随后南下。到 1915 年秋，筹安会成立，并风风火火地鼓吹君主立宪的时候，梁启超察觉出时局的变化，所以写下这篇反对袁世凯称帝的文章。据记载，该文写作时间是 1915 年 8 月 20日，于当年 9 月初发表在北京和上海等地的报纸上。梁启超在文章的第一部分提出"国体政体不相蒙"（即两者间无关系）的理论；

之后他驳斥了筹安会鼓吹的"与其共和而专制，孰若君主而立宪"论说；文章的第三部分驳斥了主张恢复帝制论者持之最力的一个论据，即所谓"选举总统时易生变乱"说；第四部分提出在共和制下"君主国体难以规复"的著名论断（即封建帝制已经不能恢复）；最后，主要是以含蓄曲折的笔法对袁世凯加以讥讽，并对筹安会里的杨度等人进行忠告，在共和政体下，袁世凯和筹安会等人不遵守法律，明目张胆逆潮流而动推翻共和而行帝制，如此倒行逆施，那么在君主政体下，他人也可违反法律而推翻帝制（即立法者都违法，那怎么可以期待守法者来守法呢）。故而在这里，我们只是节选该文的结尾部分，做法律上的解读。试图理解梁启超反对袁世凯称帝的缘由。

在"戊戌变法"及后来和革命派的论战中，梁启超等维新人士都是作为保皇派出现在变法和论战中的，其主要的思想是通过和平的变法道路使国家走向富强。作为维新派和保皇派，其践行的思想即为君主立宪政体，这从"戊戌变法"中康有为和梁启超等人依靠光绪皇帝实施变法即可看出。那么，按理说袁世凯意欲走的道路应该是梁启超以前赞成的道路，何以在袁世凯复辟帝制时，梁启超反而是反对最为激烈的？他不只写下这篇洛阳纸贵的《异哉！所谓国体问题者》，还密会蔡锷商讨讨袁计划，并南下亲自参与和策划护国战争，最终迫使袁世凯取消帝制。袁在次年的六月因病逝世，死前疾呼"杨度误我！"而杨度正是替袁世凯策划复辟的筹安会的主要人物。杨度后来为袁世凯写下挽联一首："共和误民国？民国误共和？百世而后，再平是狱；君宪负明公？明公负君宪？九泉之下，三复斯言"，这也算是对那场发生在1915年的复辟闹剧的一个总结或者评价。

梁启超认为一个国家无论施行何种政体，都既可以致使国家富强，也可以致使国家衰落，所以政体和国家强弱并无多大关系，而和政治治理有关系。当时的中国刚刚从清政府的封建统治过渡到民国的共和政治，但是在治理制度上却在短时间内多有变动，如梁启超在此文中所言，"忽而满洲立宪，忽而五族共和，忽而临时总统，忽而正式总统，忽而制定约法，忽而修改约法，忽而召集国会，忽而解散国会，忽而内阁制，忽而总统制，忽而任期总统，忽而终身总统，忽而以约法暂代宪法，忽而催促制定宪法"，这导致的结果是使得国民彷徨迷惑、政府威信扫地。此时，若再在国家体制上由共和变为君主立宪，会使得国民、政府以及国家都陷入更大的恐慌和混乱之中。除此之外，梁启超更大的担心在于，在当时已经实施共和政体的情形下，再来施行以前推翻了的封建帝制，在梁启超看来这是不可能的，两千多年来树立的对君主的神圣崇拜，一经打破，那么重新来塑造，意图复辟帝制，只能招致人民的嗤之以鼻和极力反对。所以，梁启超在文章的结尾用委婉的说法来阐述复辟帝制的不可能。他忠告筹安会等人士"公等主张君主国体，其心目中之将来君主为谁氏"，如果一定要施行帝制，那么这个皇帝由谁来做呢？这里梁启超给袁世凯和筹安会等人出了一个两难的题目：如果施行帝制，不让袁世凯做皇帝，这对"忧国忧民"、"夙兴夜寐"的大总统来说，是不合适的；但如果让袁世凯做皇帝，又是对袁大总统的侮辱，因为袁世凯自己曾多次公开声称自己决不做皇帝，并且"冯华甫上将且为余述其所受谍语，谓巳备数橡之室于英伦"。意指1915 年 6 月冯国璋进京试探袁世凯称帝之事，当时袁世凯否认有称帝之心，并说如果有谁逼他做皇帝，那他就去英国隐居终老。所以，在此种情形之下，袁世凯再来改共和体制为君主立宪，自己成为皇帝，这是倒行逆施的不明智之举。

　　论述完袁世凯做或者不做皇帝都不妥之后，梁启超笔锋一转，将论述的落脚点放在法律制度之上。对于筹安会等人的行为，梁启超从法律制度上予以抨击。筹安会自称是学术团体，但是却在成立后即通电全国，要求各地官员和商会团体派代表进京，讨论国体问题，各地也纷纷成立请愿团体，一致主张君主立宪，向参政院投递请愿书，从而掀起了请愿实行君主立宪制的风潮。梁启超认为这些煽动革命的行为是公然对《临时约法》、暂行刑律、结社集会法等法律的违反，从而导致"目前之纪纲，则既被公等破坏尽矣"。筹安会的行为既然是违反法律的行为，那么它为复辟帝制所进行的请愿都是违法的，这无异于釜底抽薪，指明违法行为将导致违法的结果，如果袁世凯一意孤行还要变共和为帝制，那么袁世凯的行为都是违法的。梁启超的论说并非到此就结束了，他还将他的论点推到更深的层次，他说如果筹安会等人的主张真的实现了，那么他们建设其所主张的君主立宪制国家依旧得依靠法律制度，"其必自国家机关令出惟行，朝野上下守法如命"。但是，在共和国体之下，筹安会等人就已明目张胆集会和结社以推翻共和，那么在君主国体之下，又怎么不能集会和结社来推翻君主呢？筹安会等人建立君主国体都是在违法的举动之下来实现的，那么在建立之后也不能避免其他团体违反君主国体的法律来推翻君主国体。在法律面前人人都是平等的，不论是居庙堂之高的贤达，还是处江湖之远的民众，违反法律应该获得相同的处罚结果。如果只是允许自己明目张胆地违法，却千方百计禁止他人来违法，这样的做法是民众所不能接受的。所以，筹安会在共和国体之下既然可以如此肆无忌惮地破坏国家纲纪，置法律的威严于不顾，这就为它所主张的君主国体埋下了危机。梁启超如此论证自己的观点，笔调之刻薄辛辣，难怪袁世凯听说梁启超要发表文章反对复辟帝制，立即派人至天津送20万元给梁启超，意图收买梁启超，而条件只有一个，即要梁启超不发表《异哉！所谓国体问题者》一文。

梁启超在从法律上论述不能复辟帝制的观点之后，文章已经结束了。他在当年的8月20日写完此文，但没有立刻发表。此文所涉问题在当时是国家大事，不宜轻易发表见解，所发表的见解应该是经过深思熟虑之后的洞见。所以，虽然当时舆论都知道梁启超要发表有关国体问题和反对袁世凯的文章，甚至当时上海的《大中华》杂志都早已安排好版面欲在8月20日就刊发梁启超的文章，但是却不能成行，直到9月初该文才见诸北京和上海等地的报端。在此期间，梁启超对此文一再修改，甚至在看到筹安会杨度的《君宪救国论》一文之后，又有所思，所以才写下两段"附言"于文后，此处则节选其中的一段。杨度在他的《君宪救国论》一文中说："盖立宪者，国家有一定之法制，自元首以及国人，皆不能为法律外之行动。贤者不能逾法律而为善，不肖者亦不能逾法律而为恶。"梁启超正是抓住杨度的这个论说来反驳杨度等人的言行不一，以子之矛攻子之盾，用杨度自己的思想来抨击筹安会等人明目张胆的违法行为，他反问杨度等人："杨氏所长之筹安会，为法律内之行动耶？抑法律外之行动耶？"杨度让梁启超抓了个很大的"辫子"，难怪梁启超在写完这篇文章之后要加上杨度的《君宪救国论》里的几句话，因为这是抨击杨度等人复辟行为的有力武器。

有人认为作为维新派和保皇派的代表人物，梁启超在 1915 年发表了《异哉！所谓国体问题者》一文后，说明他的思想已经改变，由保守派变为赞成革命的资产阶级革命派。是否如此，我们暂不评论，但是梁启超的思想不是一成不变的，他在"戊戌变法"之后出逃国外，见识过国外的政治制度，所以，他的思想有随时代而进步的地方。从清末到民国初年，他都意图通过自己的努力使得国家走向富强。他希望通过变法而实现自己的政治抱负，但是仅百日而失败，自己流亡国外，也眼见着清政府被革命派推翻；面对革命派，他依旧希望通过和平的改良方式来实现国家富强，所以起初他支持袁世凯，并组建了进步党，但后来袁世凯的复辟野心让他的政治抱负成为幻影。梁启超处在这样一个大变革的乱世之中，他是一个冷眼而热心的政治家，眼见着时势变化，尽力让自己在这变化之中生存并发挥最大的作用。所以，我们可以想见他在 1915 年发表这篇反对自己曾经支持的袁世凯的文章，是需要多大的勇气！他在写作之中，一改再改，反复掂量，字句由尖锐变为圆润，语气由激烈转为平和，这样也将其情感压抑在这缓和的文字之下。但无论如何，当我们再来品读这篇在 1915 年 9 月甫一问世便洛阳纸贵的文章时，虽然没有激扬的文字，但那有理有据的抨击娓娓道来，最终使得风风火火的筹安会在舆论中处于下风，将袁世凯的复辟帝制行为推到了风口浪尖，其后蔡锷的护国运动让这场复辟闹剧最终谢幕。

参考文献

一、古籍类

《礼记》

《尚书》

《诗经》

《左传》

《论语》

《春秋》

《道德经》

《孟子》

《管子》

《淮南鸿烈解》

《春秋繁露》

《史记》

《汉书》

《三国志》

《晋书》

《隋书》

《旧唐书》

《新唐书》

《后汉书》

《旧五代史》

《宋史》

《明史》

《清史稿》

《全唐文》

《宋名臣奏议》

《宋会要辑稿》

《法经》

《大明律》

《唐律》

《唐律疏义》

《历代刑法考》

《明大诰》

《昭明文选》

《贞观政要》

《唐会要》

《靖康要录》

《太平御览》

《续资治通鉴》

《续资治通鉴长编》

《明太祖实录》

《明孝宗实录》

王夫之：《读四书大全说》

王夫之：《船山遗书》

王溥：《五代会要》

柳宗元：《封建论》

崔述：《考信录》

崔述：《崔东壁遗书》

苏轼：《苏轼文集》

苏舜钦：《苏舜钦集编年校注》

柳宗元：《柳河东集》

吕温：《吕衡州文集》

刘禹锡：《刘梦得文集》

白居易：《白氏长庆集》

二、专著类

马克思恩格斯选集

［法］孟德斯鸠.论法的精神.北京：商务印书馆，2012

［古希腊］亚里士多德.政治学.北京：中国人民大学出版社，2003

［古希腊］柏拉图.法律篇.北京：北京大学出版社，1985

［法］孟德斯鸠.波斯人信札.北京：人民文学出版社，1958

二十五史精华.长沙：岳麓书社，1989

萧瑞峰，张星集.唐宋八大家文钞.上海：上海古籍出版社，2007

高崡，高海夫.唐宋八大家文钞校注集评.西安：三秦出版社，1998

（清）沈家本.刑制总考

（清）沈家本.历代刑官考

（清）沈家本.历代刑法考.北京：中华书局，1985

顾颉刚.崔东壁遗书.上海：上海古籍出版社，1983

谷应泰.明史纪事本末.北京：中华书局，1977

张晋藩.中国法制通史.第8卷.北京：法律出版社，1999

曾代伟.中国法制史.北京：法律出版社，2012

刘方.检察制度史纲要.北京：法律出版社，2007

付子堂.法理学初阶.3版.北京：法律出版社，2010

王立民.中国法学经典解读.上海：上海教育出版社，2006

赵秉志.海峡两岸刑法总论比较研究.北京：中国人民大学出版社，1999

张武举.刑法的伦理基础.北京：法律出版社，2008

李之亮.王荆公文集笺注（中）.成都：巴蜀书社，2005

武树臣.武树臣法学文集.北京：中国政法大学出版社，2003

马小红.礼与法：法的历史连接.北京：北京大学出版社，2004

刘星.法律是什么.北京：中国政法大学出版社，1998

王人博，程燎原.法治论.济南：山东人民出版社，1998

李文玲.中国古代刑事诉讼法史.北京：法律出版社，2011

桑子.宋代文官集团研究.北京：中国社会科学出版社，2011

沈松勤.宋代政治与文学研究.北京：商务印书馆，2010

王学辉主编.行政法与行政诉讼法学.北京：科学出版社，2008

杨一凡.明大诰研究.南京：江苏人民出版社，1988

三、论文类

赵荣蔚.论皮日休尊儒重道思想的时代内涵.南京师大学报，2000（2）

曾枣庄.试论苏洵的革新主张.西南师范学院学报，1981（4）

王锐.苏洵政治思想述论.经济与社会发展，2008（2）

黄坤尧.曾巩、苏轼、苏辙同题作品"刑赏忠厚之至论"的高下比较.第

四届宋代文学国际研讨会论文集

霍存福．中国传统法文化的文化性状和文化追寻——情理法的发生、发展及其命运．法制与社会发展，2001（3）

［日］内藤乾吉．大明令解说．日本学者研究中国史论著选译．北京：中华书局，1992

常宁．死刑赦免制度探析．法学杂志，2008（3）

徐秀红．赦免制度评析．社科纵横，2012（2）

王学辉．别人家的孩子与中国的法治．法制日报，2011－06－22

杨鸿雁．中国古代耻辱刑考略．法学研究，2005（1）

成彪．"国法"与"土法"谁的尴尬．中国青年报，2002－08－02

卓帆．简析王安石的法律思想．江西社会科学，1987（1）

郭东旭．宋代酷刑论略．河北大学学报（哲学社会科学版），1991（3）

黄钊．柳宗元的《天说》与刘禹锡的《天论》．湘潭大学社会科学学报，1984（3）

汪益民．浅谈柳宗元和刘禹锡的天论．浙江大学学报，1993年第7卷第1期

黎煜昌．关于刑讯逼供历史沿革之探讨．史学月刊，1987（4）

李芳民．礼、法冲突与柳宗元的理性精神．西北大学学报（哲学社会科学版），2010年第40卷第3期

杨育棠．中国古代判词语体风格变迁——从唐代的骈判到宋代的散判

苗怀明．中国古代判词的发展轨迹及其文化蕴涵．广州大学学报（社会科学版），2002（2）

胡平仁．中国古代判词艺术的形态学分析．湘潭大学学报（哲学社会科学版），2013（1）

肖爱玲，周霞．唐长安城城门管理制度研究．陕西师范大学学报（哲学社会科学版），2012（1）

黄君萍．评海瑞的政治思想．史学集刊，1992（4）

侯雷．法意与人情．科教文汇，2008（9）

刘珂．人情与法．法制与社会，2010（10）

缪军．近亲属不必出庭作证："亲亲相隐"理念的回归．检察日报，2012－05－18

苏彦新．罗马法在中世纪西欧大陆的影响．外国法译评，1997（4）

苗勇．法律实施需要自觉精神．法制日报，2013－03－20

陈兴良．罪刑法定的当代命运．见：当代中国刑法新视界．北京：中国政法大学出版社，1999

陈卫东．刑事诉讼法修改的指导思想．法制日报，2011－08－24

朱德魁．从纵囚的论争看唐宋法制的宽严．贵州民族学院学报（社会科学版），1987（4）

吴澄，于浩成．从欧阳修"纵囚论"谈起．法学杂志，1981（5）

李淑芳．纵囚新论．株洲师范高等专科学校学报，2002（3）

陈景良．崔述反"息讼"思想论略．法商研究，2000（5）

后　记

　　何谓法系，何谓中华法系，在不同的时代，不同的社会生活环境及不同的人文历史积淀下，人们一定会作出不同的回答。因为每一个国家或地区总是有属于自己的文化系统，而法律的性质和形态仍属于文化的核心部分，法系就蕴含在国家的法律之中。诸如中华法系则由中华文化孕育而成，其中充满了儒家人文精神的味道，以道德伦理为基点，以礼教制度为核心，从秦汉至晚清，都深深扎根于中华民族几千年的文化沃土之中。

　　究竟何谓中华法系，实难以一言以概说之：中华法系，就是规范整个大中华各个民族生活的法律规范的体系。而所谓的法系，则是具有特殊的或特定的精神的法律系统，无论是在内容上还是在形式上，当然都要有稳定的价值核心，才能自成其规范体系，凝练出中华民族社会生活的根本原理及国家治理所仰赖的基本准则。无论是早期秦汉的非完备的成文立法态，还是秦汉而后历朝的逐步完善或完备的成文法典的立法态，中华法系无一不是表现在中国法律普遍的特质之中。成文法典的演进嬗变，将它固有的合理性内核原理、价值目标通过法律汇编的表达形式，揉成一体化国家法律及其规范，始构成具有中华原创意义的经典法系。

　　何谓经典的中华法系，最原初的国家治理图景是任刑（法）主义，大秦帝国的法治国理想遭遇空前失败后，转为消极的儒家主义治国，而儒家法治主义最大的特点和死结就在于国民或百姓或佃农

"有义务而无权利,有家庭而无个人,有干涉而无自由,有差别而无平等,重礼让而非争讼,重伦理而轻刑法",这种有参与而无话语权在传统的农耕社会十分契合封建帝国君王的王道主义、德治主义、礼治主义、人治主义。纵观中华历代历朝的立法或是修律,大都关乎道德伦理,上至天子,下及黎民,都应该将个人的各种社会规范如宗教、道德乃至人品融于儒家的仁说礼教制度中,以"仁"施政,以"礼"行法,可能这一点在世界文明诸国尤为突出。当然,是否持取还要每一位细心的读者去解读前贤留下的片片文牍。

奉法强者则国强,奉法弱者则国弱。几千年来我中华反反复复挣扎于是"强法"还是"强仁",是守法还是受礼。对于这个帝王贤臣曾经无数次纠结的问题,或可说当下已经解决了,达成共识了,但笔者作为一位高校之三尺讲坛的布道者,还是有必要将中华法系固有的、内生的治国理政之智慧很好地展示出来,加以表达。本书稿是西南政法大学几位研究生在导师指导下共同完成的,历经两载,又幸得学校行政法学院领导支持,更有中国人民大学出版社编辑及人民大学法学院法制史专业的博士、硕士研究生对原始古文献的反复校阅比对,才使得本书成今日之状貌。

这里值得特别言明的是,该书的作者们已经毕业走上新的岗位,他们严谨好学的精神还在,李菊同学在整个暑期承担后期的校对任务,实属难能。作为主编和指导老师,我感谢那些已经毕业和还未毕业的研究生们。

曾 哲

2015 年 9 月 1 日于西南政法大学寓所

图书在版编目（CIP）数据

中华法系寻根：中华法学名篇选读/曾哲主编．—北京：中国人民大学出版社，2015.8

（法科学生读本）

ISBN 978-7-300-21750-5

Ⅰ．①中… Ⅱ．①曾… Ⅲ．①法律-思想史-中国-古代-教材 Ⅳ．①D909.2

中国版本图书馆 CIP 数据核字（2015）第 175178 号

法科学生读本

中华法系寻根

中华法学名篇选读

主　编　曾　哲

Zhonghua Faxi Xungen

出版发行	中国人民大学出版社	
社　址	北京中关村大街 31 号	**邮政编码**　100080
电　话	010 - 62511242（总编室）	010 - 62511770（质管部）
	010 - 82501766（邮购部）	010 - 62514148（门市部）
	010 - 62515195（发行公司）	010 - 62515275（盗版举报）
网　址	http://www.crup.com.cn	
	http://www.ttrnet.com（人大教研网）	
经　销	新华书店	
印　刷	北京昌联印刷有限公司	
规　格	155 mm×235 mm　16 开本	**版　次**　2015 年 10 月第 1 版
印　张	19.75 插页 1	**印　次**　2015 年 10 月第 1 次印刷
字　数	274 000	**定　价**　36.00 元